智能化融媒体新形态教材
岗课赛证融通式精品教材

U0806983

门店数字化运营管理

主　编　翟金芝　邢学鹏　李倩倩
副主编　李明卉　许淳威

合肥工业大学出版社
HEFEI UNIVERSITY OF TECHNOLOGY PRESS

图书在版编目（CIP）数据

门店数字化运营管理 / 翟金芝，邢学鹏，李倩倩主编.—合肥：合肥工业大学出版社，2023.9

ISBN 978-7-5650-6467-8

Ⅰ.①门… Ⅱ.①翟… ②邢… ③李… Ⅲ.①数字技术—应用—商店—运营管理 Ⅳ.①F717-39

中国国家版本馆CIP数据核字（2023）第190189号

门店数字化运营管理

MENDIAN SHUZIHUA YUNYING GUANLI

翟金芝　邢学鹏　李倩倩　主编

责任编辑　王钱超
出版发行　合肥工业大学出版社
地　　址　（230009）合肥市屯溪路193号
网　　址　www.hfutpress.com.cn
电　　话　人文社科出版中心：0551-62903205
　　　　　营销与储运管理中心：0551-62903198
规　　格　787毫米×1092毫米　1/16
印　　张　15
字　　数　383千字
版　　次　2023年9月第1版
印　　次　2023年9月第1次印刷
印　　刷　河北柏兆达印刷有限公司
书　　号　ISBN 978-7-5650-6467-8
定　　价　49.90元

前言 PREFACE

随着数字化和智能化时代的来临，传统门店一直在寻求转型，从而不断提升消费者的消费体验，并通过数字化升级进一步提升效率。在此背景下，如何采用数字化技术加强对门店的管理，从而更好地满足消费者需求变得日益重要。因此，学习如何有效地进行门店数字化运营管理的知识和技能，成为门店工作人员乃至未来从业者的重要任务。

“门店数字化运营管理”是一门实践性非常强的课程。教师在教学过程中，不仅需要加强学生对门店数字化运营管理理论知识的学习，更需要加强学生对门店数字化运营管理实际操作技能及数据分析应用能力的训练。本教材结合行业最新发展趋势，针对门店管理所涉及的各个项目对学生进行系统训练，帮助学生掌握门店管理所需的知识，掌握门店管理岗位所要求的技能和能力，提高今后从事门店管理工作的综合能力。

本教材具有以下特点：

1. 校企合作编写，理论知识与实践技能有机融合

编者立足于好利来订单班、苏宁小店校内实训基地，与企业合作共建课程，共同编写本教材，以门店的实际运营工作流程为蓝本，聚焦关键工作领域，将理论和实践技能有效结合。

2. 挖掘思政元素，思政教育融入专业课程

编者紧跟职业教育发展形势，落实立德树人根本任务，融入思政元素，强化学生的应用能力，关注教学创新，并将纸质教材与数字资源有机融合，完成了这本新形态教材及其配套辅助产品。

3. 知识体系完整，符合学生的认知规律与学习能力

编者从门店的基础运营知识入手，逐步加深难度，涉及门店的人员管理、商品管理和场所管理等多方面知识，理论联系实践，符合学生的学习规律，有利于学生建立完善的知识体系。

本教材由学校教师和公司管理人员共同编写完成。具体编写分工为：翟金芝副教授编写项目一、项目三，邢学鹏副教授编写项目二、项目八，李倩倩讲师编写项目四、项目五，李明卉讲师编写项目六、项目七。辽宁鑫众泽贸易有限公司许淳威店长参与了本教材多个项目、多个案例的编写工作，并对本教材的修订工作提出了宝贵的意见和建议。

由于编者水平有限，书中难免存在不足或欠妥之处，敬请各位专家、同仁和广大读者不吝指教。

编　者

目录 CONTENTS

项目一　门店数字化运营基础认知

学习目标

知识目标

1. 了解门店数字化发展的挑战及趋势。
2. 熟悉门店数字化运营的关键技术。
3. 掌握门店数字化运营的概念和内容。

能力目标

1. 能够调查分析连锁门店的经营现状。
2. 能够运用数字化技术进行门店运营管理。

思政目标

1. 了解专业前沿，激发奋斗意识，提高责任感和使命感。
2. 树立大数据思维，培养数字化意识。
3. 培育创新精神，善于发现问题和解决问题。

任务一　传统门店数字化转型认知

任务导入

数字化的经济热浪席卷了全球经济市场，我国作为互联网发展大国之一，同样从互联网中收获了众多益处。目前，我国正加大实体门店的数字化革新之路，实体门店开始逐步踏入了转型的浪潮中。那些拥有数字化意识及能力的企业，在多种冲击的逆境中成功自救，展现出多样化的经营能力。在你的身边，有传统门店数字化转型的实例吗？请同学们以小组为单位，选择几家传统实体门店（5家及以上）进行调研，了解传统门店发展现状、存在的问题及数字化转型的趋势和挑战，撰写调研报告，制作PPT并进行小组交流。

任务准备

2020年新冠肺炎疫情突袭而来，很多行业发生了“地震式”的变化。因疫情的反复和电商的冲击，传统线下门店的发展愈发艰难，面临着渠道多元化、消费者习惯与喜好的变化、门店客流量降低、运营成本逐渐增加和利润降低等一系列的问题。2023年，各行业都相继进入后疫情时代，传统门店迫切需要重塑竞争优势。其中，运用智慧化数字化工具进行经营转型将起到关键作用。

一、传统门店数字化转型的背景

（一）国家政策保障数字经济有力发展

2017年12月，习近平总书记在实施国家大数据战略会议中指出，要构建以数据为关键要素的数字经济，大力推动数字经济发展，围绕供给侧结构性改革主线，促进实体经济和数字经济协同发展，促进互联网、大数据、人工智能同实体经济的深度融合；党的十九届四中全会首次提出要将数据作为生产要素参与收益分配，这表明数据"红利"即将释放；党的二十大报告提出：加快发展数字经济，促进数字经济和实体经济深度融合。随着大数据战略实施等政策落实，大数据产业发展环境将进一步优化，以数据为关键要素的数字经济成为推动中国经济发展的新引擎，成为实现企业创新发展的重要动能，成为企业转型发展的新方向。这是抓住世界科技革命和产业变革机遇、抢占未来发展制高点的客观要求和有力举措。

（二）数字经济规模日益增长，为数字化转型提供有力支撑

目前我国发展数字经济技术基础良好，不仅设计完成了数字经济发展的顶层架构，还建成了全球规模最大的固定光纤网络和移动宽带网络；5G网络技术也有重要突破，并已启动商用进程；在互联网巨头的共同努力和推动下，我国数字经济规模日益增长。2021年7月13日，中国互联网协会发布了《中国互联网发展报告（2021）》（以下简称《报告》）。《报告》显示，2020年，数字经济市场规模已达39.2万亿元，较上年增加3.3万亿元，数字经济在GDP中的比重提升至38.6%。我国数字经济总量已跃居世界第二，数字经济成为稳定经济增长的重要途径。后疫情时期，数字经济将给企业带来新机遇，推动企业运用大数据、云计算、人工智能等技术加速数字化转型。

（三）优越的网络条件是数字化转型的良好基础

当前我国互联网发展和治理不断开创新局面，互联网覆盖地区扩大，贫困地区网络基础设施"最后一公里"逐步打通，"数字鸿沟"加快弥合，移动流量资费大幅下降，跨省"漫游"取消，居民入网门槛逐步降低，沟通效率得到有效提高。随着基础设施的不断完善，我国网民数量及手机网民数量日益增长，互联网普及率不断上升。第50次《中国互联网络发展状况统计报告》显示，截至2022年6月，我国网民规模为10.51亿，较2021年12月新增网民1 919万，互联网普及率达74.4%。网民人均每周上网时长为29.5个小时，使用手机上网的比例达99.6%。

截至2022年6月，我国网络购物用户规模达8.41亿，占网民整体的80.0%，网络消费市场日趋成熟，网络零售总额日益增长，占社会消费品零售总额比重日益加大。2022年，全国网上零售额为137 853亿元，比上年增长4.0%。其中，实物商品网上零售额为119 642亿元，增长6.2%，占社会消费品零售总额的比重为27.2%。网络零售的发展，有助于零售企业跟踪顾客交易，进而更好地服务顾客。零售企业整合线上线下渠道，打通会员系统，获得大量的数据，进而为数字化转型提供良好基础，有助于自身运用大数据技术进行数据分析和数据挖掘，进行业绩分析，提升运营效率。

（四）云计算、大数据技术为数字化转型提供技术保障

无论是线上线下无缝衔接的数字化、全渠道营销，实体商业或移动终端的数字化交互体验，还是研究消费者行为偏好及用户分析管理技术的创新，都离不开大数据、云计算、物联网、人

工智能等信息技术的应用。目前我国大数据产业已步入黄金期，产业发展环境得到优化，大数据的新技术、新业态、新模式不断涌现，这为零售企业数字化转型提供了技术保障。

（五）顾客购物行为变化驱动零售企业数字化转型

突如其来的新冠肺炎疫情给实体零售带来了巨大冲击，居家期间"不出门"的状态改变了消费者的购物习惯和行为，更多的人由线下购买集中转移到线上购买，生鲜电商、网上零售需求旺盛，零售企业纷纷推出到家服务、无接触服务。在网络和社交媒体中成长起来的"90后""00后"们，已逐步形成消费主力，他们的购物行为更多呈现出移动化、社交化和个性化等特征，更在乎企业多渠道能否互通，重视多渠道能否提供无缝服务，能否享受无差异化的购买体验，追求购买过程的简单化、透明化及快速化。以上这些都意味着零售企业须积极应对顾客购买行为的变化，满足顾客对透明度和真实性的要求，提供千人千面的个性化体验。因此，零售企业要利用数据进行数据分析，洞察顾客行为，提供精准产品和服务，满足个性化体验，提高顾客满意度和忠诚度。

二、传统门店数字化转型的驱动力

（一）宏观层面

1. 门店数字化转型是深化供给侧结构性改革的重要抓手

当前我国经济运行的矛盾主要集中在供给侧，直接表现为产能大量过剩与有效供给不足，企业所提供的产品和服务不能有效满足消费者需求，生产活动的市场价值难以兑现，经济运行难以实现良性循环。具体到传统产业，主要表现为需求乏力、品牌效益不明显、竞争过度、产能过剩等问题日益突出。对此，企业需顺应消费升级趋势，以产品和服务数字化、智能化为导向推进传统门店转型升级，减少低端无效供给，培育发展新动能。数字化转型就是要充分发挥数字技术在传统门店发展中的赋能引领作用，通过推动产品的智能化、满足消费需求的个性化及实现门店服务的在线化等措施，有效提升门店的产品质量和服务效率，充分激发传统门店的新活力。

2. 门店数字化转型是服务业高质量发展的重要途径

近几年我国服务业的发展取得了长足进步，但多数服务业企业仍处于较低的发展水平，面临着人、土地、技术等资源环境约束，综合成本持续上升。服务业中传统产业占比超过80%，传统产业的改造提升推动服务业高质量发展，具有巨大潜力和广阔的市场空间。这些传统产业通过实施智能制造试点示范项目，建设具有较高水平的数字化门店或智能工厂，有效提升了生产效率。这些示范项目改造前后对比显示，生产效率平均提升 37.6%，运营成本平均降低21.2%。可见，数字化转型可将服务优势与网络化、智能化相叠加，有利于提高服务的灵活度与精细性，实现柔性化和个性化，是转变服务业发展方式、推动服务业高质量发展的重要途径。

3. 传统门店数字化转型是数字经济发展壮大的重要支撑

2017年的政府工作报告提出"促进数字经济加快成长"；2019年的政府工作报告再次提及发展数字经济，要求"壮大数字经济"。当前，我国数字经济发展进入快车道，发展数字经济的实践包含数字产业化和产业数字化两个方面。其中，数字产业化是数字技术创新及产业化的过程，产业数字化则强调用数字技术来经营管理企业，把数字技术应用到产品和服务中去。从实践来看，传统门店已经成为数字技术应用、创新的重要场景，支撑了数字经济的快速发展。

（二）微观层面

传统门店数字化转型微观层面的三个驱动力分别为经济形势、同行业竞争及门店运营需要。

1. 经济形势

首先，在数字经济发展迅速的同时，中国市场整体经济的增速已放缓。特别是当前逆全球化的贸易保护主义抬头，企业面对着市场开拓、贸易壁垒、核心技术不足等诸多挑战。在经济环境压力越来越重的情况下，传统门店要积极应对消极因素的影响，从而实现平稳的运营，并追求长期的成长。因此，传统门店开始考虑通过数字化转型提升应对宏观困境的能力。其次，国家可持续发展战略对我国经济和社会发展进行了长远规划。党的十九大报告明确提出，要加快发展实体经济，推动互联网、大数据、人工智能和实体经济深度融合。它要求实体经济在供给侧落实绿色节能、改进产品结构、实现技术创新。因此，传统门店必然要借助新兴技术手段，以合理的投入来满足监管的要求。

2. 同行业竞争

企业管理者已经看到市场竞争压力不仅来自同行业企业的升级和创新，也来自具有互联网基因的企业切入传统行业市场而形成的全新竞争压力。典型实例即电商对实体门店的冲击。网络电商的迅速崛起使得我国实体经济增长速度明显变缓，消费者足不出户就可以挑选和购买各种商品。因为网络销售成本低，所以价格相对也较低，这使得通过网络途径购买商品已经成为大量消费者的一种习惯，从而导致实体门店的客流量大幅度减少。网络购物是一种全新的购物模式，这种模式把之前属于实体经济的一大批消费者纷纷拉去了电商购物，哪怕传统门店采取各种减价促销及打造品牌等方式，仍旧无法将之前的消费者全部都拉回来。此外，在电商的严重冲击之下，传统的实体门店纷纷采用应对手段来抢夺客户，比如降低商品价格及加大折扣力度等，而这样一来就增加了实体门店的运营成本，缩小了其利润空间。

3. 门店运营需要

从门店自身的运营来看，由于在数字经济发展的影响下顾客的需求已经发生了显著变化，因此门店经营者需要从产品/服务的转型升级开始，全方位思考如何保证最大限度地满足顾客需求并实现顾客体验最大化。门店数字化转型成功的关键还在于数字化生态系统的构建，借助数字化技术的应用，打造高效的平台以连接上下游企业和合作伙伴，使得内外部人员之间数据流转更加便利，为创新实践提供成本低、访问便利的资源池，以及丰富强大的数据分析支持。

三、传统门店数字化转型的挑战

我国经济和社会方面的数字化步伐都在不断加快，同时各方面都在进行数字革命。传统门店数字化转型是发展的必然趋势，但在数字化转型的过程中存在多重挑战，具体表现可归结为“四难”，这些困难普遍存在于各传统门店中。

（一）服务需求难满足

大量传统门店转型难的主要原因在于服务（产品、业务、服务）未能满足市场需求，导致盈利能力差，失去转型的资金和灵活度。例如，有的传统门店存在着缺乏装修风格、售卖铺位拥挤、商品不符合时尚潮流、缺少柜台服务人员、服务质量低等问题，大大降低了消费者的消费体验和购买欲望。这类传统门店普遍缺乏情报能力、信息基础设施、物联网传感技术条件，这都限制了门店的数据信息来源，直接降低了其对市场需求的敏感度，导致门店不仅面临着因业务陈旧、商品吸客能力差、消费体验低导致的运营低收益等困境，还面临着日益增高的人力成本和地租店租等状况。这些现象均是门店数字化转型的阻力。这种未满足市场需求的低效益服务对传统门店数字化转型具有非常大的负面影响。

（二）市场动态难把握

当门店进行数字化转型或着手推广新型服务时，必须注重市场需求的连接管理。对市场动态的把握是门店技术创新和拓展业务的重要环节，即门店提供的数字化服务来自市场需求，且其数字化成果最终要成功进行商业转化，满足市场需求。若门店未具有较好的情报能力和销售能力，对市场需求的连接管理不足，则会导致门店数字化成果商业转化困难，造成损失。例如，上海大润发闸北店把生鲜配单区同仓储区相连，通过数字化运营和智慧物流等手段，仓内生鲜均提供筛选与配送服务，由于当地居民对生活质量要求高，愿意购买经筛选、可配送但价格偏高的生鲜商品，所以运营效果较好。但是，大润发其他门店大多位于三四线城市，这些城市居民则更偏向价格实惠的商品，而大润发提供的高价生鲜产品并不符合当地居民的购买诉求，使得当地大润发门店的生鲜业务失利，各类运营管理成本不断增加。这说明传统门店应把握市场动态，具备情报能力、流通能力和物联网传感技术条件，清晰认识不同区域消费者的不同需求，各分店之间、分店与总部之间应进行高效的信息流决策来指导相关供应链和生产活动。

（三）传统优势难保持

盈利是传统门店数字化转型的动力来源。门店具有提供较好消费体验的传统优势，而超市收银台前冗长的结账队伍、消费者在门店内看中商品后却未能寻到合适的尺码、试妆台或试衣间总处于满人状态等情况都降低了消费者的消费体验及购买欲望，使传统门店盈利能力变差，甚至可能丧失传统优势。结账队伍冗长无疑是由于结算手段效率过低，说明该门店流通能力不足；消费者看中商品却无合适尺码则体现出该门店存在商品仓储、调货效率和信息沟通问题，归结于门店销售能力不足；试妆台和试衣间人数过多导致损失客户说明门店内没有增设数字化的虚拟试用系统，只能让消费者在店内等待，说明部分门店基础设施条件不足，不能给消费者提供便捷愉快的消费体验。这些都是导致门店传统优势难保持的原因。

（四）陈旧观念难更新

传统门店数字化转型的人为挑战是组织的观念陈旧、难更新和组织成员对转型的认同感不足。数字化转型能为企业带来新的发展，但这些变革亦可能给组织内既得利益者造成损失，导致既得利益者建立自我保护机制，形成企业内部信息不对称的实际情况。传统门店的数字化转型是要改变现存的、不适应市场的诸多方面，若不优先寻找有利机会，运用新技术积极转型，获取竞争优势，那么只能被对手超越甚至被市场淘汰。很多企业预设的转型策略是希望自身能先于市场、优于对手，但实际上大多数转型都是在竞争和生存压力下的无奈选择。如果在艰难的困境中不能改善不符合市场要求的组织结构、更新陈旧观念，管理层如果没有以改求进的意识，那么这将是企业巨大的灾难。

四、传统门店数字化转型的趋势

传统门店数字化转型的目的是利用数字技术破解企业、产业发展中的难题，重新定义、设计产品和服务，实现业务的转型、创新和增长。从实践来看，经营用户场景、轻资产运营、主动引导消费者需求及跨界获利已经成为传统门店数字化转型的重要趋向。

（一）从经营商品到经营用户场景

多数传统线下实体门店的商品毛利率都不高，主要依靠黄金地段庞大的客户流量实现薄利多销。由于线上电商的蓬勃发展，造成了线下流量的减少，加上客户黏性普遍较低，使得转化率、复购率被进一步拉低。借助一系列数字化的经营工具，可以有效解决线下门店对于顾客“进店可触，出店触不到，之后断联系”的问题，具有跨场景的属性。传统线下实体门店，一般采用办理会员卡的方式增加用户复购率，但是这种常规的积分制会员卡吸引力较弱，难以培养忠实用户群体，不利于在消费越来越呈现出场景化的趋势下，留住回头客，提升复购率。企业应通过聚合线上、线下全渠道的交易终端，依托物联网强大的协同能力，在全国各地大力推动的城市生态圈打造基础上，打通不同的消费场景，针对场景化的用户需求进行营销，有效提高顾客渗透率。

案例分享

麦当劳数字化升级未来2.0

麦当劳将转型重点主要放在数字化、个性化和定制化服务等方面，这三点不仅体现在市场营销中，还渗透到全公司的战略上。麦当劳经过一系列的战略布局，选择运用数字化技术将经营的各环节进行改造变革，提升服务效率，优化用餐体验。为了更好地支撑数字化，在人员组织层面，麦当劳任命了第一位“数字副总裁”，其作为首席数字官，加入麦当劳“全球数字团队”，核心工作为“用户互动、电子商务、数字服务和内容”。

麦当劳餐厅已完成的“未来2.0”升级，推出了自助点餐、送餐到桌、“星厨系列”汉堡、数字化软件、移动支付、双点式柜台和电子餐牌七个创新模块，实现为用户提供从点餐到结账的全流程信息化智能服务。麦当劳“未来2.0”重新定义了顾客的点餐方式、支付方式、餐单选择及服务内容，颠覆了用户对于传统快餐的印象，把更多的自由交到用户手中。

其中，动态电子菜单是一个物联网设备，同时也是一个云端设备。它可以在天气很热时推荐冰激凌，这来自和云端外部数据的结合。这种“应需而变”的标牌帮助顾客进行选择，并加深了商家与顾客的情感关系。同时，由于商家可以轻松地更新动态电子菜单展示的内容，所以顾客可以顺畅地做出选择并点餐，这种“应需而变”也成了开展促销工作的理想选择。

利用科技能力全面升级店铺服务只是麦当劳智能转型的一方面。另一方面，针对企业内部运营，自助点餐机除了满足顾客的点餐需求外，还收集和分析购买数据，支持麦当劳发现顾客的需求，把不同的渠道如线上点餐、自助点餐、手机点餐等的数据和餐厅柜台顾客的购买记录结合在一起，从而使麦当劳更加了解顾客，进而提供更个性化的服务、优惠和菜单。在手机支付普及后，餐饮业可以通过线下手机支付将门店销售行为和顾客的线上行为连接匹配，为真正的大数据分析、应用提供可能。同时，麦当劳公众号有数量达千万的粉丝，通过对销售数据和社交数据的分析，可以更精确地锁定不同的用户群，比如哪些粉丝在购买，还有哪些粉丝只点赞、不下单，从而为社交媒体运作和用户转换战略战术提供更多的数据支持。

资料来源：作者根据相关资料整理

（二）从重资产运营到轻资产运营

传统线下实体门店面临物流成本高、场地价格上涨、人工成本上升、经营成本压力依然较大等难题，长期存在重资产运营的压力。对于整体毛利较低的传统线下实体门店来说，兼顾运营成本的同时做到跟线上同价，不是一件容易的事情，而商品数字化正是新零售的不可或缺的前提，需要实体与电商两种能力的结合。新零售（New Retailing），即企业以互联网为依托，通过运用大数据、人工智能等先进技术手段，对商品的生产、流通与销售过程进行升级改造，进而重塑业态结构与生态圈，并对线上服务、线下体验以及现代物流进行深度融合的零售新模式。通过将运营管理终端与供应链物联网紧密相连，助力零售业实现物流、资金流、信息流的三流合一；依托与国家物联网标识管理公共服务平台合作的“五维认证”商品溯源等技术应用，以及与银行之间达成的支付合作，给零售业导入新商业、新服务、新体验、新技术，带来商业模式的颠覆变革；与零售线上、线下与前端、后端的深度融合，帮助零售业节省进、销、存成本，提高智能化经营效率，平台的网络效应也十分显著。未来商业经营管理的核心价值在于对数据的管理，把交易中积累的大量差异化信息和数据汇聚成“价值池”，与产业链资源进行优化配置。

（三）从被动响应到主动引导消费者需求

传统线下实体门店基本无营销手段，全凭顾客的自然偏好“作主”，新零售则主动接触消费者、主动记录消费行为、主动联系消费者，既要留住回头客，还要转化过客，不断设法提高用户黏度、用户转化率和用户复购率，此即新零售成功的关键，同时也是传统线下实体门店的痛点。数字化门店通过构建用户画像进行千人千面的精准营销，无限逼近消费者的内心需求，能够有效助力提高转化率和复购率。线下的消费数据与线上订单被汇聚到统一的平台后，商家可借助全渠道销售数据建立完整的用户画像，依托系统根据不同的用户标签进行个性化营销，能在一定程度上满足顾客的个性化需求，使商家从过去的满足顾客，到创造顾客，再到成就顾客。

（四）从店内销售到跨界获利

长期以来，传统线下实体门店都是采用“坐商”的方式，只有消费者在线下发生进店购买行为时，才能获得收益。数字化门店以物联网标识为纽带，以有机、生态的物超所值产品为工具，把线上商城、实体门店和生产企业通过大数据数学模型有机链接起来，构成物物互联的万城互联、万企互通、万商互融的新商态命运共同体，打造出平台化的商业生态，打通同业、异业之间的壁垒，对接合作伙伴，共享资源、相互连接。企业有机会整合产业链上下游资源，以线下实体为核心，应用云计算、云服务、云数据、云积分、云消费等自有技术构建全网链接、自由连锁的“大数据数学模型”，从过去的赚实体门店的商品差价变为赚三百六十行的钱，通过全流程的数据沉淀创造终身价值，驱动商业效益实现新的飞跃。

消费升级是大势所趋，而数字化终将是传统线下实体门店在新时期可持续发展的必由之路。通过将商品、顾客和员工三大要素进行有机的融合，结合数字工具和场景运营，实现“商品”与“用户”之间、“用户”与“用户”之间、“员工”与“用户”之间的交互，从而为传统线下实体门店创造出数字用户资产和场景社群，助推业态创新，升级运营模式，开启零售行业的新篇章。

任务评价

学生分组进行传统门店数字化转型认知调研，教师进行考评并填写考评表（表1-1）。

表1-1 传统门店数字化转型认知调研考评表

考评人		被考评人	
考评地点			
考评内容	传统门店数字化转型认知调研		
考评标准	内容	分值	得分
	能够开展实地调研，调研对象选取科学，调研主题明确	15	
	调研内容充实，对传统门店数字化转型有了更深入的了解和认知	30	
	调研报告结构完整，层次清楚，内容翔实	20	
	调研汇报准备充分，成果演示及答疑语言表达流畅	20	
	任务完成积极主动，团队成员合作良好	15	
合计		100	

注：考评满分为100分，60~70分为及格，71~80分为中等，81~90分为良好，91分以上为优秀。

思政园地

大数据时代 良法善治护航

大数据是万物及万物“普遍联系”的全景式记录，被称为“信息时代的石油”。当前，我国正在大力推动实施国家大数据战略，加快建设数字中国。更好服务经济社会发展和人民生活改善，已成为大数据发展的时代命题。

如今，大数据已经被广泛应用于各行各业，产生了巨大的经济、社会效益。比如，包括人脸识别在内的智能防控系统提高了案件侦破率；健康医疗大数据推动人工智能辅助医疗，可以缓解优质医疗资源不足的现状；城市大脑与智慧城市的发展，既可以缓解交通拥堵等问题，还可以使城市生活更为美好；基于大众供给方与大众需求方供需大数据精准匹配的分享经济新业态，可以极大提升社会资源配置效率，正在迅速改变传统生产方式，推动数字经济等新兴产业蓬勃发展。

1. 大数据发展面临的问题与挑战

当前，我国大数据发展实践中面临的问题与挑战主要表现在以下四个方面。

（1）数据共享不畅，制约大数据的发展与应用。近年来，随着政务信息化的稳步推进，一些地方和部门依托网络平台创新政务服务，“只进一扇门”“最多跑一次”“不见面审批”等改革措施不断涌现。但是，政务服务平台建设管理分散、办事系统繁杂、事项标准不一、数据共享不畅、业务协同不足、数据开放滞后等问题较为普遍，制约了大数据的发展与应用。

比如，一直以来受到各界诟病的“奇葩证明”现象，根源在于政府部门间的数据无法共享，只能要求当事人自己承担证明责任。再如，按照法律规定，电子商务平台有义务对平台经营主体的经营资质进行审核，但是，由于不少地方管理部门的资质审批信息不对外开放，使平台根本无法履行这种审核义务，导致法律要求无法落地。数据共享不畅，导致办事难、办事慢、办事繁等问题不时出现，既制约了政府监管能力的提高，又跟不上大数据发展的步伐，甚至会错失大数据发展带来的各种机会。

（2）万物互联环境下，数据安全风险外溢，给国家安全带来了新挑战。由于核心技术受制于人的状况没有根本改变，关键信息基础设施面临较大风险，并会外溢至经济、社会、文化、政治、军事等不同领域。在算法为王的大数据环境下，如果对算法缺乏有效监管，以个性化定制推送为特征的信息内容传播恐会对主流价值观造成冲击，进而引发社会治理危机。

（3）大规模的数据采集和处理，加大了个人数据被滥用和权利被侵害的风险。大数据中最有价值的无疑是个人数据。通过软件、传感器、各种终端等手段，不同数据控制者都可以对个人活动信息全程采集、实时处理。一旦违法违规采集、使用、交换个人信息，就会导致个人数据被滥用，引发诸如诈骗、绑架、敲诈勒索等连锁负面后果，影响公共安全与人身财产安全。比如，一些App超范围采集与其提供服务无关的个人信息，这种操作的背后隐含巨大的个人信息被滥用风险。同时，在大数据处理过程中，根据财富、性别、肤色、种族、人种、健康状况、地区差别等各种外在因素所进行的大数据杀熟、预测性识别等，不仅造成滥用个人数据的情况，更会侵犯数据主体的各项基本权利，造成新的不平等。

（4）传统体制机制规则滞后，不适应大数据的发展要求。当前运用大数据推动经济发展、完善社会治理、提升政府服务和监管能力正成为全球性趋势，带来的是经济社会的全面转型，而传统体制机制规则不适应大数据发展要求的现象日益明显。比如，根据业务领域划分边界的传统行政管理体制和信息系统，很难适应大数据的融合要求，出现信息系统林立的信息孤岛现象；按照目前法律规定，机动车只能由获得驾驶员证书的人员驾驶，测试车不得上高速公路行驶等，明显不适应无人驾驶的发展；基于生产与消费两部分的传统行政许可管理方式，无法直接照搬到建立在大众供给基础上的分享经济新业态；传统的权利关系与权利规则无法解决市场主体之间的新型数据权益冲突。

2. 构筑大数据法律体系应坚持的基本法律原则

近年来，我国加大力度实施大数据发展战略，相继出台《促进大数据发展行动纲要》《关于运用大数据加强对市场主体服务和监管的若干意见》《“十三五”国家信息化规划》等文件，从顶层进行布局。《促进大数据发展行动纲要》明确提出了大数据发展相关的法规制度建设的具体要求，包括修订政府信息公开条例，积极研究数据开放、保护等方面的制度，明确政府统筹利用市场主体大数据的权限及范围；制定政府信息资源管理办法，建立政府部门数据资源统筹管理和共享利用制度；研究推动网上个人信息保护立法工作，界定个人信息采集应用的范围和方式，加强对数据滥用、侵犯个人隐私等行为的管理和惩戒；推动出台相关法律法规，加强对基础信息网络和关键行业领域重要信息系统的安全保护，保障网络数据安全；研究推动数据资源权益相关立法工作。

《中华人民共和国网络安全法》已经颁布实施多年，建立了关键信息基础设施保护等网络安全基本制度；《中华人民共和国电子商务法》对企业的数据报送、提供制度做了原则性安排，为管理部门利用市场主体大数据提供了法律依据；《中华人民共和国政府信息公开条例》修订出台为打造政务公开升级版，提升政府信息资源管理水平创造了条件；《国务院关于在线政务服务的若干规定》对于促进政务服务跨地区、跨部门、跨层级数据共享和业务协同明确了基本要求；国务院推进“放管服”改革相关文件，对于推进体制机制变革，优化营商环境，进行了全方位探索；《中华人民共和国数据安全法》《中华人民共和国个人信息保护法》也已相贯施行。另外，全国各地也相继制定推动大数据发展的地方性法规，制定了相关的政府规章或规范性文件，各地数据开放工作和制度建设全面推进，大数据发展与应用水平快速提升。

资料来源：周汉华. 大数据时代 良法善治护航[N]. 光明日报，2019-06-23（7）. 有修改

讨论：

结合案例内容及日常生活所看所听，谈谈对大数据时代“良法善治”的理解。

拓展阅读

“商米之家”的数字化体验

任务二　门店数字化运营关键技术认知

任务导入

数字化技术的发展，让门店的服务模式正在被重塑。门店借由数字化技术，实现渠道的打通和服务的触达，无疑能够为门店创造更多的盈利可能。在传统门店数字化转型过程中，可以借助哪些技术呢？请同学们以小组为单位，选择一家门店实地考察数字化技术在门店的具体应用情况，并就数字化技术在门店未来可能的应用场景进行展望，制作PPT并

进行小组汇报。

任务准备

传统门店在数字化转型的初期，需要充分了解和学习数字化技术的发展。门店在用好工具的基础上，合理发挥其功能的作用，进一步吸引客流，拉近与消费者的距离，增强体验感，增加黏性与复购，助力业务增长。

一、大数据技术

（一）大数据的内涵

世上一切事物和活动都会产生数据。随着社会的发展，数据已成为除了土地、资本、劳动力等传统生产要素之外的一种全新的生产要素，影响着人类所有的生产和活动、数据相关的技术也正得到日新月异的发展。

简单来说，“大数据”是指利用成本和时间可控的新数据处理模式才能处理的规模庞大、增长迅速、种类多样和低密度价值的信息资产。这个定义可以从两方面去理解。一方面，大数据的规模大到超出了传统数据库软件的处理范围，软件无法在合理时间内完成各种数据处理，只有新数据处理模式才能应对。所谓新数据处理模式，是指一个可扩展的、新的技术体系架构，可对数据实现高效的采集、存储、分析、管理等操作，从而在可接受的成本范围和时间周期内，将数据转换成知识或情报，辅助门店进行经营决策。另一方面，大数据是一种宝贵的无形资产，增强了门店的洞察力、决策力和创新力。

大数据技术可以帮助门店在种类繁多、数量庞大的数据中，快速获取情报，大大增强了门店对市场、客户及自身的洞察力，并可通过各种数据模型，辅助管理层和一线员工进行科学决策，减少决策错误，提高决策精准度，及时抓住发展机遇。大数据技术还能有效指导门店的创新，例如，通过分析业务流程数据，找到流程缺陷和问题根源，进行业务流程的变革，从而提升管理水平。

（二）大数据的技术特点

有关大数据的技术特点最为经典的总结是“4V”，即庞大规模（Volume）、多样类别（Variety）、高速流转（Velocity）和稀疏价值（Value）。

1. 庞大规模

数据的基本计量单位是字节，即Byte，缩写为B。大数据的日常数据量基本以TB及以上的单位为主流计量单位，甚至到PB、EB或更高级别。常见的有以下几种量级：

$1KB=2^{10}B=1\,024B$　　$1MB=2^{10}KB=2^{20}B$　　$1GB=2^{10}MB=2^{30}B$　　$1TB=2^{10}GB=2^{40}B$

$1PB=2^{10}TB=2^{50}B$　　$1EB=2^{10}PB=2^{60}B$　　$1ZB=2^{10}EB=2^{70}B$

2. 多样类别

大数据的数据类型丰富多样，包含数值、文本、图片、音频、视频、传感器信号等。这些数据又可以按照结构分成结构化数据、半结构化数据和非结构化数据。所谓结构化数据，通俗来说，是指可以用二维表的形式存储的数据，如员工工资单。所谓非结构化数据，就是完全不能以二维表形式存储的数据，如客人投诉录音。传统数据库软件一般只能用来处理结构化数据，而非结构化数据则超出了它们的能力范围，更难以被计算机所理解，因此需要用语音识别、语义分析、人工智能等更复杂的技术来处理。而半结构化数据，则介于以上两者之间。据IOC（国际数据公司）的一项调查显示，企业中80%的数据都是非结构化数据，且增长速度很快。

3. 高速流转

高速流转是指大数据往往以很高的速度产生和传输，传统技术往往来不及存储处理。因此，大数据技术要求数据的采集与分析过程必须迅速及时，以满足用户实时根据数据处理结果进行决策的需求。例如，由于数据增长速度快，有些大数据往往采用边处理边丢弃的方式分析，而非先采集存储下来然后再批量处理的模式。大数据技术的关键优势，就是要在种类繁多、数量庞大的数据中，快速获取有用的情报和知识。

4. 稀疏价值

稀疏价值是指大数据的价值是低密度的。也就是说，在庞大的数据体量中，有用数据所占比例通常很低，要像“沙里淘金”那样进行分析处理，才能找到数据价值和意义所在。例如，超市7×24小时的监控视频是一种大数据，对于根据该视频在超市追查偷窃的警察来说，数天的监控录像中也许只有捕捉了嫌犯头像的2秒是有价值的数据。

（三）基于大数据技术的门店变革

美国应用信息经济学家道格拉斯·W. 哈伯德（Douglas·W. Hubbard）在其专著*How to Measure Anything*中提到“一切皆可量化”，并积极倡导数据化决策。门店也是如此，几乎一切经营管理活动都可量化为数据，并基于被实践反复验证的数据模型，经过计算分析，得到情报或知识，辅助管理者进行科学决策，甚至可以进行自动化决策，从而提高运营效率，优化顾客体验，最终提升门店经营管理水平和效果。下面从三个方面阐述大数据是如何驱动门店变革的。

1. 基于大数据技术的门店管理体系变革

大数据对于企业管理的变革起着重要的作用。它使得流程的制订和实施不再仅仅是基于经验，而是能够通过大数据驱动，通过大数据去发现问题、优化流程和进行决策。门店的管理体系是由一个个的业务流程组成的。例如，商品采购管理、收银管理及顾客管理等。门店每一个业务流程的效率和体验都得到提升，其实就是门店管理体系的变革。

业务流程的变革有一个成熟的方法论，叫作业务流程重组（Business Process Reengineering，BPR），它是一种指导企业变革工作流程、工作方法，从而提高管理效率、管理效果的方法论。它是对企业的业务流程做根本性的思考和彻底重建，其目的是在成本、质量、服务和速度等方面取得显著的改善，使得企业能最大限度地适应以顾客、竞争、变化为特征的现代企业经营环境。而有效进行业务流程重组的关键和根本，是对业务流程产生的数据进行度量和分析。数据采集越丰富，分析模型越先进，则流程优化效果越明显。随着大数据技术的成熟，业务流程重组的落地性及价值也越来越高。

2. 基于大数据技术的门店销售变革

大数据技术推动了门店销售的变革，尤其在对用户数据进行采集、处理和分析后，可以深刻洞察用户的需求，掌握用户画像，开展精准营销。什么是用户画像呢？简单来说，每一位用户都有自己的个性、偏好、职业、民族、信仰、消费习惯等，这些就组成了用户的“画像”。例如，用户A可能更看重员工服务，而用户B可能更看重商品质量。因此，对于一家商品很棒但服务一般的门店，用户B赞不绝口，用户A则不屑一顾。因此，针对每个用户的画像进行一对一的、有针对性的营销，就显得非常重要。这样做可以在确保用户良好体验的前提下，提高门店经营绩效。

组成用户画像的所有数据来自用户和门店的每一次接触，如售前咨询、到店购买、售后服务等。这些数据日积月累，经过一定的数据模型的处理，就形成了关于该用户的“知识”，也就是“用户画像”。

3. 基于大数据技术的门店服务变革

大数据技术推动了门店客户服务的变革。每个门店都会遇到不满意的客户，当他们投诉时，对门店来说，其实是一个很好的争取回头客的机会。贝恩咨询（Bain Capital）的数据显示，获取一个新客户的成本是保留一个老客户成本的6~7倍。

所以，如何低成本、高效率地解决客户投诉，让客户满意并且愿意再次来门店消费是一个非常有价值的课题，属于“客户体验管理（Customer Experience Management，CEM）”的范畴。所谓客户体验管理，根据美国康奈尔大学博士伯德·施密特（Bernd·H. Schmitt）在《客户体验管理》一书中的定义，是指“战略性地管理客户对产品或公司全面体验的过程”。它以提升客户全面体验为核心，管理与客户的每一次接触，传递有效信息，开展积极良性互动，营造匹配品牌承诺的正面感觉，进而创造差异化的客户体验，提高客户忠诚度，最终实现客户与企业的双赢。借助大数据技术，门店可以分析对比历史上以不同方式处理客户投诉后，客户满意度变化的情况，从而找到投诉处理的低成本和客户的高满意度之间的平衡点。

二、物联网技术

（一）物联网的内涵

物联网的概念最早出现在1995年比尔·盖茨《未来之路》一书。在这本书中，比尔·盖茨用相机的例子来描述物联网，用户遗失或遭窃的照相机自动发回信息，告诉用户它所处的具体位置，即便它已经身处不同的城市。中国在物联网领域的布局较早，中科院早在1999年就启动了传感网研究。因此，在物联网这个全新的产业中，中国技术研发水平处于世界前列，并与德国、美国、韩国一起成为“物联网”国际标准制定的四个发起国，具有举足轻重的影响力。

物联网（The Internet of Things，IoT）是指利用带有软件处理能力的传感器将现实中的人、物、场进行连接，形成不限于时间、空间及地点的巨大虚拟网络，并在此基础上进行数据交换及传递。物联网技术在人们生活中得到快速普及，最让人熟悉的如智能手表等可穿戴设备就是物联网的产物，它能通过传感器传输数据，为用户提供精确的实时运动信息及建议。此外，人们还会发现以物联网技术为支撑的智能家居已经走进千家万户。智能家居是通过技术手段将家中的设备和家电连接成一个有机的生态系统，使得用户可以根据需要和生活场景对连接进入该生态系统的设备进行控制，从而让生活与环境变得更加舒适、安全、方便和高效。物联网是构建智能家居生态系统的主要技术。例如，越来越多的酒店客房中配置了智能音箱，住客可以通过语音“指挥”智能音箱控制房间的设备，这是酒店业典型的物联网应用。

（二）物联网的特点

物联网借助互联网及数据进行传输联通，这不仅是物理和物体的互联，也是数字和物体的互联。所有门店，无论大小，都可以数字化其物理产品，都可以通过物联网平台转变为数字门店。对于门店经营者来说，使用物联网技术不仅可以最大限度地提高盈利能力，还可以在竞争中保持领先地位。物联网的特点如下。

1. 连接性

连接性是指物联网设备通过传感器和其他电子设备及连接的硬件和控制系统之间建立连接。

2. M2M

M2M是Machine-to-Machine的简称，指机器与机器的通信。安装有传感器或射频识别标签的设备之间可以智能互联。

3. 数据源

数据源是指数据在物联网的设备中的传输是迈向行动和智能的第一步，物联网是大数据的主要来源。

4. 交互性

交互性是指设备只要连接起来就可以产生通信数据，而且通信可以发生在短距离或远距离或非常远的距离上。应用较广泛的通信技术包括Wi-Fi、RFID射频技术。

5. 智能化

智能化是指通过物联网设备中收集的数据进行传感能力和大数据（人工智能）分析后得到优化的指示或提供智能建议。

6. 生态构建

生态构建是指通过万物互联维度，使得门店设备或系统形成一个物联网的生态森林系统，例如智慧客房、智慧门店。

（三）基于物联网的门店变革

物联网为企业提供构建新服务和商业模式所需的智能技术，随着时间的推移，物联网会不断推动产品和服务改进，并增强客户体验。传统门店如何进行数字转型并从数字转型中获得回报呢？

1. 基于物联网的资产跟踪和库存管理

门店采用物联网技术彻底改变数据的处理方式，让门店资产进行数字化处理。处理过的数据通过无线网络进行共享，例如，为了确保货架上的商品不断货，顾客能够随时购买到所需商品，在物联网传感器的帮助下，门店工作人员可及时了解货架和库存的商品供应情况，及时发现库存不足，以行有效的库存管理和及时补货。

物联网通过传感器获取设备和空间的实时数据彻底改变了门店的运作模式。顾客可以通过门店App获得门店库存和销售状态数据，门店经营者可以根据数据信息进行有效的销售调整和库存管理以增加利润。物联网在协同工作方面发挥着关键作用，使得门店可以做出明智的决策和开展商业模式的创新。

2. 基于物联网的营销变革

物联网促进体验营销。体验营销是指门店从消费者的感官、情感、思考、行动、关联五个方面重新定义，设计营销理念，从而实现营销的过程的全渠道营销服务。

（1）促进全渠道营销服务。全渠道营销方式简化了整个购物体验，而物联网在促进这项服务和改善用户体验方面发挥着重要作用。由于在连接互联网的设备上集成了传感器，用户可以远程操作、了解状态，并在有需要时获得即时的销售和服务支持。

例如，美团外卖智能头盔将实时交通、智能语音交互、安全驾驶提醒和接单等业务融合到一起，将头盔接入互联网，使其成为物联网的一部分。

（2）高可访问性、高效率和高生产力。门店不仅需要高效率和高生产力，还需要应用物联网技术解决方案来确保更快地交付订单。此外，物联网有助于企业开展自动化营销和服务并提供实时响应。

3. 基于物联网的顾客服务变革

智能互联设备的普及推动了消费模式及服务模式的变化。物联网技术是推动门店数字化转型的主要技术。其中，数字化转型是以客户需求为中心的商业模式变革。例如，通过物联网技术，门店与顾客之间建立了数字链接关系，基于物联网技术的智能互联设备，使得门店获得海量的顾客数据。通过对这些海量物联网数据的分析，门店可以更好地了解顾客的需求。

总而言之，物联网改变了顾客与门店的沟通方式，也改变了顾客的消费模式，并对门店服务提出了新的要求，同时也为门店挖掘了新的消费需求和创造了新的收入增长模式。门店不仅要结合新时代顾客需求和行为变化，更要转变经营思路，借助物联网技术的蓬勃发展契机去改善顾客体验、拓展更多商机。

三、云计算技术

（一）云计算的内涵

2006年8月9日，Google首席执行官埃里克·施密特（Eric Schmidt）在搜索引擎大会上首次提出“云计算（Cloud Computing）”的概念。云计算的出现，引发全社会商业模式和工作方式的巨大变革。因此，云计算被视为互联网的一次革命。

世界著名的几家提供云计算业务的公司对于云计算给出了类似的定义，这些定义有助于我们从不同侧面更好地理解云计算的含义。

本教材采纳美国国家标准与技术研究院（National Institute of Standards and Technology，NIST）于2011年9月给出的定义：“云计算是一种模型，用于支持对可配置计算资源（例如，网络、服务器、存储、应用程序和服务）的共享池进行便捷的按需网络访问，这些资源可以通过最少的管理工作或服务提供商交互快速配置和发布。此云模型可提高可用性，由五个基本特征、三个服务模型和四个部署模型组成。”通俗地说，云计算就是一种计算资源的共享池，使用者可以随时从这个池子里按需租用，使用量是无限的，但使用者需要按照使用量付费。“云”可比作自来水公司，人们可以随时接水来用，并且不限量，但要根据自家的用水量付费给自来水公司。

云计算与公寓出租有些类似，用户不拥有公寓，而是按月租使用，公寓大楼管理员负责公寓的日常管理和维护，用户与其他租户共享公寓总体空间、设施和服务。而传统计算模式则更像是一座由个人全资购买的房子，完全归个人所有，个人拥有专属空间，但房屋装修、日常维护及将来的更新改造等工作都由自己负责。

（二）云计算的技术特点

按照NIST的定义，云计算有按需自助（On-demand Self-Service）、广泛访问（Broad Network Access）、资源共用（Resource Pooling）、快速弹性（Rapid Elasticity）和用量可测（Measured Service）五个基本特点。

1. 按需自助

按需自助是指用户可自行按需申请云计算资源（如服务器时间或网络存储等），系统自动分配，而无须云服务提供商的人为干预。这类似于当有人想租一间公寓时，只要在线提出申请，公寓管理系统会自动核实其身份，并将门锁密码告之，然后租户即可直接前来入住，并按月在线支付租金，无须任何人为干预。退租时再次提交申请，公寓管理系统自动结束租约、变更门锁密码，一切都是按需、自助的操作。

2. 广泛访问

广泛访问是指允许各种各样的设备，如手机、平板、电脑、工作站等，通过网络访问云资源。这类似于公寓租户打开门锁进入公寓的方式多种多样，既可以用密码，也可以用身份证，还可以用手机或人脸识别等，怎么方便怎么来。

3. 资源共用

资源共用是指允许多个用户通过“多租户”的模式共享使用集中管理的计算资源。例如，多个门店或门店集团租用同一个IT供应商的云PMS系统。再次使用公寓的场景来举例以便于理解，整栋公寓人来人往，但相互独立、互不干扰，每个人在共享同一套设施和服务的同时，可以保留自己的生活习惯和个人隐私。

4. 快速弹性

快速弹性是指云计算资源可随客户需求被快速地、自动地分配或释放，且资源数量近无限，随时可用。所谓弹性就是指资源分配的数量是灵活可变的。例如，某门店上个月业务量大，所以需要租1 000 T的存储空间，而这个月受某些因素影响，业务量萎缩，仅需租300 T，两个月的租金按照量付费。仍以公寓举例，云计算的快速弹性就好比家里某一天突然来了50个人，于是临时向公寓管理员在线申请租用50间新的公寓住一晚，而这座公寓大楼拥有无限间房间，完全可以随时满足任何需求。对于传统计算模式，一旦发生性能、存储等资源不足的情况，就只能购买更多的硬件和软件，花费数月甚至数年的时间升级系统，做不到实时、动态和弹性。就好比私人购买的住宅，要扩容的话，只能再次大兴土木，做不到瞬间满足。

5. 用量可测

用户使用的计算资源或服务是可度量的，这是云计算按使用付费的基础。这类似于公寓的门锁，记录着租户每天是否住在这里。

（三）基于云计算的门店变革

云计算的技术特点，也为门店带来变革管理体系、营销渠道和服务模式的机会。

1. 基于云计算的门店管理体系变革

在管理方面，云计算可显著优化门店的组织架构、业务流程和数字系统构建。云计算将所有的计算资源（其中也包括门店的各种应用系统）集中置于“云”端，而门店管理决策所需的各种规划、标准、制度、政策、知识、情报、数据等资源是以数字统一为载体来存放和管理的，于是也就集中存放在了“云”端，这就杜绝了信息不对称并大大提高了信息传递的效率。传统企业的信息传递是树状的，从高层向低层逐层传递，或者反之。而基于云计算的信息传递模式是网状的，信息可瞬间触达所有员工。

于是，门店有机会对组织架构进行优化，员工和员工之间不再有层级概念而只是职责不同，相互配合完成工作。同时，门店有机会对业务流程进行优化。云计算天然地将所有系统在云端联通，不再有信息孤岛及部门墙，数据在各部门之间是流通的，流程在各部门之间是衔接的，有机会持续进行业务流程的优化重组及构建数据驱动的管理决策模型。例如，供应链核心企业与上下游企业之间，通过云计算实现在采购、销售、物流等环节的协同，实现交易链条的实时信息传输与共享、端到端数据汇聚和处理。根据云端提供的信息、数据，从采购到付款各环节的进度、状态一目了然。

2. 基于云计算的门店营销变革

云计算可提供一站式产品营销，用户通过交互界面，在PC、App等渠道购买产品、查询信息；还可以利用社交功能建立圈子，加强与同类用户之间的交流。门店对售卖信息和社交数据进行收集、处理，并对销售、库存、采购进行调整，还将利用数据分析需求，设计专门的产品，定向销售。

云计算的集中共享及随时随地访问的特点，使得员工和客户的交互也是随时随地的。例如，门店员工可在获得客户需求的第一时间将其记录在云系统中，并瞬间让所有其他员工也得到这个信息，并及时跟进。隶属于同一家连锁企业的门店，选用统一的IT供应商的云系统，则可以更有效地实施会员联盟，或者可以更方便地构建交叉营销渠道。例如，A门店的会员到B门店消费时，也能获得A门店的积分，反之亦然。再如，某蛋糕连锁店A门店发现在其处预订蛋糕的顾客住所离B门店比较近，于是帮助客人在B门店进行预订，订单直接进入B门店的系统中，由B门店进行配送，这就相当于A门店和B门店互为渠道。以上这些模式，没有云系统的支持是很难实现的。

3. 基于云计算的门店服务变革

云端实现各类线下网点资源的共享。客户可根据个人需求，通过PC、手机等联网设备实时查询最近的网点地址、在店人数、在售商品数量、在售商品价格等信息，还可实时预约产品和到店时间，定制个性化专属服务。

云计算对新零售的贡献，远不止于此。它还提供弹性、灵活的资源管理方式，跟随业务线延展到产业链中的各种应用场景。

案例分享

某云“超级App”打通前台后厨，海底捞CRM性能提升18.6倍

海底捞成立于1994年，是一家以经营川味火锅为主、融汇各地火锅特色为一体的大型跨省直营餐饮品牌火锅店，已于2018年9月上市。截至2022年6月30日，海底捞全球拥有1 435家门店，超7 000万注册会员，每年到店人次超过1亿。

作为餐饮业的“旗舰”，海底捞正在加速扩张步伐，计划注册会员数量实现从千万到亿级的跨越。但随着海底捞的高速发展，其基于传统架构规划与建设的线下IT业务系统，逐渐难以满足业务扩展需求。

这种情况下，海底捞希望通过云计算来升级与完善企业的数字化架构，重新规划会员系统，并借此整体打通前台点餐、收银、个性化服务系统，连接后厨系统，打造一款超级App。

经过多次对比选型，海底捞最终选择了某云解决方案。通过云上应用架构设计和优化、核心业务系统改造上云、超级App上线割接总策划等系列操作，最终打造了一套适应海底捞业务发展的全新企业架构。

这套架构能够支持亿级会员数量和千万级参与者的营销活动，并将海底捞原有CRM（客户关系管理）系统性能提升了18.6倍。以前海底捞发起一项针对不同类型会员的权益活动，把规则等写入系统再调试上线至少需要1天的时间，现在仅需1小时。在IT运营维护方面，过去为保证系统的性能和稳定性，海底捞IT系统每两年就要重构一次。改造优化后的IT框架，在满足支撑千家门店需求的同时，还能根据不同业务需求进行弹性、可伸缩的轻松扩容。

通过某云数字化解决方案的赋能，海底捞与消费者的连接增强，运营效率得到提升，顾客体验也得以优化，并进一步丰富了海底捞为顾客服务的场景和可能性。

资料来源：作者根据相关资料整理

四、人工智能

（一）人工智能的内涵

人工智能（Artificial Intelligence，AI）作为计算机学科的一个重要分支，是由美国计算科学家约翰·麦卡锡（John McCarthy）在 1956年的达特茅斯会议上正式提出的，这标志着世界三大尖端技术之一——人工智能科学正式诞生。人工智能可以理解为用机器不断感知和模拟人类的思维过程，使机器达到甚至超越人类的智能。随着以深度学习为代表的技术的成熟，人工智能开始应用到数字经济的各个组成部分，促进产业内价值创造方式的智能化变革。

自诞生至今60多年的历史中，各行业的专家和学者进行了大量探索与实践，人工智能的发展也经历了多次起伏。20 世纪 60年代初，机器定理证明、跳棋程序等研究成果大大提高了人们对人工智能的关注度。但在随后的10年中，对人工智能过高的期待使得人们设立了许多不切实际的研发目标，例如用机器证明函数问题、依靠机器进行翻译等。这些挑战不出意外地相继落空，使人工智能的发展步入了低谷。到了 20 世纪 70 年代末期，专家系统的出现让人工智能成功地从理论研究走向了实际应用。专家系统通过模拟人类专家的知识和经验解决特定领域的问题，让人们开始在医疗、化学、地质等领域享受人工智能带来的价值。20 世纪 80 年代到 90 年代，随着美国和日本立项支持人工智能研究，人工智能进入第二个发展高潮期。在此期间，与人工智能相关的数学模型取得了一系列重大突破，如著名的多层神经网络、反向传播（back propagation，BP）算法等，使算法模型准确度和专家系统获得了进一步优化。

在新一代信息技术的引领下，随着数据的快速积累、运算能力的大幅提升、算法模型的持续演进及行业应用的快速兴起，人工智能的发展环境发生了深刻变化，跨媒体智能、群体智能、自主智能系统、混合型智能逐渐成为新的发展方向。

（二）人工智能的技术结构

人工智能的技术结构可以分成知识表示、机器感知、机器思维、机器行为、机器学习五个部分。

1. 知识表示

知识表示就是对知识的一种描述，或者说是对知识的一种约定，一种计算机可以接受的用于描述知识的数据结构。它的作用是将人类知识形式化、模型化，以便被使用。知识表示可以视为数据结构与处理机制的综合，包括事先存储的经验知识，以及通过智能推理得到的间接知识。

2. 机器感知

机器感知是指使机器模拟人的感知能力，如视觉、听觉、嗅觉、味觉、触觉等，目前的研究主要以机器视觉、机器听觉为主，主要技术包括模式识别、自然语言处理等。

机器视觉使机器能够从图像、视频中获取有意义的信息，识别周围环境，做出判断，并采取相应行动。机器视觉由卷积神经网络提供支持，应用场景包括社交媒体的照片标记及自动驾驶汽车等。

机器听觉是一个基于音频信号处理和机器学习对数字声音与音乐的内容进行理解和分析的学科。其通用技术框架包括声音采集、预处理、声源分离或去噪或增强、音频事件检测、提取或学习音频特征、声音分类、声音目标识别及定位等。

自然语言处理是一种可以从非结构化文本数据中发掘情报和知识的技术，让机器可以读懂人话，实现人和机器用自然语言的顺畅沟通，包括自然语言识别和自然语言生成等。

3. 机器思维

机器思维是指机器基于外部感知信息和内部知识信息进行工作，如进行推理、规划等，以模拟人类的思考决策。机器思维最大的难点在于模拟人类的灵感或顿悟，也就是实现“人工直觉”。

4. 机器行为

机器行为是指让机器模仿人类的表达，如说、写、画、做表情、做动作等。以做表情为例，表情的模拟技术，有个专有名词叫“情感计算”。20 世纪 90 年代，麻省理工学院的辛西娅·布雷齐尔（Cynthia Breazeal）博士制作了名为Kismet的仿人社交机器人，研究机器能否辨认和模仿人的情感。它具有视觉、听觉、触觉输入和位置感应，也可以用对话、表情、体态等与人互动。Kismet具有平静、感兴趣、生气、开心、沮丧、惊喜、恶心等表情定义，使得机器人朝着拟人化的方向又迈进了一大步。

5. 机器学习

机器学习是人工智能的一个组成部分，可让系统仅通过输入大量数据，以及神经网络和深度学习进行自主学习和改进，而不需要明确编程。它可以让机器模仿人类的学习能力，自主通过学习获取知识，甚至是发明知识。机器学习可让计算机系统通过累积更多“经验”来不断调整并增强自身功能，因此输入的数据越多，结果就越准确。例如，要训练算法识别什么是猫，就要向它提供大量被标记为猫的图片。事实上，机器学习应用可自动构建统计模型，它能够从数据中学习、识别模式，并且只需极少的人工干预即可进行决策。机器学习还有个通俗的别名，叫AI训练，是指为了让人工智能程序更“聪明”，而用海量的实际场景数据去训练它，等它出师后，就可以“依葫芦画瓢”，甚至可以“举一反三”。

以上五个部分和人的成长过程非常类似：首先，在学校接受多年教育，进行知识储备（知识表示）；初到职场后，多看多听，熟悉环境（机器感知）；碰到问题后积极判断，主动思考，进行策划（机器思维）；然后采取行动计划（机器行为）；最后为了不断进步，进行终身学习，以便做得更好（机器学习）。人们循环往复，最终成为某个领域的专家。

（三）基于人工智能的门店变革

随着互联网的高速发展，传统线下零售渠道开始出现发展疲软的状况，中国零售业此刻亟须一剂“助推剂”。人工智能技术的发展或许会成为改善零售产业未来发展的良方之一。

1. 基于人工智能的无人超市

在我国很多城市，无人超市已经落地生根，分布在一些热门商圈或是商业广场周围。与传统超市相比，无人超市无须配置理货、收银等人员，在人力成本投入方面几乎为零，而消费者也只需要利用移动支付方式进行支付，甚至做到即拿即走，可谓十分便利。

便利的背后，是科技力量的支撑。据悉，无人超市采用了多种识别技术，包括人脸识别等生物识别技术及机器识别等智能识别技术。无人超市内的商品都有条形码或RFID标签，能够为消费者提供便捷的结算体验。同时，人脸识别等生物识别技术既可以为无人超市提供安全保障，也可以成为新的支付方式。

人工智能技术除了体现在识别方面，还应用于无人超市的运营数据采集、分析等方面。通过借助人工智能技术分析用户数据，能够及时、快速了解商品的销售情况及顾客喜好，从而提升采购精准度，提升实际运营利润，并为消费者提供更好的消费服务。

2. 基于人工智能的顾客服务

受益于AI和云计算等技术的不断发展，以自然语言处理技术为代表的智能客服系统在零售企业中的应用不断增加，覆盖售前、售中及售后全过程。7×24小时的服务可高效、高质量地满足消费者商品咨询、自助购物、订单查询、物流跟踪、自动退换货等需求，提高消费者满意度，提升店铺询单转化率，节省客服人力成本达50%以上。

在此基础上，智能客服系统同时可采集消费者信息标签，洞察用户行为，为精准营销、智能化运营等环节提供数据支撑。随着语音交互技术的不断发展，越来越多的消费者交互行为也通过语音进行，语音机器人、智能外呼等服务场景也逐渐丰富起来。

3. 基于人工智能的消费者识别分析

传统线下零售场景缺少对消费者信息采集和分析的有效手段。除交易数据外，消费者分维度的精细数据、购物过程数据及将这些数据整合分析的价值一直未被挖掘。依托机器视觉技术以消费者为主要识别对象，通过摄像头采集人脸、动作、轨迹等信息，辅以对商品图像信息的识别分析，可帮助零售企业整合“人、货、场”数据，形成完整的用户画像和消费者洞察。

此外，虚拟试装/妆这一针对消费者的视觉解决方案也逐步通过手机App或线下智慧大屏等方式落地应用，为消费者提供定制化的产品展示效果，节省品牌商试用装成本，拓宽商品触达消费者的渠道，优化消费者购物体验，从而有效提高转化率及降低品牌商成本。

另外，线下零售门店相比电商，在消费者行为洞察上缺少必要的信息获取手段，现在可以通过智能摄像头为信息采集入口，通过采集消费者人脸、面部表情、衣着、体态、发型等信息，实现在线下零售场景对消费者的全流程感知。

目前受线下零售场景头部集中程度和IT建设基础等因素影响，基于视觉的消费者行为洞察解决方案仅在4S店、家电3C店、大型商业地产等零售业态有实验落地。未来，随着算力升级、技术发展带来的算法成本降低、市场需求度提升等利好因素，基于视觉的消费者行为洞察解决方案落地规模将逐步增加。

4. 基于人工智能的支付方式升级

目前已有一些商家采用自动结算的方式，降低门店的人工成本。例如，使用RFID技术，将RFID标签贴在商品上，通过智能结算通道，识别商品RFID标签信息，识别完成后，再由手机系统自动扣除商品款项，完成支付，结算完成后即可开门离开商店。除此之外，还可以利用图像识别技术，直接识别商品的价格信息，免去标签的制作成本，缩短商品识别的等待时间。

五、新媒体

（一）新媒体的内涵

新媒体是一个广义的术语，它是以数字技术为工具，以互联网为载体进行信息互动传播的媒介。新媒体不仅仅是一个技术概念，也是一个时间概念。新媒体是随着互联网技术的发展而不断演变、不断推陈出新、不断丰富和完善的。在传播媒介从纸质媒体和视听媒体阶段进入互联网阶段，新媒体主要是指搜狐、新浪等门户网站。信息的传播实质上还是单向的，因为内容的发布是由门户网站的运营者决定的。在传播媒介从互联网进入社交媒体阶段，新媒体指微博、今日头条、抖音、小红书、哔哩哔哩等社交媒体，信息的传播是双向的，用户不仅仅是内容的接受者，而且也是内容的生产者和传播者。用户生成内容（User Generated Content，UGC）、专业生产内容（Professionally Generated Content，PGC）和职业生产内容（Occupationally-Generated Content，OGC）是新媒体上的主要内容形式。

新媒体和社交媒体、自媒体的概念是有区别的，具体见表1-2所列。

表1-2 新媒体和社交媒体、自媒体的区别

内容	新媒体	社交媒体	自媒体
目的	打造企业/团体品牌	个人社交	打造个人品牌

续表

内容	新媒体	社交媒体	自媒体
运营方式	团队运营	个人运营（通常以记录生活而非盈利为目的）	个人运营（通常运营个人品牌，带有一定的盈利目的）
运营对象	精准营销	朋友圈	所有人
工具	各平台及销售工具	社交软件（可以是新媒体的一种）	单一平台或多平台运营

（二）新媒体的特点

1. 新媒体数字化

新媒体使得用户能够借助个人电脑、智能终端等设备，通过网络获取、创造和传播信息。它有很多应用形式，如网络杂志、网络报刊、数字电视、微信、微博、车载移动媒体等，这些应用形式均是以数字的形式进行传播和存储。因此，数字化是新媒体最明显的特征。

2. 传播的即时性

新媒体借助移动互联网和社交媒体进行信息传播，打破了空间和时间的限制，可以在第一时间将各种信息进行全网和全球传播。而接受对象只要能够接入互联网，就可以即时接受这些信息，不受时间和地域的限制。

3. 内容的互动性

新媒体传播互动性很强。在新媒体应用环境中，信息是多点对多点传播和互动的。信息接受者和信息发布者之间可以进行互动，如评论、分享、点赞等。

4. 个性化

用户可以在网络上个性化定制所接受的媒体信息，而且基于大数据技术的个性推荐功能使得信息可以根据用户的喜好进行传递。

5. 用户的多元身份

每个用户不仅仅是信息的接收者，也是信息的传播者，还可以是信息的创造者。

（三）基于新媒体的门店变革

1. 基于新媒体的门店管理变革

在新媒体时代，信息的传播更快，加速了人们需求层次的提升，人们更关注服务，关注体验产品的过程，这就要求门店管理者挖掘、收集、分析消费者行为变化的信息，并将这种信息转变为生产力。

新媒体时代最大的特点就是快速的信息传播，这是由新媒体的传播特点决定的。新媒体时代带来了信息传输的高效率，信息的传播速度更快，传播的内容更具冲击力和震撼力，结合大数据的准确定位匹配客户群体已成为门店占领先机的强大制胜武器，这就要求门店管理者在传统的发展环节中利用新媒体的优势，跟上消费者瞬息的变化。

2. 基于新媒体的门店营销变革

相对于传统销售而言，新媒体时代下最具特色的就是数字营销。随着世界变得更加数字化，数字营销对于当今的企业至关重要，消费者在网上进行研究和购买已成为常规，企业的营销方式也发生了变化。数字营销有时不仅比传统营销更具成本效益，而且还是一种与全球目标受众建立联系的更直接的方式。利用新媒体进行营销的优势主要表现在以下三个方面。

一是互动式营销。互动式营销是一种新的社交方式，结合大数据分析消费者的喜好和反馈，为企业的市场运作服务提供更准确信息的营销方式。

二是跨业态网络整合营销。跨业态网络整合营销是新发展起来的一种营销模式，基于新媒体的特性和技术，更加高效、高性价比地完成整合不同业态的营销计划，实现高效的客户关系管理，以便精准地实施营销策略，实现企业营销的高效率、低成本、大影响。

三是网络定制营销，其中最具代表性的就是带货的概念。网络定制营销是指借助新媒体的互动体验功能，在大规模生产的基础上，将市场细分到极限程度，把每一位顾客视为一个潜在的细分市场，根据每位顾客的特殊要求对商品进行单独设计并迅速交货的营销方式。

3. 基于新媒体的客户服务变革

客户服务是在客户寻找、使用、提升和检查产品或服务故障的时候提供支持和解决的行为。它的目标是培养长久的客户关系。新媒体的发展给企业的客户服务带来更便利和更直接的效果。一方面，企业可以利用新媒体的传播手段和平台，与终端客户互联互动，建立有效的沟通机制，快速精准地解决问题；另一方面，可以充分利用新媒体的优势，与客户建立起良性互动机制，培养忠实的客户，提升企业的形象。

综合来说，借助数字化技术达到传统门店转型升级的落地效果提升的目的，需要依托海量数据对算法进行优化并在实际落地过程中打磨方案逻辑，以便“解决真实需求、真实解决需求”。企业以零售巨头为代表，正大力推进零售科技的生态体系建设，并对AI的投入程度愈来愈重。

最后，值得关注的是，为满足零售企业智能化转型及降本增效等需求，物联网、云计算、人工智能等新兴技术一方面可为传统门店转型升级助力，达成共赢；另一方面项目落地经验、算法优势和生态体系建设可以成为传统门店发展竞争力的核心。

任务评价

学生分组进行门店数字化运营关键技术认知调研，教师进行考评并填写考评表（表1-3）。

表1-3　门店数字化运营关键技术认知调研考评表

考评人		被考评人	
考评地点			
考评内容	门店数字化运营关键技术认知调研		

	内容	分值	得分
考评标准	能够深入门店开展实地调研，调研目的明确	15	
	调研内容详细具体，对门店数字化运营关键技术及应用有一定的了解和认知	30	
	调研报告结构完整，层次清楚，内容完整	20	
	调研汇报准备充分，成果演示及答疑语言表达流畅	20	
	任务完成积极主动，团队成员合作良好	15	
合计		100	

注：考评满分为100分，60~70分为及格，71~80分为中等，81~90分为良好，91分以上为优秀。

思政园地

海尔：应势而动，做物联网时代的引领者

海尔诞生于1984年，在全球设立了10+N创新生态体系、71个研究院、35个工业园、138个制造中心和23万个销售网点，旗下海创汇创业加速平台孵化了7家独角兽企业、102家瞪羚企业、38家专精特新“小巨人”。近40年的成长路上，海尔洞察家庭生活的需求变化，不断将海尔品牌打造成代表时代进步的同龄品牌。海尔连续多年作为全球唯一物联网生态品牌蝉联“BrandZ最具价值全球品牌100强”，连续十几年稳居“欧睿国际全球大型家电零售量排行榜”第一名，2021年全球收入达3 327亿元，品牌价值达4 739.65亿元。

随着我国“一带一路”国家战略的推进，互联网、物联网时代的到来，用户消费需求升级，在“研发、生产和营销”三位一体国际化战略和“创新创业”两创精神的指引下，以实现人们对美好生活的向往为使命，海尔紧随时代步伐和国家政策，因地制宜，创造世界名牌，探索出多种创新模式，形成了可持续、合作共赢的生态圈。

综合国力竞争说到底是创新的竞争。谁牵住了科技创新这个牛鼻子，谁走好了科技创新这步先手棋，谁就能占领先机、赢得优势。从“家电”到“解决方案”再到“智慧生态”，海尔用实践证明，根据营销环境变化不断创新，就会带来巨大的成功。

对于个人来说，只有时刻关注国家的发展变化和战略的调整，与时俱进，才能不断开拓创新和进步，实现人生价值。

资料来源：作者根据相关资料整理

讨论：

结合案例谈谈借助数字化技术进行创新对国家、企业乃至个人发展的影响。

拓展阅读

酒店数字化管理技术应用

任务三　门店数字化运营内涵认知

任务导入

数字化运营是门店数字化转型过程中不可回避的一项重要举措，它能帮助企业顺利完成数字升级，实现智慧经营。请同学们每5~6人一组，调查所在城市的连锁门店，了解门店数字化应用的情况、数字化运营的内涵及数字化管理的内容并撰写报告。

任务准备

门店数字化的时代已经到来，作为实体店的管理者及员工需要具备数字化的思维和知识，但是大多数人对数字化运营存在很多的疑惑，甚至不清楚什么是数字化运营。这就迫切需要学习了解什么是数字化以及数字化运营的内涵，理解传统门店为什么要进行数字化改造。我们只有掌握了这些，才能更好地开展门店数字化运营工作。

一、数字化发展认知

数字化（Digitalization）是指使用0和1两位数字编码来表达和传输一切信息的一种综合性技术，即将电话、电报、数据、图像等各种信息都变成数字信号，在同一种综合业务中进行传输，再通过接收器使其复原，可以无限地复原，而质量不会受到任何损害。数字化是信息处理的一场革命。

数字化的目的是企业利用人工智能、云技术、大数据等新一代信息技术将企业的业务流程全过程数据化，通过数据驱动管理决策、运营流程、产品和服务、业务，这样企业就构建了不断驱动业务的数据资产，为企业重构商业盈利模式创造了可行性。

数字化是实现智能化的前置阶段和前置条件。智能化是指企业通过利用大数据和人工智能技术实现服务、运营和决策的智能化，达到可预测、可配置、自优化、自适应的能力阶段。数字化是数据驱动的，而智能化不仅仅是数据驱动，更是算法驱动。智能是数字化能力的提升，使系统变得更加聪明。近年来，从数字化和智能化的概念中又演变出一个新词——“数智化”，即数字化与智能化概念的混合体。

综上所述，初级信息化是数字化的基础，数字化是智能化的前提。

二、门店数字化运营内涵

数字化运营是由“数字化”和“运营”两个概念构成的。数字化的本质是基于互联互通的数据进行业务驱动和科学决策。什么是“运营”呢？“运营”的本质是以客户需求为中心，将企业与产品和客户服务相关的各个业务环节进行统筹安排和资源配置，去实现企业业绩目标的过程。在信息化时代，大多企业运营受限于“数据孤岛”，在无法打通孤岛进行数据共享的情况下，企业就很难做到精细化运营，无法适应当今客户需求快速多变、市场竞争激烈的环境，将面临极大的挑战。

门店数字化运营是门店数字化转型的结果。门店数字化运营是指门店借助于移动互联网、物联网、云计算、大数据、人工智能等新一代信息技术对产品、服务和运营流程进行重塑，打通数据，以便在用户生命周期的每个接触点更有效地吸引用户，提升用户价值和实现用户增长，并在运营流程的每个环节更有效地进行改革和创新，提升运营效率，实现数据驱动的业务增长模式。门店数字化运营的关键特征是数据的互联互通和基于数据驱动业务。

综上所述，只有将“数字化”和“运营”作为一个统一的整体对待，门店才能在数字化转型中获得成功。数字化运营并非一个纯技术的概念，而是一种经营理念和企业文化。门店是否实现“数字化运营”，主要标志是能否实现在数据的互联互通的基础上建立依靠数据发现问题、分析问题、解决问题、跟踪问题的思维方式和管理文化。

三、门店数字化运营的内容

门店数字化运营的内容可能因行业和企业而有所差异，但是都包括业务、数据、技术三个核心部分。

（一）业务

数字化运营是连接业务和数据技术的纽带，不能脱离业务而单纯基于数据处理业务会本末倒置。所以，数字化运营需要结合实际业务需求和业务场景，建立包括产品运营、渠道运营、客户运营、供应链运营、风控运营在内的统一业务管理体系，把人（员工和客户）、货（产品和服务）、场（场地、场景、渠道）等要素有效结合起来。这样，数据分析和分析结果才能有效地支撑业务创新和优化。

（二）数据

数字化运营的核心就是围绕数据开展数字化和智能化工作。所以，数据分析、算法优化、数据标签体系分析与优化等都是开展有效运营的必备能力。有效的数据分析结果，有助于针对不同消费者进行精准营销，有效地提升客户体验和客户黏性。

（三）技术

无论是做什么运营，都不能脱离技术工具和底层平台。门店的数字化运营离不开门店各种业务系统及支撑这些业务系统运营的平台系统的迭代升级，形成新的应用架构，并从技术上实现通过全量数据、实时数据驱动业务的目标。

四、门店数字化管理的内容

门店数字化管理就是运用数字化的技术工具，按标准化的作业流程和管理规范对门店日常的经营和运作进行管理。面对繁杂的商品和竞争激烈的市场，门店主要对人、货、场等进行动态的管理，维持门店的正常运转，并保持一定的服务水平。门店管理具体内容如下。

（一）人员的管理

门店对人员的管理既包括对员工的管理、对顾客的管理，也包括对供应商的管理。门店通过对人员的管理实现有效运作。

1. 员工管理

员工管理的目标就是根据门店运营对人力的需要，合理地确定岗位人数和安排员工的岗位，并最大限度地发挥员工各方面潜力，齐心协力实现门店的经营目标。员工管理包括以下几个方面的内容。

（1）合理排班。分析顾客在休息日、节假日和工作日一天中各时段客流量变化的规律和消费的规律，并对相应时段的工作量进行测算，制订出月、周、日出勤安排表，以此合理、经济地配置好各作业部门的工作人员。

（2）出勤管理。制订员工的考勤制度并进行严格出勤管理是门店正常运行的基本保障。店长和各部门负责人员应严格按照考勤制度进行考勤，并执行相应的考勤奖惩制度，同时做好休假、病假与事假等临时性调班的准备，保证各岗位的人员齐备，维持正常的营业状态。

（3）服务标准化管理。门店对员工的管理重点还体现在对员工服务水准的管理和控制上。高水准服务是企业市场竞争的优势，店长和各部门负责人要对员工进行服务标准化的培训，对他们的服饰、仪容、礼貌用语和服务态度等按照标准进行日常监督，并且随时留意顾客的投诉及意见反映，不断改进服务方式，提高服务水平。

（4）服务效率管理。店长要确保门店的工作效率，使人事费用得到控制。一般人事费用在门店成本核算中所占的比率最高，往往会超过月营业额的6%，故应经常调查各部门从业人员工作状况，寻找提高服务效率的措施。

2. 顾客管理

顾客是零售门店的市场，是门店的生命之源，顾客管理是门店管理的重要内容之一。对顾客的管理主要是把握与顾客有关的信息。

（1）顾客构成。通过问卷调查、统计VIP会员等方法测算商圈范围，了解顾客分布状况、出勤方式，分析该商圈的居民收入水平、人口数、户数、消费倾向、年龄、性别等有关信息，从而为顾客提供更优质的服务。

（2）顾客需要。门店可以通过定期进行问卷调查，对顾客的投诉进行统计分析，来了解顾客的满意度、需求和建议，并根据其需求或建议（甚至是抱怨）调整门店的商品结构和市场定位，改善服务、增加服务功能，从而更好地满足顾客的需求。

3. 供应商管理

（1）准时配送。一般超市经营的生鲜食品，以及果汁、牛奶等日配品的销售比重超过40%，因此产品鲜度和保质期限的管理十分重要。上述商品是否能在开店前准时送到店内非常关键。此外，即使是干货商品，其也有标准的库存量，要避免发生缺货现象。因此，门店要根据自身的需求严格控制供应商的送货时间。

（2）保证品质。商品质量保证是门店的生存基础。门店经营的大部分商品会对人体产生影响，特别是食品会对人体健康产生直接影响，因此门店相关部门对供应商提供的商品一定要严格检查，商品的外观、保存期、标示内容等均应符合规定，供应商的资质要符合要求。

（二）商品的管理

商品管理水平直接影响到销售业绩。商品的管理主要包括商品的陈列、质量、损耗和缺货等方面的管理。

1. 商品陈列管理

商品陈列管理是指通过良好的陈列，有效地利用卖场空间，活化商品，刺激顾客购买量，保持商品鲜度和质量，降低商品损耗，提高商品周转率。

2. 商品质量管理

商品质量管理是指通过控制陈列时间及使用正确的陈列设备和陈列方法进行鲜度管理，保证商品质量。

3. 商品损耗管理

在激烈的竞争中，门店的利润率已相当低，所以损耗高低也就成了门店能否获利的关键因素，损耗管理是节流创利的重要一环。损耗一般是由进货不当、顾客偷窃、员工内盗、商品变质、包装破损、标价错误、变价不实、盘点不实等原因所引起，门店应该加强日常管理进行损耗的控制。

4. 商品缺货管理

零售门店商品缺货会使顾客的需要无法得到满足，从而导致顾客流失，而促销商品的缺货还会导致企业信誉的下降，最终降低门店的竞争力。

门店可以运用现代的信息管理技术，如POS系统（销售时点信息系统）和MIS系统（管理信息系统），实时了解卖场商品的销售状况，及时与供应商联系，把缺货率降至最低水平。

（三）现场的管理

连锁门店销量的提升主要取决于服务与品牌，推行“5S”现场管理是提升服务水平的一个重要措施。“5S”是现代零售门店现场管理的一种方法，具体是由整理（SEIRI）、整顿（SEITON）、清扫（SEISO）、清洁（SEIKETSU）、素养（SHITSUKE）这五个词语的日语罗马拼音的第一个字母“S”组合而成。

1. 整理

整理是指将卖场内的物品分类，坚决把不用的物品及过期的营销广告清除掉，把计算销售表单、宣传单等经常用的文件放在容易取到的位置；及时更新价格牌、海报及产品，为顾客创造一个整洁、优雅的购物环境。

2. 整顿

整顿是指将卖场内有用的物品分类整理摆放好并且进行标记，特别是样品、价格牌、POP、销售表单等物品要摆放整齐、美观大方，杜绝乱堆乱放，确保为顾客提供及时周到的服务。

3. 清扫

清扫是指卖场内的天花板、墙面、地面、柜台及商品必须及时清扫干净，破损的东西必须及时维修或更换，不得播放不文明的音像制品。员工必须保持个人卫生，衣着整齐得体，保持良好的形象和精神状态。

4. 清洁

清洁是指维持整理、整顿、清扫这三项工作，定期与不定期自我检查或相互检查，每天上下班花几分钟的时间做好“5S”工作。

5. 素养

素养是指公司定期对员工进行培训，使每个员工养成良好的生活及工作习惯，自觉遵守规章制度，积极学习各种业务知识，确保员工为顾客提供优质高效的服务。

任务评价

学生分组进行门店数字化运营内涵认知调研，教师进行考评并填写考评表（表1-4）。

表1-4　门店数字化运营内涵认知调研考评表

考评人		被考评人	
考评地点			
考评内容	门店数字化运营内涵认知调研		
考评标准	内容	分值	得分
	能够深入多家门店开展实地调研，调研目的明确	20	
	调研内容翔实，对门店数字化运营内涵有了深入了解和认知	30	
	报告结构完整，层次清楚，内容完整，格式规范	30	
	任务完成态度端正，积极主动，团队成员合作良好	20	
合计		100	

注：考评满分为100分，60~70分为及格，71~80分为中等，81~90分为良好，91分以上为优秀。

思政园地

2块钱退烧药，东北制药火了

2022年12月份，在全民抢药的大背景下，东北制药生产的对乙酰氨基酚片，一板只卖2块钱。看到这里，很多人的第一反应是震惊。什么，退烧药才卖2块钱？而且还是一板药卖2块钱。在一盒连花清瘟要卖到100多，而且还抢不到的大背景下，就算一颗退烧药卖到2块钱，都不觉得意外。结果现在，一板药只卖2块。大家知道一板药有多少吗？整整20片！

对此，有媒体采访了东北制药，“对乙酰氨基酚片这种传统常用药，我们50年来一直保持低价，至今仍然是2块钱一板，虽然利润不高，但是保证市场稳定供应，满足百姓用药需求是我们制药企业的责任。”辽宁方大集团东北制药生产指挥中心主任王维琳表示，虽然目前原辅料和人工成本都面临上涨压力，但是产品还是以原价格推向市场。

据人民网报道：在辽宁方大集团东北制药101分厂，自动化生产线正开足马力，工作人员“三班倒”加紧生产。“分厂接到公司下达的追加排产指令后，快速调整生产计划，人员充实到生产一线，目前所有员工倒班、延时工作，保证日夜连续生产，全力完成保供任务。现在日产量能达到平时的两倍。”副厂长高铁民说。

资料来源：作者根据相关资料整理

讨论：

谈谈你对“东北制药2元一板对乙酰氨基酚片”事件的体会。

拓展阅读

重庆百货数字化措施

项目小结

本项目主要分析了连锁门店数字化发展的现状及发展趋势，介绍了数字化技术在门店运营管理中的应用，阐述了门店数字化运营管理的概念和内容。传统门店进行数字化转型升级是大势所趋。数字经济时代将进一步推动新消费升级、大数据赋能、人工智能技术的应用等，门店采用多种数字化硬件设施以及数字化智能化软件赋能运营管理，将使其最终达到降低成本、提高效率、提升体验的目的，能让人们以更便利的方式购买到质量更好的商品。

课后练习题

一、单选题

1.(　　)是门店数字化转型的良好基础。

A. 数字经济规模　B. 优越的网络条件　C. 国家政策保障　D. 数字技术

2. 传统门店数字化转型的趋势是从经营商品到经营(　　)。

A. 服务　B. 质量　C. 管理　D. 用户场景

3.(　　)是一种宝贵的无形资产，增强了门店的洞察力、决策力和创新力。

A. 文化　B. 大数据　C. 人员　D. 技术

4.(　　)是实现智能化的前置阶段和前置条件。

A. 数字化　B. 信息化　C. 网络化　D. 系统化

5. 以数字技术为工具，以互联网为载体进行信息互动传播的媒介是(　　)。

A. 自媒体　B. 新媒体　C. 全媒体　D. 社交媒体

6.(　　)是门店的生存基础。

A. 商品价格　B. 商品质量　C. 门店服务　D. 门店环境

7.(　　)是指门店从消费者的感官、情感、思考、行动、关联五个方面重新定义，设计营销理念，从而实现营销过程的全渠道营销服务。

A. 体验营销　B. 视觉营销　C. 全渠道营销　D. 感官营销

8. 新媒体时代最大的特点就是(　　)。

A. 数字化　B. 用户的多元身份　C. 内容的互动性　D. 快速的信息传播

9. 门店对员工的管理重点体现在对(　　)的管理和控制上。

A. 仪容仪表　B. 服务态度　C. 服务水准　D. 服务效率

10. 将卖场内的物品分类，坚决把不用的物品及过期的营销广告清除掉，属于（　　）。

A. 整理　　B. 整顿　　C. 分类　　D. 规划

二、多选题

1. 连锁门店销量的提升主要取决于（　　）。

A. 价格　　B. 环境　　C. 服务　　D. 品牌

E. 商品

2. 门店对供应商管理的主要目的是（　　）。

A. 降低价格　　B. 准时配送　　C. 保证品质　　D. 维系关系

E. 控制成本

3. 依托机器视觉技术以消费者为主要识别对象，通过摄像头采集人脸、动作、轨迹等信息，辅以对商品图像信息的识别分析，形成完整的（　　）。

A. 顾客定位　　B. 零售场景　　C. 客户标签　　D. 用户画像

E. 消费者洞察

4. 大数据的特点最为经典的总结是“4V”，即（　　）。

A. 庞大规模　　B. 多样类别　　C. 高速流转　　D. 稀疏价值

E. 生态构建

5. “5S”是现代零售门店现场管理的一种方法，具体是指（　　）。

A. 整理　　B. 整顿　　C. 清扫　　D. 清洁

E. 素养

三、简答题

1. 传统门店数字化转型的驱动力是什么？
2. 传统门店数字化转型的挑战有哪些？
3. 门店数字化运营的关键技术有哪些？
4. 借助人工智能，传统门店可以进行哪些变革？
5. 门店数字化管理的内容包括哪些方面？

扫一扫看答案

项目二 商品数字化及管理

学习目标

知识目标

1. 明确什么是商品、商品的分类、商品参数的信息化建设。

2. 分析商品的营销设计。

3. 准确把握商品质量和商品质量管理内容，明确商品标准化管理方法。

4. 描述商品数字化管理内涵和实施思路，并理解连锁门店未来数字化创新的方向。

技能目标

1. 能够针对日常商品进行规格描述，设计营销方案。

2. 能够针对日常商品设计全面质量管理方案。

3. 能够针对日常商品设计数字化管理方案。

思政目标

1. 明确商品规格，了解商品的政治经济学概念，深刻领会马克思主义在经济中的贡献，强化中国特色社会主义道路的理论自信。

2. 明确商品数字化管理的基本路径和中国数字化发展对商品数字化管理的贡献，明确零售场景中的中国智慧和创新手段，强化专业自信。

任务一 商品认知

任务导入

什么是商品，这是一个让大家感到既熟悉又陌生的概念，在生活中随处可见，但是准确描述和界定商品，好像又有些难以入手。因此，从不同维度认识商品，有助于更好地认识商品的本质。请同学们仔细回忆一下，你在商场、商店看到的商品都有什么特点，另外，为什么这些被称为商品，而不是产品，思考后请填写商品与产品比较表（表2-1）。

表2-1 商品与产品比较表

对比对象	生产目的	性质	使用过程
商品			
产品			

任务准备

理解商品，要清楚为什么要有商品、商品在今天社会中的作用和地位、获取商品的手段和方法，弄清楚这些，才能为今后的商品管理和数字化建设奠定基础。

一、商品的定义

（一）政治经济学中商品的定义

马克思主义政治经济学中指出，商品是用来交换的劳动产品。商品有广义和狭义之分，狭义的商品仅指有形商品，有形商品是客观存在的、可以触摸到的物品，如蔬菜、水果、面包等。与有形商品相对的是无形商品，无形商品被称为服务，如医疗保健或教育等。而广义的商品包括有形的商品和无形的服务两个方面。

1. 概念解读

首先，商品指专门用来交换的产品，即商品生产者生产出来产品但并不直接消费，而是用于向其他生产者交换自己需要的产品。其次，商品是指处于交换过程中的劳动产品。正在生产中的劳动产品，还没进入交换领域之前不是商品；通过交换领域已经进入消费领域的劳动产品也不是商品。社会生产的产品不一定都是商品，如果用于生产者自我消费，或者虽然是为他人消费而生产的产品却无须交换就进入消费，如以赠送、计划调拨、实物税、免费转让、继承等方式获得的产品都不是商品。另外，有些生产要素是大自然的馈赠而不是人类劳动的产品，如空气、未开垦的土地、天然草地、野生林等，没有形成物权或所有权的存在，也就是说，没有人的意志附加其上，它们就不是商品，也就无所谓参与商品交换。处于生产消费和个人消费过程中的各种劳动产品，曾经在交换领域中成为商品，但现在处在消费过程中则是消费品。例如，正在使用中的眼镜和穿在身上的衣服，如果在使用中没有同时标出让渡它们的价格，它们就不是商品；反之，标出让渡价格的商品虽然在使用中，但它们却是商品，这种使用本身是为了更好地让渡，实现该商品的价值。在社会化大生产时代，几乎所有工业产品和绝大部分农产品都属于商品。

2. 商品的二因素

商品的二因素是指商品的价值和使用价值。商品的使用价值是指商品能够满足人们需要的有用性，不同的商品具有不同的使用价值，商品的使用价值是维持人类的生存和繁衍、维持社会的生存和发展所必需的。正如马克思所言："不论财富的社会形式如何，使用价值总是构成财富的内容，而这个内容最初同这种形式无关。我们从小麦的滋味中尝不出种植小麦的人是俄国的农奴，法国的小农，还是英国的资本家。使用价值虽然是社会需要的对象，因而处在社会联系之中，但是并不反映任何社会生产关系。"

一种使用价值与另一种使用价值相交换的量的关系或比例，是商品的交换价值。两种不同的使用价值之所以能按一定的比例相交换，表明它们之间存在某种共同的东西，这种共同的东西在质上应是相同的，从而在量上才可以进行比较。这种同质的共同东西，就是凝结在商品中的无差别的一般人类劳动。商品中的这种无差别的一般人类劳动的凝结，就是商品的价值。因此，交换价值是价值的表现形式，价值是交换价值的内容。价值反映了商品的社会属性，体现了商品生产者之间互相交换劳动的社会生产关系。

人们总是把商品的使用价值和价值称作商品的二因素，把它们看作一个整体。任何社会经济形态中的商品，都是使用价值和价值的矛盾统一体。一方面，商品的使用价值和价值是统一的，缺少任何一个因素都不能成为商品。价值的存在要以使用价值的存在为基础，使用价值是价值的物质承担者。另一方面，商品的使用价值和价值又是矛盾的，使用价值作为商品的自然属性，反映的是人与自然的关系；价值作为商品的社会属性，反映的是商品生产者之间的社会关系。

使用价值是一切有用物品包括商品所共有的属性，是永恒的范畴；价值是商品所特有的属性，是商品经济的范畴。商品生产者生产一种商品，是为了取得商品的价值；商品消费者购买一种商品，则是为了取得该商品的使用价值。因此，商品只有先证明自己具有使用价值，才能实现其价值；而为了实现价值，又必须先具有使用价值。可见，一种具有使用价值的劳动产品，如果只是用来满足商品生产者自己的需要，或只是无偿地交付给别人使用，都不能成为商品；只有通过商品交换把商品卖出去，才能使商品生产者实现商品的价值，使消费者得到使用价值，商品的使用价值和价值的矛盾才能得到解决。

综上所述，商品是用来交换的产品，之所以能交换，是因为商品中凝结了人类劳动，即价值；之所以要交换，是因为商品有使用价值。

3. 生产商品的劳动二重性

商品的二因素是由生产商品的劳动二重性决定的。生产商品的劳动具有二重性，从一方面看它是具体劳动，从另一方面看它又是抽象劳动。具体劳动是在一定的具体形式下进行的劳动，千差万别的具体劳动创造出千差万别的使用价值，体现的是人和自然之间的关系。抽象劳动是指撇开劳动的具体形式的无差别的一般人类劳动，即人的体力和脑力的生产性支出，体现的是商品生产者之间的社会经济关系。生产商品的劳动二重性是商品价值的唯一源泉。

4. 商品的价值量

商品的价值是质和量的统一。既然商品价值的质表现为一般人类劳动的凝结，那么，商品的价值量就由凝结在商品中的一般人类劳动的量来决定。由于衡量劳动量的自然尺度是劳动时间，因而商品的价值量是由生产商品所耗费的劳动时间来衡量的。

但是，商品的价值量不是由个别生产者生产某种商品耗费的个别劳动时间来决定的，而是由生产商品的社会必要劳动时间来决定。社会必要劳动时间是指在现有的社会正常的生产条件下，在社会平均的劳动熟练程度和劳动强度下制造某种使用价值所需要的劳动时间。

社会必要劳动时间不是固定不变的。例如，蒸汽织布机普遍使用以后，把一定量的纱织成布所需要的劳动时间可能比过去手工织布工人把一定量的纱织成布的劳动时间减少一半；现在，若手工劳动者的劳动时间不变，他就得把一定量的纱织成布的商品价值量降到以前的一半，因为他一小时的个别劳动只代表半小时的社会劳动。由此可见，生产同一商品的价值量是随着劳动生产率的变化而变化的。

决定和影响劳动生产率高低的因素主要有：劳动者的平均熟练程度、生产过程的社会组织形式、科学技术的发展及其在生产中的应用、生产资料的质量和效能、自然条件等。由于劳动生产率的变化只涉及一定时间内所生产的商品数量的变化，而同一劳动在该时间内所创造的商品的价值总量是不变的，因而社会劳动生产率提高了，单位时间内所生产的商品数量就会增多，生产单位商品所耗费的社会必要劳动时间就会减少，从而单位商品中所包含的价值量也就会降低；反之，社会劳动生产率降低了，单位时间内所生产的商品数量就会减少，生产单位商品所耗费的社会必要劳动时间就会增加，从而单位商品中所包含的价值量也就会增大。所以，单位商品的价值量与包含在商品中的社会必要劳动时间成正比，与生产该商品的社会劳动生产率成反比。

（二）微观经济学中商品的定义

1. 效用论

在微观经济学中，商品是任何能够满足某一需求的产品。对商品的消费会满足人们的需求，经济学家用“效用（utility）”这一术语来表示人们从商品消费中得到的满足程度。一种商品内在的效用，是从一种商品具有的赋予其满足欲望能力的各种质量中派生出来的。效用的来由和起因是多种多样的，有吸引力的价格、美学上的漂亮或设计、使用经济、效率、质量、耐用、服务、保证、使用方便、位置方便、豪华、舒服、个性意识、快乐、威信、社会地位、骄傲、安全、自我满足等，效用具有主观和客观的双重特征。

人们消费商品所感受的满足程度越高，愿意为之支付的价格也就越高。如果有人对在电影院里吃爆米花的感觉留恋不已，则其很可能愿意为之出高价；相反，如果爆米花勾不起他的食欲，他就不会买。效用有总效用和边际效用之分。总效用是指在消费某件商品的整个过程中所得到的效用量的总和，边际效用是指消费新增一单位商品所得到的效用量。引入边际效用，主要是因为某种产品持续消费，每增加一个单位的产品给消费者所带来的满足程度是下降的，一直到最后消费者不想要了，此时边际效用为0，也正是总效应最大时。同时，还要考虑另外一个问题，就是消费者的钱包有多大，对产品需求取决于选择那些在可支配收入既定的条件下有望提供最大效用的产品组合。消费者选择理论认为，消费者需求的满足是通过消费者在预算约束范围内追求效用最大化实现的。

2. 需求弹性

微观经济学在研究消费者需求时，提出了弹性概念，用来衡量消费者对商品价格变动的敏感程度。需求弹性分为价格弹性、收入弹性和交叉弹性。价格弹性表示价格变动1%引起的需求量变动的百分比，即价格弹性（E）=需求量变动百分比/价格变动百分比。如果E大于1，则称需求是富有弹性的；如果E小于1，则称需求是缺乏弹性的。收入弹性可以分为必需品、奢侈品和劣等品；交叉弹性可以分为互补品和替代品。

（1）必需品、奢侈品和劣等品。消费者的收入水平对商品的需求有重要影响。一般情况下，当消费者的收入水平提高时，会增加对商品的需求量；相反，收入水平下降，会减少对商品的需求量。收入弹性用来衡量商品需求量对收入变化的反映程度。如果影响需求的其他因素不变，商品的收入弹性是指因收入变化而引起的需求量变化的百分比。用下述公式来表示：

$$Ei = \frac{\frac{\triangle Q}{Q}}{\frac{\triangle P}{P}}$$

其中，Ei为收入弹性，△Q为收入变化后购买的变化量，Q为原收入的购买量，△P为收入变化量，P为原收入。

收入弹性可以是正值，也可以是负值。如果是负值，收入增加就会导致需求量的减少。例如热狗，经济不宽裕的人可能买不起别的肉制品，但随着他们收入的增加，就会放弃热狗转而购买烤牛肉。这样，收入的增加就会导致对热狗需求的减少。因此，收入弹性为负的商品定义为劣等品。

正常的商品的收入弹性是正值。我们进一步根据Ei的大小来分类。如果$0 < Ei \leq 1$，需求量变化的百分比为正值，但小于或等于收入变化的百分比，这类商品就称为必需品，即需求量受收入变化的影响相对较小。例如面包，它是人们消费的基本食品。当家庭变得富裕后，会消费更多面包，但这种增长通常与收入的增长不成比例。

$Ei > 1$的商品称为奢侈品，是这类商品的需求量的变化要大于收入的变化。例如珠宝等配饰，一个人富有后就会有更多的可支配收入，因而，他就会用他收入中的更大份额来购买项链、手镯和名牌手表。

在商业周期的不同阶段，商品的收入弹性是决定企业成功与否的重要因素。在经济繁荣时期，收入呈上升趋势，销售奢侈品如钻石项链、高级手表等的企业将会发现，这些商品需求量的增长速度要快于收入的增长速度。然而，在衰退时期，它们的需求就会迅速下降。反之，销售必需品如燃料和小麦、食盐等基本生活用品的，在经济繁荣时期不一定得益很多，但在衰退时期，他们会发现自己产品的需求量的变化将小于整个经济的变化。

（2）互补品和替代品。对一种商品的需求量也受其他商品价格的影响。需求量对其他商品价格变化的反映程度是通过交叉弹性来衡量的。一种商品的交叉价格弹性定义为某种其他商品的价格每变化1%，会使该商品的需求量变化百分之几，即

$$Ee = \frac{\frac{\triangle Qx}{Qx}}{\frac{\triangle Py}{Py}}$$

其中，Ee为交叉弹性，x和y分别为两种不同的商品。

交叉弹性可以用来对商品之间的关系进行分类。如果$Ee > 0$，商品y价格的增加会导致商品x需求量的增加，则这两种商品被称为替代品，即一种商品可用来替换另一种。假定商品y的价格提高，这意味着用x表示的y的机会成本提高了，结果就会使消费者少买商品y而多买相对便宜的商品x。替代品往往是用途基本相同的商品，如牛肉和羊肉、茶和咖啡。当一种商品涨价时，它的替代品的需求就可能增加。例如，当羊肉价格上升时，人们会增加对牛肉的消费，减少对羊肉的消费。而当一种商品价格下降，它的替代品的需求就可能减少。例如，当茶的价格下降时，人们就会减少对咖啡的消费，转而消费更多的茶。

如果$Ee < 0$，相关的商品被称为互补品。商品y的涨价会减少商品y的需求量，而商品y需求量的减少会使人们对商品x的需求也减少。互补品是经常一起使用的商品，如网球和网球拍、汽车和汽油。一种商品降价，会导致它的互补品的需求减少。例如，网球拍的价格上涨，打网球的人就会减少购买网球。一种商品降价，会导致它的互补品的需求增加。例如，当汽车价格下降时，会有更多的人购买汽车，对汽油的消费就会增加。

对于经营若干种相互关联的商品的企业而言，如汽车厂商销售几种不同式样但具有竞争性的汽车，食品商店既销售面包又销售黄油，只要经营的商品相互关联，一种商品的价格就能影响对另一种商品的需求。关于交叉弹性的信息有助于企业进行商品销售决策。

综上所述，经济学中的商品，是用来满足效用的产品，商品价格受到效用、收入等因素

影响。

（三）市场营销学中商品的定义

市场营销学对商品的分析主要有两个方面：第一，提出了商品的整体概念；第二，将商品划分为工业品和消费品。工业品是指用于制造产品的原料而不是直接用于消费，消费品是指消费者购买用于其消费的产品。本书所研究的商品即指消费品。

1. 商品的整体概念

随着人们需求的不断发展和消费观念的不断更新，商品的内涵也在不断地丰富。概括而言，商品的整体概念包括三个层次：核心利益、实际产品和附加产品。

（1）核心利益。整体产品概念中最基础的层次是核心利益，它解决了消费者究竟购买的是什么的问题。消费者购买某种商品，不仅仅是为了获得商品本身，更主要的是为了获得商品给他带来的某种需要的满足。因此，企业在制订开发和营销策略时，首先要考虑商品的实质，明确商品能够带来的功效和益处。

（2）实际产品。商品具有的核心利益总是要通过实际产品反映出来。实际产品向人们展示的是商品的物理特征，它包括外观形式、内在质量及促销成分，即品质、包装、品牌、造型、款式、色调等。在消费水平不高或商品供给不足的情况下，消费者购买商品主要考虑的是功能和效用，而对商品的形式的要求居次。

（3）附加产品。它是指消费者在购买和使用商品时获得的各种附加利益的总和。这一层次包括售前的咨询服务，售中的交易条件，如赊购、提供信贷或各种担保等，以及售后的送货、维修服务等。

商品的整体概念是以消费者的基本利益为核心的，强调服务是商品的组成部分，体现了现代市场营销思想。对企业而言，对附加产品的精心策划和管理是企业提高市场竞争力的保证，特别是在实际产品与竞争者相仿的情况下，企业竞争的高下往往取决于附加产品。因此，正确认识商品的整体概念，提高服务质量，使消费者购买商品时得到更多的附加利益是商品开发和管理中一项重要的基础工作。

2. 工业品和消费品

根据商品使用的消费者类型，商品可以区分为两大类——工业品和消费品。消费品是由最终消费者购买用于个人消费的产品或服务。关于消费品的分类将在本项目任务二介绍。工业品是用于进一步加工或用于商业运营的产品。因此，消费品和工业品的区别就在于购买产品的目的。例如，如果一个消费者购买电饭锅是在家里使用，那么这个电饭锅就是消费品；如果该消费者购买相同的电饭锅是在饭店的经营中使用，那么它就是一个工业品。

工业品有三组类型：材料和部件、资本项目、供应品和服务。

（1）材料和部件。材料和部件包括原材料、制成品和部件。原材料包括农产品（如大米、家畜、蔬菜）及天然产品（如鱼、木材、原油）；制成品和部件包括构成材料（如铁、棉纱、水泥）和构成部件（如小发动机、轮胎、铸件）。大多数制成品和部件直接卖给工业使用者。

（2）资本项目。资本项目是在购买者的生产和运作过程中起辅助作用的工业品，包括装置和附属设备。装置包括大宗采购，如建筑物（如厂房、办公室）和固定设备（如发动机、大型计算机系统、电梯）；附属设备包括轻型制造工具和设备（如手动工具、起重卡车）、办公设备

（如计算机、办公桌）。附属设备比装置使用寿命短，在生产过程中仅仅起辅助作用。

（3）供应品和服务。供应品包括操作供应品（如润滑油、煤、铅笔）及维修和维护物品（如油漆、图钉、扫帚）；服务包括维护和维修服务（如清洗窗户、计算机修理）及业务咨询服务（如法律、管理咨询、广告），这些服务往往是以签订合同的方式提供的。

以上三种概念分别从不同角度阐述了商品是什么，而政治经济学和经济学对商品的概念则说明了商品为什么叫商品而不是产品，强化对商品的交换属性认知。

二、商品的分类

商品依据不同视角可以分成不同类别，总体来看，我国目前比较常用的分类标准有三个，可以概括为基本分类体系、国家标准分类体系和应用性分类体系三种。

（一）基本分类体系

基本分类体系是按商品的基本使用价值，即商品的用途作为分类标志，将商品分为生活资料商品（供衣、食、住、行、用等的商品）和生产资料商品（工业生产资料商品、农业生产资料商品）两大类。基本分类体系对进行生产和消费的宏观调控具有重要作用。

（二）国家标准分类体系

国家标准分类体系是为适应经济管理现代化的需要，以国家标准形式对商品进行科学、系统的分类编码而建立的商品分类体系。

2002年，中华人民共和国国家质量监督检验检疫总局发布中华人民共和国国家标准《全国主要产品分类与代码 第1部分：可运输产品》（GB/T 7635.1—2002），用经过修改的《主要产品分类》（《Central Product Classification》，简称CPC）代替了87码。主要修改变化有：

（1）对GB/T 7635—1987标准名称进行了修改。

（2）对代码结构和编码方法进行了修改。GB/T 7635—1987码结构是四层8位数字码，每层2位码，采用了平均分配代码的方法。“可运输产品代码”标准代码结构是六层8位数字码，前五层是一层1位码，第六层是3位码，采用了非平均分配代码方法。

（3）产品分类和类目的设置进行了较大幅度的调整。

（4）采用了GB/T 10113—1988《分类编码通用术语》（已作废）中确立的术语；产品类目采用了规范的产品名称。

（三）应用性分类体系

应用性分类体系是指以实用性为原则，为满足使用者的需要进行分类所形成的分类体系。这种分类体系从处理商品方便角度出发，没有统一的分类标志，而是根据商品的某些共性特征加以分类，可以适应不同分类目的需要，是一种实用性很强的分类体系。应用性分类体系按不同共性的分类具体如下。

按原料来源的不同分类：植物性商品、动物性商品和矿物性商品等。

按加工程序的不同分类：粗制品和精制品。

按行业分工的不同分类：农产品、林产品、水产品、畜产品和工业品等。

按产地的不同分类：进口产品、国内产品和地方产品等。

按使用期限的不同分类：耐用商品和易耗商品。

按质量的不同分类：优质产品、名牌产品和一般产品等。

按用途的不同分类：食品、衣料品、住宅用品、产业用品和家庭用品等。

按需要程度的不同分类：必需品和奢侈品等。

三、商品的信息化建设

（一）商品信息采集

商品在生产出来之后，总是通过流通环节才能到达终端消费者手中。在流通领域，商品必须具备产品实物、条形码、价格及包装等信息要素。在商品流通过程中，为了便于管理，需要对商品的各种信息要素进行组合。商品的信息要素可以区分为固定信息要素和变化信息要素，见表2-2所列。固定信息要素主要是指一种商品的相对不变的信息要素，如商品编码、商品名称、生产厂商、商品条码、商品类别等；商品的变化信息要素是指在经营过程中会发生变化的信息要素，如商品价格、商品数量、进货人员、供货单位等。

表2-2　商品的信息要素

	商品的固定信息要素	商品的变化信息要素
经营性	商品编码 商品名称 生产厂商 商品条码	进货价格 销售价格 商品批次 进货数量 所属库房 经销代销性质 进货价格含税与否
关联性	商品保质期 保修期 某些商品的最低库存 商品的各种损耗率	商品保本保利期 商品库存位置 商品陈列位置 商品建议进货量 商品供货周期 商品进货费用 商品建议零售价格 竞争对手商品售价

（二）商品数字化编码

1. 商品编码的概念

商品编码又称商品代码或商品代号、货号，是在商品分类的基础上，赋予某种或某类商品的代表符号，通常由具有一定规律的阿拉伯数字组成。商品编码与商品条码是两个不同的概念，商品编码是代表商品的数字信息，而商品条码是表示这一信息的符号。

2. 商品编码的方法

CPC分类编码体系为层次结构，由六层8位数字码组成：第一层有5个大部类，第二层有39个部类，第三层有185个大类，第四层有715个中类，第五层有538个小类，共列入1 482个类目。5个大部类分别是：0大部类为农林（牧）渔业产品，中药；1大部类为矿和矿物，电力，可燃气和水；2大部类为加工食品，饮料和烟草，纺织品服装和皮革制品；3大部类为除金属制品、机械和设备外的其他可运输物品；4大部类为金属制品、机械和设备。

编码过程如下：第一至五层各用1位数字表示，第一层数字码为0—4，第二、五层数字码为1—9，第三、四层数字码为0—9，第六层数字码用3位数字码表示，数字码范围为010—999，采用顺序码和系列顺序码；第五层和第六层代码之间用圆点（•）隔开，信息处理时应省略圆点符号。

第二到第五层数字码，仅在1大部类、2大部类和4大部类的第三到第四层中，有6条类目的数字码个位数为“0”，如：数字码110、120、130、250、4160、4740，其余以备用。

第六层的顺序码为011—999。若产品成系列，则变为系列顺序码，系列顺序码为三位连续数字，如01111•010—•999（冬小麦）等。

第六层数字码001—009为特殊区域，其所列产品类目按照不同的特征属性在分类或按不同的特征属性再分类或按照不同的要求列类，以满足管理上的特殊需要。信息统计时，对所列产品，同一类目下位类的数据可以汇总，类目之间的数据不能汇总，也不能与数字码表中的其余相关类目的数据汇总。

对分类终止与中间某一层级的类目名称的数字码，信息处理时补“0”至设计的总码长，标准文本不补“0”。

具体编码结构如图2-1所示。

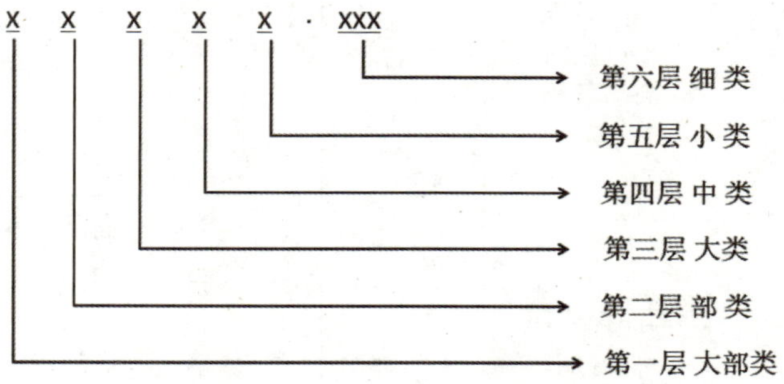

图2-1 商品代码结构

例如，01111•104所表示的产品为红色软质春小麦，此类产品种皮为深红色或红褐色的麦粒不低于90%、粉质率（粉质率指面料中绢素纤维的重量百分比，通常用来表示面料的柔软度和透气性）不低于70%的春小麦。0表示为第0大部类，为农林（牧）渔业产品、中药，01为种植业产品，011为谷物、杂粮及其种子，0111为小麦及混合麦，01111为小麦，01111•104为红色软质春小麦。

3. 商品编码的类型

（1）数字型编码。数字型编码是指用一个或多个阿拉伯数字表示分类对象（商品）的编码。其特点是结构简单、使用方便，易于用计算机进行数码信息处理，是目前国际上普遍采用的一种编码。数字型编码是将每个商品的类别、品目和品种等排列成一个数字或一组数字。

GB/T 7635.1—2002采用的就是数字型编码。

（2）字母型编码。字母型编码是用一个或若干个字母表示分类对象的编码。一般用大写字母表示大类商品，用小写字母表示其他类目。在商品分类编码中很少使用字母形编码。全国工农业产品（商品、物资）分类与编码门类见表2-3所列。

表2-3　全国工农业产品（商品、物资）分类与编码门类

字母编码	包含大类
A	农林牧渔业产品
B	矿产品、竹、木采伐产品
C	电力、蒸汽、供热、煤气（天然气除外）和水
D	加工食品、饮料、烟草加工和饲料
E	纺织品、针织品、服装及其缝纫品、鞋帽、皮革、毛皮及其制品
F	木材、竹、藤、棕、草制品及家具
G	纸浆、纸和纸制品、印刷品、文体教育用品
H	石油制品、焦炭及煤制品
J	化工产品
K	医药
L	橡胶制品及塑料制品
M	建筑材料及其他非金属矿物制品
N	黑色金属冶炼及其压延产品
P	有色金属冶炼及其压延产品
Q	金属制品
R	普通机械
S	交通运输设备
T	电器机械及器材
U	电子产品及通信设备
V	仪器仪表、计量标准及量具、衡器
W	工艺美术品、古玩及珍藏品
X	废旧物资
Z	其他产品

（3）数字、字母混合型编码。数字、字母混合型编码是指由数字和字母混合组成的编码。字母常用于表示商品的产地和性质等特征，可放在数字前边或后边，用于辅助数字编码。例如，“H1226”代表浙江产的杭罗；“C8112”表示涤粘中长纤维色布。它集数字编码和字母编码的优点于一身，结构严谨，具有良好的直观性和表现方式，符合人们的使用习惯。但由于编码结构形式复杂，给计算机输入带来不便，所以在商品分类编码中较少使用。国际上只有少数国家在

商品分类中采用数字、字母混合型编码。

（4）条码。条码是指将表示一定信息的字符编码转换成用一组黑白（或彩色）相同的平行线条、按一定的规则排列组合而成的特殊图形符号。为了便于人们识别条码符号所代表的字符，通常条码符号下部印刷所代表的数字、字母或专用符号。不同领域中使用的条码各不相同，商品流通领域用于商品标志的常用条码主要是EAN和UPC。

①EAN条码。EAN条码是国际物品编码协会制定的一种商品用条码，全世界通用。EAN条码符号有标准版（EAN-13）和缩短版（EAN-8）两种，我国的通用商品条码与其等效。人们日常购买的商品包装上所印的条码一般就是EAN条码。EAN条码是当今世界上广为使用的商品条码，已成为电子数据交换（Electronic Data Interchange，EDI）的基础。其中EAN-13条码是目前最为常用的一种条码，其前2位（欧共体12国）或前3位（其他国家，中国690~693）数字为国家或地区编码，称为前缀码或前缀号，用于标志商品来源的国家或地区，由国际物品编码协会总部分配和管理。前缀码后面的5位或4位数字是各国地区的EAN编码组织分配给其成员的标志编码，称为制造厂商编码。厂商编码后面的5位数字称为商品编码或商品项目编码，用以标志商品的特征、属性或表示具体的商品项目，即具有相同包装和价格的同种商品。最后一位数字为校验字符或校验码，用以提高数据的可靠性和校验数据输入的正确性。例如，听装健力宝饮料的条码为6901010101098，其中，690代表中国EAN组织，1010代表广东健力宝公司，10109是听装饮料的商品编码，8是检验码。

②UPC条码。UPC条码是美国统一编码委员会制定的一种商品用条码，主要用于美国和加拿大地区，在从美国进口的商品上可以看到。

UPC条码也有两种：UPC-A条码（12位条码）和UPC-E条码（8位条码）。

UPC-A条码前缀码的含义如下。

0：标志规定重量包装的商品。

2：标志不规定重量包装的商品。

3：医药卫生商品。

5：用信用卡销售的商品。

7：中国申报的UCC会员专用。

1、6、8、9：备用码。

UPC-E条码（8位）的含义与EAN-8条码类似。

四、商品的营销设计

商品营销设计是指为了满足消费者需求，从市场营销的角度，通过商品定位、商品组合策略和商品生命周期管理，实现商品从无到有、再到消费者等的一系列规划和管理，其中涉及商品定位、商品设计、销售预测、商品组合、商品陈列。

（一）商品定位

在商品企划过程中，首先要做的是商品定位。商品定位，即选择什么样的目标市场，提供何种质量的产品和服务，最终在消费者心目中树立什么样的企业形象。商品定位包括三个主要环节：市场细分、确定目标市场、市场定位。

首先，细分市场。由于消费者的需求存在差异性，同时也存在相似性，所以市场细分实际上就是分析确定消费者需求的差异性和相似性，按照求大同存小异的原则，将错综复杂的市场划分为若干部分。

其次，确立目标市场，即企业决定进入细分后的特定市场，包括确定特定的目标顾客群体。

最后，进行市场定位，通过设计公司的产品和形象，以便目标市场能了解公司相对于竞争对手的地位，从而在目标消费者心中占据独特的有价值的位置。

（二）商品设计

商品设计是在商品定位之后，选择和开发商品的决策活动。无论商品的定位多么完美，如果不能在商品设计和商品组合中得到具体的实现，都只能是纸上谈兵、空中楼阁，商品的品牌形象也就无从构建。所以，商品设计是商品企划的中心工作，是商品的价值构造阶段。商品设计基于对市场信息的全面和及时的把握，以此为基础进行商品的总体设计和系列设计。

（三）销售预测

销售预测是对特定阶段的预期销售额的预测，是商品企划的基础性工作。对连锁企业而言，销售预测包括以下内容：公司总体预测、产品类别预测、逐个商品预测和逐个店铺预测。如果不能预测将售出多少商品，就无法决定采购多少商品。销售预测的常用工具是产品生命周期。通常情况下，一种商品或服务遵循一种可预见的销售模式——开始时销售水平较低，接着增长，然后达到平稳期，最终下跌。传统的产品生命周期可划分为四个阶段：导入期、成长期、成熟期和衰退期。了解一种商品或服务在生命周期中的阶段对建立销售预测和产品组合至关重要，处于不同阶段中的商品在目标市场、种类、分销强度、价格和促销等方面的情况各有差异。

（四）商品组合

为了将商品企划的理念落实到具体商品，需要进行商品的组合。对生产性企业而言，商品组合就是要确定商品的品类构成。例如，服装企业对于款式、面料、色彩的组合搭配；零售型企业受到店内可利用空间的大小和可用于存货的资金数额的限制，需要决定应该采购的数量。一般情况下，按所经营商品的构成可以将商品经营结构分为主力商品、辅助商品和关联商品。

1. 主力商品

主力商品是指经营活动中在销售量、销售额、利润、吸引顾客能力等方面均占主导作用的商品。主力商品由市场上具有竞争力的商品或名牌、畅销品组成，体现着企业的经营方针、经营特色。主力商品的增加或减少直接影响经营业绩的好坏，进而影响企业经济效益的高低。因此，经营活动中必须了解主力商品的发展趋势、增长情况和市场竞争能力，注意顾客对主力商品的需求动向和购买习惯的变化。

2. 辅助商品

辅助商品是对主力商品的补充。企业经营的商品必须有与主力商品相配合的辅助商品，否则就会使经营的商品过于单调。通常应该选择最有利可图的商品组合。

3. 关联商品

关联商品是指在商品的用途、消费习惯、购买习惯等方面与主力商品有较强关联性的商品。例如，西服与领带、婴儿奶粉与奶瓶、电脑与打印机等都是关联商品。

（五）商品陈列

商品陈列是商品企划的重要环节。商品在零售店的卖场中如何展示和陈列才能吸引更多的消费者是非常重要的问题。

任务评价

学生分组进行商品与产品的比较分析PPT汇报，教师进行考评并填写考评表（表2-4）。

表2-4 商品与产品的比较分析PPT汇报考评表

考评人		被考评人	
考评地点			
考评内容	商品与产品的比较分析		
考评标准	内容	分值	得分
	关于商品的属性、本质、不同维度的认识清晰准确	30	
	能够了解商品与产品的区别，深刻理解商品新采集内容和商品的营销方式，理解商品的不同分类和判断方法	30	
	认识商品数字化的前提是信息化，认识商品数字化的基本要求	20	
	汇报PPT的要求，页面风格一致，字体、字号统一，大小一致，制作能够使用动态效果、框图、思维导图	20	
合计		100	

注：考评满分为100分，60~70分为及格，71~80分为中等，81~90分为良好，91分以上为优秀。

思政园地

马克思商品理论的现实意义

马克思关于商品的二因素的论述告诉我们，使用价值与价值的矛盾运动贯穿于整个商品经济的过程和始终。这个矛盾运动中的本质联系构成价值运动规律的基本内容，与其基本理论体系相适应，即用一定的劳动消耗获得最大可能的经济效果，也就是把尽可能精而多的合乎社会需要的使用价值生产出来。马克思的这一观点是马克思主义劳动价值论的重要内容，他不仅解释了资本主义条件下经济现象和经济关系，而且还可以联系我国当前实际，指导我国社会主义市场经济建设和改革，因为马克思、恩格斯在这里所阐述的，是关于商品经济的一般性原理，它适用于存在商品经济的一切社会。

资料来源：作者根据相关资料整理

讨论：

谈谈对商品的二因素的理解。

拓展阅读

优衣库数字化价值成长过程

任务二　商品管理

如何进行商品管理，本书从全过程商品管理、商品质量管理和商品标准化管理三个部分展开。

任务导入

结合“好利来”品牌店现场商品，制定一个商品管理计划，能够实现商品从售前、售中、售后三个方面进行商品行进轨迹、商品质量变化和商品标准化建设的问题，并说明如何加深“好利来”产品力建设。

任务准备

首先，针对“好利来”实习门店进行商品分析，说明售前、售中、售后环节可追踪的产品信息化内容；然后，说明商品质量变化的根据和判断方法，进行商品标准化建设。

一、全过程商品管理

（一）内涵

全过程商品管理是指参与商品管理的主体要紧贴市场，从分析顾客的需求入手，从商品营销设计开始，以商品定位、组合、定价到采购生产，再到以商品销售各环节为中心，对资金使用、库存商品和其他经营性指标做出全面的分析和计划，通过高效的运营系统，相互协调和信息共享，保证在最佳的时间将最合适的数量按正确的价格向顾客提供商品，同时达到既定的经济效益指标。

（二）特点

全过程商品管理有以下几个特点。

1. 渠道扁平化

商业环境的变化给制造商带来了转型压力，生产成本的上涨和产能的过剩，导致利润空间一度虚弱。此时，制造商除了通过引入精细生产降低成本外，还可以将产业链延伸到销售终端，通过与零售商合作或利用互联网优势准确洞察消费者需求的变化，拉近与顾客的距离。在这种价值链的传递中，淘汰了大量中间代理环节，商品销售渠道从纵向多节点向扁平化方向发展。

2. 快速反应

在工业4.0的趋势下，传统制造商不断开放化、网络化和智能化。这大大缩短了第一手信息的收集反馈周期，制造商编制生产计划时不再局限于依赖批发商提供的需求信息，可以做到快速反应，及时调整产品生产数量、产品种类或改进产品性能等，从而提高库存周转速度，减少了需要处理或盘点的费用成本，降低了商品的库存压力。而批发商和零售商也可以基于这种开放、共享、共建的价值网络，做到快速准确地进销商品，更好地服务顾客，在正确的时间、正确的地点为消费者提供正确的商品。

3. 动态化

消费需求的快速变化及市场层次划分得越来越细，使得原有的粗放式的商品管理模式已不再适用。因此需要一种在多维空间、多重引力下的动态思维，综合考虑市场上商品的销售渠道、竞争状态、营销方式等，以适应不断变化的市场。全过程商品管理模式正是站在消费者的角度对商品进行统一规划，不拘泥于固定不变的形式，而是根据消费者的构成及变化、中间商的配合度与支持度、竞争产品的变化趋势不断地调整和整合、改变和创新。这种模式打破了传统分割式商品管理的隔阂和限制，实现了技术互补和信息共享，能动态管理商品销售的各个环节。

4. 数字信息化

全过程商品管理模式中，零售商通过运用数字信息技术，扫描商品的物流条形码，能够跟踪各种商品的运输、销售和库存情况，以便及时订货和补货；运用大数据分析消费者的购买习惯、购买偏好等，了解目标顾客的产品体验和需求，还可及时与客户进行有效沟通。对制造商而言，通过集成系统软件生成的订单，进行原材料采购、工艺调整等过程来组织生产，从而能够及时补货，避免了传统分割式商品管理模式中信息滞后的缺点。

（三）全过程商品管理的实施

全过程商品管理的实施要从商品企划开始，紧紧围绕目标顾客的核心需求，研发设计正确的产品，将商品生产、商品采购到商品销售等各环节有机地联系在一起，形成一体化的运营和管理。

1. 做实商品企划，合理化商品结构

以计划为龙头的企业才是现代化企业，计划是以数字和经验为依据的管理学、平衡学。全过程商品管理要求无论是制造商、批发商还是零售商，都要做实商品企划，面对市场和消费者的变化，做到快速反应。制造商要针对客户的需求变化适时准确地将自己的产品数量、质量、多样性进行快速调整，即使在缺少存货或零售商订单产生变化的情况下也可以快速生产，提供市场所需要的产品，以达到最大化产品多样性及最小化生产成本的目的。而批发商和零售商要根据历史数据、店铺销售业绩、竞争对手及自身经营能力确定和调整商品的经营领域和品种，以消费者为出发点，明确目标市场和目标客户群体，设定业绩目标并进行营销战略的开发和管理。

商品结构对市场销售有着重要的意义，不论是前期还是在货品后期销售推广时，都应以商品结构规划为依据。库存货品按品类、种类、规格、价格、款式等要素构成的数量比例标准是实现科学标准配货、补货及货品分析的基础。在做商品结构规划时，必须同时考虑目标消费群的需求和公司能力，特别是店铺结构和店铺面积等因素，商品结构要满足公司最大面积店铺和其他规格店铺的陈列和销售需求。同时，还要考虑公司的研发和产能，过大的产品结构会导致研发或生产能力不足，最终导致部分产品不能投产；而过宽的产品线、过多的SKU（Stock

Keeping Unit）——最小存货单位数量则会使投入到其他商品要素的资源分散，产品竞争力下降，成本上升，库存周转率降低。

2. 提升周转速度，减低库存

由于采购、生产、仓储、运输、门店经营在工作性质上的不同，相关部门在存货周转上的管理理念和方法存在较大差异甚至冲突，以往国内不少企业基本上依赖不同环节管理者的个人经验。如今，一个企业经营的品种动辄上万种，需要提升商品周转速度。提升商品的周转速度是一个系统工程，需要基于有效的商品评价体系并提高供应链的速度和效率。

应用全过程商品管理，企业的管理人员在决定是否生产和销售某个商品之前，就必须做出判断：这个商品是否适合企业的经营。要对商品进行分级管理，根据商品的类型和贡献率的不同来调整商品周转率，然后通过品类管理技术来改善商品结构，根据销售对象或销售环境进行细分，提供精细化的商品，而不是一味地谋求数量，要做到商品结构从“多”变成“全”。采购则要遵循适销定量和适时适量的原则，进行科学的、具有指导性的销售。整个商品周转系统要建立内部反馈机制，不仅门店有责任主动反馈，监督部门也有义务定期检视。运用信息管理工具及时准确全面地管理进销存信息，与供应商共享信息，合作共赢。

3. 贴近零售终端，减少渠道层次

在传统商品管理模式中，生产商难以有效地控制分销渠道，其销售政策也不能有效落实，多层级的销售渠道不利于价格竞争优势的形成，并且单向式、多层次的信息流通也不利于信息反馈。因此，在全过程商品管理过程中，要将商品的分销渠道进行整合和优化，采用扁平化的方式，使得商品销售渠道变短，销售网点变多。

扁平化并非一定是减少某个销售环节，而是对原有的供应链进行优化，剔除其中没有价值增值的环节，使其向价值链转化。这就需要从营销网、物流网、信息网、客户服务网着手，借助互联网的优势，把产品研发设计、客户意见、产品采购、仓储物流、销售信息沟通等信息有机结合起来，利用现代化管理思想和技术来解决传统商品管理模式中由于主客观原因造成的低效率、高损耗问题，从而以最快的反应速度、最低的成本来管理商品。根据不同的商品和企业能力选择不同的渠道扁平化形式，如商场等大型卖场、服务专柜、网站代理销售商等多属于从厂商直接进货的一层中间渠道；总代理商、区域代理商或其以下的经销商构成两层以上的中间渠道；制造商自设销售分支机构，建立自己的终端销售网络的自有销售渠道。

4. 全面评估效益

全过程商品管理可以使用一种综合指标来分析商品经营效益，要求将毛利率和存货周转同时考虑，这个指标就叫作毛利存货周转回报率（Gross Margin Return On Investment，GMROI），用企业综合毛利率乘以存货年周转次数得出。这个指标能够衡量把资金投入到商品上的综合回报水平。如果时装的毛利是30%，而存货周转次数是2.5，GMROI也只有0.75。全过程商品管理由于涉及多个资源要素的配合，而非单个因素的作用，因此进行全面效益评估时要从商品的研发、生产、销售等各环节入手，主要从以下四个方面开展。

（1）财务绩效。通过商品研发绩效、按时交货率等指标评估生产商的研发生产能力；通过销售差异率测量商品销售目标的实现情况，评估销售费用，分析与商品销售额的比例；通过对销售利润率、资产收益率进行分析，评估商品的盈利能力。

（2）流通绩效。通过商品周转速度和货款回收速度评估商品流通环节的畅通性，包括商品运输和存储主体是专业的物流公司还是生产商自身，其运输效率和存储性能如何；批发环节和零售环节衔接是否到位，是否出现商品缺货、断档等问题。这样通过平均发货批量、平均发货间隔期等指标评估制造商的供货能力、批发商和零售商的销售能力，同时也反映了商品的流通能力；通过市场覆盖面和覆盖率来评价商品的流通区域范围，覆盖面越广，则说明批发商、零售商的数量和商圈越大，商品流通范围越广，潜在顾客越多。

（3）营销效益。不仅要对定性的市场分析保持充分的敏感，还要通过市场业绩和市场效益的数字化来判断营销效益。采取合适的网络营销和社会营销等方式，并评价其是否捕捉和引领了消费需求，是否塑造了差异化的品牌效益和营销效益等。

（4）服务绩效。通过沟通的频率、方式和内容评价信息沟通质量；通过快速反应能力、生产/存货/营销弹性、全面质量控制和产品生命周期评估各商家对顾客需要的满足及时程度；通过对零售商销售量、店铺空间分布和广告投入在促销活动前后的对比分析来评估零售商的促销效果。

5. 打造先进的信息化系统

建立先进的信息化系统可以规范业务流程，统一数据，实现商品管理上游企业和下游企业的信息资源共享。各分销环节的业务数据汇集到系统操作后台，包括最新的货品信息、各SKU销售情况、促销方案等，实现进、销、存的全方位管理。同时，先进的信息化系统可以缩短信息反馈时间，快速准确地进行财务决算，使制造商、经销商结算、店铺结算、营业员提成、产品成本核算等在业务发生后立即进行，也提高了企业商品管理效益评估的能力。对于全国范围的货品调配和平衡使滞销货品向相对畅销的地点流动，避免出现死货。准确实施订补货需求分析，使进货更加科学合理，有效避免库存短缺或挤压。

打造先进的信息化系统主要是通过加强信息化基础设施建设和提高信息化处理能力两个方面来实现。具体操作可通过以下四项措施。

（1）实施财务管理信息系统。使用统一的财务管理软件，同步得到采购、储运、销售等各环节的业务信息，加强成本、预算和资金管理。

（2）实施采购管理信息系统。通过互联网或其他专业渠道收集采购商品的市场价格和质量信息，降低采购成本，保证商品质量。

（3）实施营销管理信息系统。通过计算机网络，随时对客户需求、市场变化、商品销售、售后服务等信息进行监控、响应和分析。

（4）实施人力资源信息系统。通过培训、考评、开发等途径来提高员工的专业素质和技术能力，使其在财务、采购、营销等环节能够有效衔接和沟通。

全过程商品管理尤其要注重产供销一体化管理信息的培育，加强供应链管理信息系统的应用，从而对制造商、批发商、零售商等组成的信息流、物流、资金流进行规划、设计和管控，提高各成员的效率和效益。

二、商品质量管理

（一）商品质量管理的内涵

1. 商品质量的组成

商品是实体的一个组成部分，因此它既具有质量概念的共性，也具有商品质量的个性。商品质量是指商品满足规定和潜在需要能力的特性的总和。商品质量可以分为自然质量和社会质量两个组成部分。

（1）商品的自然质量。商品的自然质量又称实用质量或技术质量等，是由商品的自然属性决定的，指商品在一定条件下，满足一定要求的自然属性的综合。商品的自然质量是消费者使用价值的来源，是衡量商品实用性和技术性的标准。

（2）商品的社会质量。商品的社会质量又称市场质量，是指在一定条件下，满足消费者需求的各种自然、经济和社会属性的综合。这些属性包括商品的品牌性、服务性和价格性，消费者的心理状态和消费者需求差异性等。

2. 商品质量管理的定义

综上所述，商品质量管理可以认为是对确定和达到商品质量要求所进行的指挥和控制组织的协调活动。该定义可以从以下两个方面理解。

（1）商品质量管理是围绕商品和商品流通的质量管理，它通常包括制订质量方针、目标和计划，质量组织、协调和控制，质量保证和质量改进等工作。

（2）商品质量管理应是由组织的最高管理者领导推动，由各级管理者负责组织的全体人员参与和承担义务的活动。同时，在开展这些活动时还应考虑经济因素，充分利用人力、物力资源，采用先进技术，最大限度地满足顾客的需要。

（二）商品质量的基本要求

商品种类繁多，性能各异，不同的商品具有不同的用途，以满足顾客不同的利益，因此对不同的商品有不同的质量要求。按照用途，商品可分为食品、纺织品、日用工业品、电子商品四大类，并具有不同的质量要求。

1. 食品质量要求

“民以食为天”，食品在消费者的日常生活中占有非常重要的地位。食品是维持生命力，促进人体发育和保证健康所不可缺少的生活资料。健康、合理的饮食可起到预防疾病及排毒养颜的功效，如葡萄可以预防口腔溃疡，蘑菇汤可以提升人体免疫力等。食品质量要求如下。

（1）食品的卫生安全性是对食品的最基本要求。食品的安全性是以食品的卫生为基础的，要求“食品应当无毒、无害”。

（2）食品是人体获得热能和营养素的基本来源，是满足人类营养需要的物质基础。食品的营养价值通常指食品中所含营养素和热能满足人体需要的程度，它包括营养素种类齐全、数量及其比例适宜，且易被人体消化吸收及利用。

（3）食品的色香味形是食品感官检验的标准和方法，保证食品外观完整、形状美观、色味诱人。同时，色香味形也是判断食物新鲜程度、成熟程度、加工精度、品种风味及变质情况的重要方法。

2. 纺织品质量的基本要求

纺织品良好的服用性能包括尺寸稳定性、刚挺度、悬垂性、染色牢度等指标符合规定标准，以及具备良好的保暖性、吸湿性、透气性等特征。纺织品质量要求如下。

（1）外观视觉良好。外观主要是指织物组织、单位面积的质量和厚度、精度和密度、歪斜度、幅宽和匹长等。纺织品组织结构的合理性直接影响纺织品的外观、加工及机械性能。例如，纺织品的质量影响其悬垂性，厚度影响其保暖性等。

（2）耐用性良好。耐用性主要包括断裂强度、断裂伸长度、撕裂强度、抗皱强度和抗磨强度等。纺织品在使用过程中会受到外界因素的影响，如拉伸和摩擦等，如果纺织品不具备良好的耐用性，不能抵抗外界因素的破坏，就会影响其使用寿命。

（3）外观艺术感强。外观艺术感是指纺织品所呈现的外观风格、色泽、花纹和图案等。随着人们生活水平的提高，人们对纺织品的外观艺术性越来越重视。它一方面受社会发展总趋势、总潮流的影响，另一方面又受个人文化素质、个性爱好等因素的影响。因此，企业应该生产多品种、多花色的纺织品，以满足不同顾客的需求。

（4）国际社会对纺织品的质量要求。近年来，世界各国尤其是欧美等发达国家陆续制定出台了相关环保法规和纺织品环保标准，对进口纺织品实施安全、卫生检测；美国、欧盟还相继提出了对非环保染料的限制，对纺织品中偶氮染料、甲醛、五氯苯酚、杀虫剂、氧化有机物和pH值等的含量实施严格限制，超过规定含量的纺织品将被禁止进口。可以预计，环保纺织品将主宰未来的纺织品市场。

（5）功能性及工艺性丰富。由于科学技术的进步，人们对纺织品功能的要求日益增多，除了遮体御寒及美化的功能外，还渴望得到更多功能，如防水、防污和隔热等，功能性是现代社会纺织品的质量要求之一。工艺性是指纺织品采用加工工艺的可能性，良好的加工性要求纺织品在加工过程中易于裁剪、缝制、熨烫和染色，以及在加工过程后易于洗涤和保养等。

3. 日用工业品质量的基本要求

日用工业品是满足人们日常生活所需的工业产品。它包含的范围很广，从材料上来分包括塑料制品、玻璃制品、陶瓷制品、金属制品和皮革制品等；从用途上来分包括家用电器、数码产品、文化用品、洗涤用品、化妆品、鞋帽、家具和玩具等。日用工业品是生活中必不可少的生活资料，对其质量的基本要求主要包括以下五个方面。

（1）良好的适用性。适用性是指日用工业品满足个体主要用途所必须具备的性能，是反映日用工业品使用价值的基本条件，也是评价日用工业品质量的基本要求。不同的日用工业品有不同的适用性要求，如保温杯必须具备保温要求，洗衣粉必须具备去污要求，雨具必须具备防水要求等。而同类产品，由于品种和用途各不相同，其适用性要求也有所不同。例如，鞋类商品中，运动鞋要求透气、防震，皮鞋要求美观、舒适，棉鞋要求保暖等。

现代化的商品都向多功能方向发展，如沙发可做折叠床使用，它的每项性能都要求具备良好的工作状态。因此，适用性作为日用工业品的质量要求就更加重要了。

（2）良好的耐用性。耐用性是指日用工业品抵抗外界因素对其破坏的能力，它反映日用工业品的使用期限和次数。例如，灯泡发光的小时数、汽车行驶的公里数等。提高日用工业品的耐用性，就等于延长了商品的使用寿命，从而提高了商品的质量。

（3）卫生安全性。卫生安全性是指日用工业品在使用过程中保障人身健康和安全的性能。

如今人们的环保意识不断加强，为了保护地球环境，要求日用工业品不污染环境。例如，为了避免白色污染，应将塑料袋制成可降解型；洗衣粉中添加磷助剂会污染水环境，因此，提倡企业生产无磷洗衣粉。

（4）结构合理性。日用工业品的结构合理性是指其形状、大小和部件的装配要合理。若结构不合理会影响商品的外表美观，以及商品的适用性和耐用性。随着生活条件的改善，人们对于健康的追求日益强烈。因此，日用工业品的结构设计应符合人体工程学，强调"以人为本"。日用工业品本身是为人使用的，所以其结构设计中的尺度、造型、色彩及布置方式都必须符合人体生理、心理尺度，以及人体各部分的活动规律，以便达到健康、实用、方便、舒适和美观的目的。

（5）外形美观性。外形美观性是指日用工业品的表面特征能够符合人们审美情趣的性能。现代社会对日用工业品不仅要求有实用价值，还要有欣赏价值。具体表现为：一方面，商品外观无瑕疵点，即没有影响商品外观质量的缺陷；另一方面，商品的造型、色彩、图案和装饰等美观、大方，具有艺术感。由于不同的顾客对日用工业品的外观有不同的偏好，企业应不断推陈出新、丰富品种及花色以满足不同顾客的需求。

4．电子商品质量的基本要求

电子商品包括家用电器、现代办公用品和数码产品等，其最大的特点是需要在电能的作用下才能发挥效用。电子商品往往可以使用几年、十几年甚至几十年，属于耐用消费品，因此，质量管理部门和消费者都对电子商品质量的要求较高，主要包括以下五个方面。

（1）使用适宜性。使用适宜性是指满足电子商品用途所必须具备的主要性能，还包括针对不同的需求设计不同用途的商品，以满足消费者的差异化需求。

（2）可信性。可信性主要包括可靠性、耐用性和维修保障性三个方面。可靠性是商品在规定的条件下和规定的时间内，完成规定功能的能力。电子商品的可靠性与产品设计、元器件质量、制造工艺、质量管理和生产技术管理，以及使用条件和环境都有密切关系。耐用性一般是指该种商品的平均使用期限达到相应水平，它主要取决于主要部件的使用寿命。

（3）美观性。美观性可从两个方面得到体现：第一，商品外观应该完好，无划痕、压痕、污渍等有损形象的缺陷出现；第二，电子商品的外观质量要符合一般美学标准，要通过造型和色泽起到装饰环境、美化生活的作用。美观性要求主要通过形体结构、比例、色彩、质地和装饰件的配合等表现出来，比例对称、色彩协调的外观可以给人审美上的享受。

（4）安全性。安全性是衡量其质量的重要指标。电子商品要求在使用过程中不得产生有害于人体健康、生命财产安全的伤害事故，必须有良好的绝缘性能和防护设施，以保证使用安全。这不仅要求电子商品在正常使用条件下，而且在错误操作或有故障的条件下也必须安全。因此，某些电子商品会安装防止错误的保险按键，提高商品的安全性。此外，电子商品的安全性也要求其不存在污染环境的危险，电视机荧光屏的X射线、微波炉的微波辐射、电器的噪声等都必须控制在安全限度之内。

（5）经济性。首先，经济性要求物美价廉，即性价比高，商品的功能与价格达到最佳匹配，在同等价格的商品中，多功能、适用性强的商品更加符合消费者的需求，在使用过程中是否节省电耗也是衡量电子商品经济性的重要因素。电子商品企业还应严格执行"三包"（包修、包换、包退）制度，实现商品使用最大化。其次，生产产品的过程也要求经济性，企业应加强管理和提高技术水平，实现零缺陷生产，减少原材料资源浪费，简化工艺流程，降低质量成本。

（三）商品质量管理的方法

1. PDCA循环法

PDCA循环将管理过程分为四个阶段，即计划（Plan）、执行（Do）、检查（Check）、处理（Action），具体内容如下。

（1）计划阶段。其任务是制订计划和拟定措施，先找出所存在的问题，分析并找出问题产生的原因和影响问题的主要因素，针对这些主要因素拟定相应的对策措施，提出具体的方针和目标，制订工作计划和管理项目。

（2）执行阶段。其任务是执行计划，按照预定计划、目标、措施及分工具体实施，努力实现计划中的内容。

（3）检查阶段。其任务是检查计划的实施情况，把实施的结果和计划的要求进行对比，检查对策实施的结果是否达到预期的目标和效果。通过检查明确效果，找出问题，分析原因，总结教训。

（4）处理阶段。其任务是对实施结果进行处理总结。对于成功的经验加以肯定，并予以标准化或制订作业指导书，以便在以后的工作中加以遵循；对于失败的教训要加以总结，并引起重视；对于没有解决的问题，引入下一个PDCA循环中进行解决。

2. 排列图法

排列图法又称巴雷特图法，是找出产品质量问题的一种有效图标工具。排列图是由一个横坐标、两个纵坐标、几个按高低顺序排列的矩形和一条累计百分比折线组成的。排列图有两个作用：一是按重要顺序显示每个质量改进项目对整个质量问题的作用；二是识别进行质量改进的机会。

3. 因果分析图

因果分析图也称特性因素图，主要用于找出各种质量问题产生的原因。在生产、流通和经营过程中，影响商品质量的因素很多，如人、机器、设计、工艺、原材料经营及经营环境等。通过因果分析图，可以集思广益，寻找和分析造成质量事故的主要原因。因果分析图以粗线条箭头表示质量问题，图上呈现各种原因的分支线条，犹如树枝或鱼刺，所以又称树状图或鱼刺图。

4. 直方图法

直方图又称质量分布图或频率分布图。直方图是用一系列宽度相等、高度不等的长方形表示数值的图。长方形的宽度表示数据范围的间隔，长方形的高度表示在给定间隔内的数据。直方图的作用有：① 显示质量波动状况；② 较直观地传递有关过程质量状况的信息；③ 当人们研究了直方图中所示的商品质量数据波动状况后，就能掌握过程的状况，从而确定在什么地方进行质量改进。

5. 控制图法

控制图法又称管理图法。控制图是画有控制（或管理）界限的一种图表，用来区分质量波动究竟是由于偶然原因引起还是由于系统原因引起的。分析和判断工序是否处于稳定状态，从而判断商品质量是否处于控制（或管理）状态，预报影响质量的异常原因。控制图法利用图表形式来反映生产过程中的运动状况，并据此对生产过程进行分析、监督和控制。

6. 散布图法

散布图法又称分散图法或相关分析法。商品的质量与影响质量的因素间常常有一定的依存关系，但它们又不是严格的一一对应的函数关系，即不能由一个变动的数值精确地求出另一个变量的数值，这种依存关系称作相关关系，如玻璃、陶瓷制品的破坏率与运输距离之间的关系等。分析商品质量和影响因素之间的关系，并自觉运用这种关系，对提高商品的质量有很大作用。对于进行相关分析比较简单的方法是画出相关图，又称散布图或分散图。

7. 调查表法

调查表又称检查表、核对表或统计分析表，是进行数据整理和粗略分析事故原因的常用工具。其格式各种各样，一般因调查目的的不同，可以设计出不同的表格。在质量管理中，最常用的有调查缺陷位置的统计调查分析表、调查工序质量特性分布的统计调查表和调查不合格项分类的统计调查表等。它们是日常工作中班组和柜组管理的有效方法。

（四）商品质量认证

商品质量管理的关键是要由第三方来进行质量评价，而这个第三方必须要企业和消费者都认可，目前采取的方式是商品质量认证，认证工作由第三方质量评价组织或标准质量评价组织来实施。国际标准化组织向各国推荐的一种典型的第三方商品认证制度，其实施程序如下。

（1）制定供认证用标准。这是开展认证的前提和依据，通常是制定采用国际标准的国家标准。

（2）申请。企业按认证机构的规定填写申请书和申请表。

（3）检查评价质量体系。按照GB/T 19001至GB/T 19003、ISO 9001至ISO 9003标准检查和评价生产企业的质量体系，以鉴定是否具有持续生产符合标准产品的质量保证能力。

（4）产品测试。依据所规定标准的全部要求，对样品进行型式试验，确定产品的质量状况，依据试验结果做出最终评定。

（5）审查评议。认证机构对上述工作结果进行审查和评议，如认证合格，由认证机构颁发认证证书，允许使用质量认证标志。

（6）监督检查。颁发合格证书后，认证机构继续对制造厂的质量保证体系进行监督检查。在质量认证标志使用有效期内，认证机构可随时在工厂、市场或用户单位抽取样品进行监督检查。

（7）监督处理。经质量体系监督复查和样品监督检查，如发现不符合规定要求的情况，认证机构可根据具体情况，做出停止使用质量认证标志、撤销认证的处理决定，以维护认证机构的信誉。

三、商品标准化管理

（一）商品标准化的定义

商品标准化是整个标准化活动中的重要组成部分，是指在商品生产和流通的各环节中制定、发布及实施商品标准的活动。商品标准化包括名词术语统一化，商品质量标准化，商品品种规格系列化，商品零部件通用化，商品质量管理和质量保证标准化，商品分类编码标准化，商品检验与评价方法标准化，商品包装、储存和养护标准化等内容。

（二）商品标准化的方式

商品标准化的方式是指商品标准化内容的存在方式，或者是标准化活动的表现形态。商品标准化内容的存在形式和表现形态多种多样，一般来说，商品标准化内容决定标准化方式，标准化方式是标准化内容的表现形态。商品标准化的主要方式有简化、统一化、系列化、通用化和组合化。

1. 简化

简化是在一定范围内缩减商品类型，使之在一定时期内满足需要的标准化方式。简化是商品标准化的初级形式，也是实践中应用较广泛的一种形式。

随着科技的进步、新兴产业群体的涌现，商品类型、品种、规格不断增加。如果不进行合理控制，就会导致生产混乱和资源浪费。为此，需要在科学的基础上以满足一般需求为前提，通过合理地简化，去掉多余的、重复的和低功能的商品类型及其品种，使商品性能提高，功能增加，品种结构趋于合理，进而为新的商品类型、品种、规格的出现铺平道路，为商品多样化发展和社会多层次需求的满足奠定基础。

2. 统一化

统一化是在一定社会条件下对同类事物（商品类别）的多种表现形式（商品品种、规格）在一定范围内进行归纳并统一的商品标准化形式。它是标准化活动中最普遍的一种形式。统一化的目的是建立社会经济生活的有效秩序，提高商品的利用率，其实质是使商品的技术性能、功效和规格等具有一致性。统一化按统一的程度来划分，可以分为绝对统一和相对统一。绝对统一是指各种编码、代号和标志等要求统一，不能有变动。但在标准化活动领域中，还有一些领域和环节在统一化过程中有一定的灵活性，需根据具体情况具体对待。随着生产社会化程度的提高，国际经济、技术交流的扩大和加深，统一化将发挥日益重要的作用。

3. 系列化

系列化是对同一类商品中的一组商品同时进行标准化的一种形式，是标准化的高级形式。通过对同类商品不同品种结构的分析，结合我国生产技术和需求情况，经过全面的技术经济比较，对商品的主要技术质量指标、结构、形式和规格进行合理的安排和规划，以协调同类商品的关系，达到该类商品结构优化、功能最佳的目的。

4. 通用化

通用化是在不同的系统中选择具有功能互换性或尺寸互换性的子系统或功能单元的标准化方式。通用化需以互换为前提，商品的通用化程度越高，对市场的适应性就越强，商品的销路也就越广。

通用化的一般方法是在商品系列设计时全面分析商品的基本系列和变形系列中零部件的共性与个性，从中选择具有共性的零部件并将其确定为通用件或标准件。在单独设计某一商品时，尽量采用已有的通用件。

5. 组合化

组合化是通过设计一系列通用性较强的单元，根据需要组合成不同用途的商品的一种标准化方式，是建立在系统分解与组合的理论基础上的。它既可以把一个具有某种功能的商品看作一个可以分解为若干功能单元的系统，也可以把若干标准单元、通用单元按新系统的要求有机地结合起来，组成一个具有新功能的新系统，即组合。我们在商品设计、生产和使用过程中都可以利用组合化的方法，这样有利于节省设计研制费用，增加商品的使用功能，提高经济效益。

任务评价

学生分组进行商品管理的计划编制PPT汇报，教师进行考评并填写考评表（表2-5）。

表2-5　商品管理的计划编制PPT汇报考评表

考评人		被考评人	
考评地点			
考评内容	商品管理的计划编制		
考评标准	内容	分值	得分
	商品信息化追踪描述清晰，商品配料表、商品品质考察点设计准确	30	
	商品标准化设计合理，符合国家相关标准要求	30	
	商品管理计划结构完整，目标明确，方法得当，可执行性强，控制方法得当	20	
	汇报PPT的要求，页面风格一致，字体、字号统一，大小一致，制作能够使用动态效果、框图、思维导图	20	
合计		100	

注：考评满分为100分，60~70分为及格，71~80分为中等，81~90分为良好，91分以上为优秀。

思政园地

个人健康信息码国家标准在精准抗疫中发挥重大作用

新冠肺炎疫情突袭而来，多地通过手机应用实现了个人健康数据采集和区域内凭码通行等手段，为精准防疫和复工复产提供了技术支持方案。但由于标准缺失，这些应用存在跨地区互认难、信息重复申报等突出问题。为此，国务院办公厅电子政务办公室和中国电子技术标准化研究院使用快速程序共同制定个人健康信息码系列标准。

2020年4月29日，《个人健康信息码　参考模型》等3项国家标准（GB/T 38961—2020至GB/T 38963—2020）正式发布，系列标准从立项到发布用时仅14天。《个人健康信息码》系列标准规定了健康码的数据格式、码制组成、展现形式和访问接口，提出了统一的健康码应用系统的参考模型和跨地区互认的技术机制，统筹兼顾健康信息共享利用和个人信息保护。该系列标准还推荐使用自主知识产权的二维码，有助于培育自主技术和产业。该系列国家标准实施后，效果明显：一是快速统一全社会对健康码的认识，标准发布的信息在“五一”期间登上热搜榜第二；二是打通健康证明属地限制，依托全国一体化政务服务平台等在全国范围内基本实现了“一码通行”，为人员、物品跨地区流动提供了巨大便利；三是指导相关应用系统集约化建设，大幅减少了功能重复的App数量，有效遏制了“万码奔腾”乱象。标准实施后，超过10亿台次移动终端安装或更新使用了健康码相关应用，平均每天亮码验证1.2亿次以上，相关标准为我国抗击新冠肺炎疫情和复工复产发挥了重要支撑作用，经济和社会效益明显。

资料来源：作者根据相关资料整理

讨论：

结合案例谈谈如何利用数字化技术进行精准防疫。

拓展阅读

永辉超市发力自有品牌，打造独有产品力

任务三　商品数字化管理

任务导入

思考现场制售商品（需要在卖场进行加工制作的商品，如现磨咖啡、现煮奶茶、现制饮料等）、短效期商品（一般指商品保质期不超过36小时的商品，在烘焙店里，是指现烤商品，如现烤面包等）如何实施数字化管理。

任务准备

通过对“好利来”门店的调研，了解现场制售商品、短效期商品企业如何进行产品备料；在制作过程中，如何控制产品品质，如何保证在有效期内完成产品销售。结合以上调研内容完成现场制售商品和短效期商品的数字化管理设计方案。

一、商品数字化的内涵

（一）商品数字化概念

关于商品数字化的研究，有学者认为商品数字化是商品E化过程，即将商品通过拍照、上传，展现给购买者的过程，实现了线下商品转化为线上商品。另有一些学者认为商品数字化是全链路数字化，从生产、运输、存储到销售都有一个信息化标签（现有的形式是商品条码），利用数字交换系统，识别并认定商品交换的全过程。因此，信息化标签+识别设备+集成系统，三者缺一不可，共同构成商品数字化的基础。本书采用后一种认识。

1. 信息化标签

商品数字化里所讨论的信息化标签是商品身份数字化的方法，不包括原来的品牌、外形等外在内容。目前主要使用的是商品的条码。也有企业在给商品设计二维码，用二维码展示商品的生产、装运、存储、销售的行动轨迹变化和保护方法，来证明商品的安全性、独特性；也有企业给商品安装电子标签（RFID码），但是电子标签的成本过高，适用性不强。

2. 识别设备

以上信息化标签的采集主要有三种识别设备，分别是手持式、固定式、嵌入式，根据所扫描信息标签的类型不同，集成相应的识别模组。

（1）手持式扫描设备。此类设备又称扫描枪/条码扫描器，日常比较常见，超市结账时收银员都会拿扫描枪对着商品条码扫描一下，然后商品价格会显示在收银机上。除此之外，在很多场景都能用到扫描枪，如公司清点货物、快递签收时的信息核对等。

（2）固定式识别设备。此类设备也叫作二维码扫描平台，可以通过USB接口对接收银机或电脑收银系统直接放置到桌面上作为扫码收款设备，它类似于扫描枪或支付盒子，本身就内置有手机二维码识读引擎，广泛应用于连锁门店。

（3）嵌入式扫描设备。此类设备也叫作标签扫描引擎或标签扫描模组，俗称标签扫描头，由于扫描头不能单独使用，因此它一般被内嵌于设备内部结合配套软件系统拓展扫描功能，既可以扫描条码又可以扫描二维码。大型写字楼进门的闸机用的就是这种设备。

3. 集成系统

信息集成系统主要将企业的POS系统、ERP（企业资源计划）系统、EDI系统、EOS（电子订货）系统、MIS系统、VAN（增值网络）系统集成在一起，让零售连锁企业实现全部数字化管理。信息技术在零售领域的应用大概分为四个阶段。

（1）第一阶段。第一阶段是POS系统、条形码、ERP、RFID等技术在零售业的运用，这些技术在零售业的运用使得零售商更有效率地掌握了消费者的基本交易数据及零售商组织内部财务、库存、管理等相关信息，会员制在此基础上得以很好地发展。

（2）第二阶段。第二阶段是利用互联网的发展，通过PC端、移动端和社交媒体等多接触点与消费者产生接触，获取更多有效的消费者信息，并开发与消费者交易的多个渠道。在第二阶段，技术的应用使得零售商与消费者之间的联系和互动进一步加强。

（3）第三阶段。电子信息技术将线上、线下场景打通，实体零售的数字化趋势明显，近场感应终端、应用场景定位、虚拟试衣镜、传感器、移动终端等技术的发展使得零售商的线上、线下应用场景进一步完善，实现了零售活动中设备与人之间的实时互联。

（4）第四阶段。零售的智能化和自助化趋势明显，以物联网、大数据、人工智能为依托，信息可以实时传输给有关系统和终端用户，无论消费者身在何方，都处于智能设备访问范围之中，零售商能够从互联的零售系统和设备之中采集数据，并通过智能系统驱动优化操作，使消费者在参与零售活动的全过程中实现与零售商的随时随地的交流与互动。

四个阶段的变化，让信息系统的集成化程度越来越高，由原来的分散系统向产供销一体化转变；由单一的系统数据收集分析向集成度高的智慧分析转变，未来零售商业的商业逻辑和营销方式也呈现出极大的变化。

（二）商品数字化管理内涵的认识

综上所述，商品数字化管理就是在商品数字化建设的基础上，实施商品溯源、生产、储运等运营环节的计划、组织、实施、控制的过程。

二、商品数字化管理思路

（一）顶层设计：清晰的目标和整体规划

商品数字化转型的两个目标必须非常明确，这是衡量一切策略与方法是否有效的两个基本原则：第一是帮助企业提高经营效率、提高投资回报；第二是提升用户体验的满意度。商品数字化转型是一项长期的、系统化的工程，企业整体架构、商业模式、运营体系必须围绕商品数字化全面转型展开，在清晰的目标指引下做好总体设计、整体规划，这是数字化转型的基础。

（二）做好数字升级基础

相较于IT时代，数字化对于信息和数据处理有三个显著的特点：①传统链式节点变为网状结构，多方数据共享交互；②利用新技术，将信息化忽略掉的断点数据连接补齐；③利用AI、商业智能（Business Intelligence，BI）、大数据、区块链等技术，将所有数据进行综合分析与利用，实现商品从可视化到可洞察的策略化转变，再到智能化的应用升级。传统的利用一套集成系统解决所有问题的时代已经过去，在“商品交易数据化”的基础上，基于微服务架构的解耦设计成为主流，每个业务系统都要可以随时“应需而变”，进行敏捷迭代，且带有丰富接口，确保实时高效的内外部交互，最终实现所有数据在线，实时地反映企业运营情况，让企业洞察问题和机会，预见危机和风险，在竞争中取得先机。

（三）基于数字化商品实现全域全场景贯通

消费者在传统购物环境下，受到实体店的限制，只能在特定条件下实现购物，例如，实体店受到营业时间、消费者距离实体店的空间距离、实体店商品陈列表达、消费者购物时间安排等诸多因素影响。商品数字化后，可以实现线上线下一体化全渠道推广，因此商品数字化将彻底实现全域全场景，将消费者购买影响因素降到最低。所谓全域就是购物不受地域和时间限制，实现全天候、全地域的购物服务，其实现手段就是线上线下一体化；全场景是指在某个购物主题或者使用情景的条件下，消费者在消费的过程中越来越强调个性，也更希望自我个性通过购物展示出来，因此需要零售商家不仅仅为消费者提供可供消费的商品，还要提供在购物过程中产生的一切附加体验。全场景将从以下几个方面来实现。

1. 将日常生活场景融入零售场景

不同年龄、性别和社会地位的消费者向往不同的生活方式，其生活购物习惯与喜好也不尽相同。与此同时，随着时间和环境的改变，同一消费者对生活和购物的需求及态度也会发生改变。人们生活方式不断更新，为消费模式的变革注入了强大动力。生活方式能够覆盖商业的全维度空间，每一个日常生活场景都有机会转化为一个零售场景，新的零售模式不但可以对传统品牌、空间、文化赋予新的消费内涵，加深这些已有市场的场景建设，而且可以在现有的零售场景基础上创造新的消费生命。如果零售商能够将目标设定得更加宽广，从生活、文化、艺术、人文等方面创造各类零售场景及其与商业空间、品牌内涵、价值观念的跨界连接，产生的消费想象力是无限的。

在实际的零售活动中，将不同的生活方式和生活场景创造为零售场景，可以帮助消费者实现消费结构升级，极大地拓展消费空间，如产生更多的满足人们生活方式需求的服务消费、信息消费、绿色消费、时尚消费、品质消费等。例如，一些书店除了销售图书外，也在打造阅读空间，将文具、咖啡、美食、知识分享、讲座、读书交友等元素融入书店，全力为消费者打造高品质的阅读空间。

2. 将理想生活场景融入零售场景

普通的商品售卖模式在同质化竞争的环境下很难突围，商品数字化后可以跳出原有固定的传统购物场景，向理想生活场景转型。让消费者在购物时就体验到这种商品在自己理想生活中的应用，从而促使消费者进行消费购买以获得更完整的体验。例如，超市为了在购物过程中进行消费者的生活记忆唤醒，选择聚焦消费者的生活区块场景，打造时尚餐饮区，在多处设置体验厨房，模拟消费者在家中制作美食、与家人一同用餐的场景；零售超市还将购物的场景进一步延伸，提供美食课堂培训和生鲜食材加工。同样，为了证明自己的蔬菜非常新鲜，增强消费者购物过程中的体验，一些主营生鲜蔬果的零售店铺把旗舰店的蔬菜货架改造成新鲜菜园，顾客可以自己动手摘取蔬菜，成就了消费的新生态。

商品数字化能够做到同时满足消费者对于购物前、购物中和购物后的多种需求，尤其是满足了其对于所购买商品较为全面的感性认识和情感诉求。这种情感诉求可能是格调、个性、潮流、创新和态度等多种内容。消费者所要追求的这种情感诉求与消费者个人的性格与形象相关，消费者会将自己消费的商品类型和风格作为证明自己个性的“标签”。针对消费者的此种需求，购物场所不再面向大众提供千篇一律的消费，而是将小众、定制化和设计感演绎得淋漓尽致，将充满个性表达的设计感融入消费。同时，消费者也会通过购物显示自己的生活态度，健康或时尚等生活态度也都可以通过对购物方式和情景的选择展示出来，进而表达自己对向往生活的追求。

3. 将智能场景融入零售场景

将智能场景融入零售场景就是在零售场所部署场景化的工具与技术，实现与消费者的智能化互动场景，不同的商品需要的智能场景技术会存在一些差别。如服装店应用“智能试衣镜”，通过这种镜子，可以让顾客直观地看到试穿服装之后的效果，从而节省一部分人力成本，极大地提高成交效率。另外，智能场景还能增强购物本身的趣味性，如家居建材与装修类的店面，应用工具及3D空间渲染软件，配上VR设备，消费者置身于这样的虚拟空间里，装修效果更直观。

三、商品数字化创新

商品数字化创新是指基于商品数字化系统提供的数据，对消费者进行分析，通过机会挖掘、创意生产、概念验证、试销迭代四个步骤来开发新商品。以前，商家研发新品依赖于经验直觉、小样本调研、一方数据，开发的风险极高，且难以复制。而现在，在商品数字化系统支持下，商家用大数据决策，在哪个品类方向上开发新品、商品的市场规模预估有多大、核心用户群体画像等都可以提前做出分析。在商品推向市场前，可以小规模试销，在取得数据后迭代升级，在数据达到合适的指标时再进行大规模生产。商品数字化创新，可以从以下几个方面入手。

（一）基于用户需求，利用大数据挖掘产品

用户需求挖掘方面，可以从网络热词排名获得。例如，在宠物用品类目的猫粮的搜索相关词里，“进口”这个相关词的搜索量在增加，这代表着进口猫粮的需求在增加，带来了商业机会；在搜索狗粮的关键词时会出现组合关键词，其中大量出现犬种名字，如哈士奇狗粮、金毛狗粮、茶杯泰迪狗粮等。狗粮品牌耐威克发现了这个规律，制订了“专宠专用”的商品策略，这个品牌的狗粮都是根据犬种做定制款，金毛食用定制款狗粮会让毛色更光亮，茶杯泰迪狗粮中加入了骨胶原营养，茶杯泰迪食用该款狗粮不易骨折等。商品上的一系列创新，让耐威克迅速崛起，快速跻身宠物食品类目前列。

用户需求还隐藏在行业发展趋势中。在2020年，新冠肺炎疫情对很多行业都造成了巨大打击。根据推测，户外烧烤架的销售额必定大规模下降，因为户外野营、野餐都不能去了，所以烧烤架自然就没有市场了。然而有关人员通过搜索引擎搜索烧烤架销售趋势，发现大盘数据不但没有下降，反而暴涨；继续分析烧烤架的热搜词的组合，发现真正增长的品类是家用烧烤架，而不是户外烧烤架。实际增加的是放在空气炸锅里、烤箱里的烧烤架的需求激增。无碳、电烧烤、气炸锅等搜索词的7天搜索指数都排在前列。由于受到新冠肺炎疫情影响，客户无法去烧烤店，只能在家里自制烧烤，所以烧烤架的市场需求快速增长。

（二）顾客参与产品生产和数字化仿真实验

掌握市场趋势只是完成了商品创新的第一步，一个具体的商品能否取得市场认可才是关键所在。每年各大品牌都会推出很多新品，但是这些新品多数都没有得到市场认可而快速消亡，获得市场认可的因素包括商品的外观、定价、体验感、便捷性、包装等产品因素。这些因素需要定量分析和定性分析同步进行，很多属性要通过商品和消费者的交互才能做出判断和改进。比如，化妆品瓶盖在容易打开的同时气密性是否过关；手持电器的自重是否适合女性消费者；鞋子会不会磨脚；抹茶味的饼干是否受到喜爱；等等。商品数字化系统通过数据筛选出来的真实消费者，可协助完善商品体验，共同进行产品开发，完善新商品的市场适应性。例如，欧莱雅基于消费者的深度洞察，在很短的时间内，形成了14个未来可行的商品方向，最终形成了6个初步的商品概念。欧莱雅在得到商品概念后，与消费者一起进行商品优化，在商品开发全程都保持消费者参与和互动，在消费者的帮助下，最终选出了“零点面霜”这个商品概念。欧莱雅利用平台资源，引发大规模创意“头脑风暴”，消费者为该面霜定义了熬夜的新场景，给出了“零点面霜”“熬夜面霜”等新概念。该新品从上市到“双11”仅两个月，单品销售45万件，销售额过亿元。

在概念测试期过后，商品进入仿真测试期，商品数字化系统运用数字孪生技术，虚拟真实购物场景，仿真宝贝页测试数据，通过消费者行为判断决策因子和流失因素，给出商品迭代方向。在仿真实验室，商品不需要大规模投产就能得到市场的快速反馈。这样做既减小了市场风险，又极大地提升了信息反馈效率，甚至可以在小成本下做多样本测试。

（三）与合作伙伴数据共享，共建商品创新中心

零售商与供应商共建商品创新中心，加速新商品的研发和推广。如天猫和亿滋、立白、玛氏、迦蓝等众多品牌成立新品创新中心。欧莱雅、资生堂等国际品牌宣布50%的新品在天猫平台进行孵化。数据化开发、数据化监测新品，为品牌带来了新的增长机会，提升了商品开发的

成功率，降低了开发成本，缩短了开发时间。

举例来说，天猫与高露洁宣布成立C2B创新工厂。天猫将帮助高露洁使新品的研发生产周期从18个月下降到6个月，实现快速反应。其首款共创新品——男士爆珠牙膏是第一款专为男士开发的牙膏。通过数据挖掘，天猫发现事实上男性和女性对个护类商品的偏好同样存在差异化。口腔护理类商品的研发大多围绕功能层面展开，忽略了人群对个性化的追求。从天猫的数据来看，男性对清凉口味的偏好更强，而女性则喜欢不同的香味和持久留香。爆珠，也称为香丸、珠子，高露洁在爆珠里加入了特别的清凉元素，满足了男士对极度酷爽的追求，并结合爆珠香烟的创意，精准地打动了男士目标人群。除了膏体的创意，爆珠牙膏的外包装还采用了瓶装设计，呼应生活用品类美妆化趋势。在创新“头脑风暴”大会上，高露洁将近40个人分成了7个小组，让他们提出各自的创意，还配备了专门的插画师进行现场设计。在插画师画完设计稿后，高露洁立刻通过天猫的新品测试页面将其定向推送给不同性别、年龄的差异化人群，两小时内就回收了1 500份问卷。投票结果显示，一款男士爆珠牙膏和一款女士牙膏受到了一致好评。高露洁当即决定，对这两款商品先后投入生产，这比常规的研发流程快了一倍。

任务评价

学生分组进行现场制售和短效期商品的数字化管理方案PPT汇报，教师进行考评并填写考评表（表2-6）。

表2-6 现场制售和短效期商品的数字化管理方案PPT汇报考评表

考评人		被考评人	
考评地点			
考评内容	现场制售和短效期商品的数字化管理方案		
考评标准	内容	分值	得分
	准确描述短效期和现场制售商品的备料管理方法，制作过程中的信息采集内容	30	
	说明此类产品销售平台建设、销售卖点与生活场景等内容	30	
	能够创造性地设计商品信息标签，实现商品信息标签的采集	20	
	汇报PPT的要求，页面风格一致，字体、字号统一，大小一致，制作能够使用动态效果、框图、思维导图	20	
合计		100	

注：考评满分为100分，60~70分为及格，71~80分为中等，81~90分为良好，91分以上为优秀。

思政园地

服务平台助推零售商数字化转型

服务平台是中国物品编码中心为了顺应目前数字化和标准化的趋势，基于计算机网络技术、全球统一编码标识系统而构建的标准化信息交换平台。服务平台以权威准确、翔实全面的高质量商品信息为基础，广泛应用于零售消费、物品流通、资源计划、电子采购和品类管理等领域，为商品的制造商、零售商、批发商及咨询机构提供优质的信息服务。

服务平台商品数据质量通过标准架构、系统校验、管理控制及用户监督四个层面严格把关，有效保证了服务平台中商品信息的完整性、准确性、一致性和时效性，避免由于企业信息化不充分、多语言描述的不准确及人工介入等可能因素导致的数据质量问题，最终形成一个数据品质高、覆盖广、数量大的产品数据库。

各零售商可借助服务平台数据库完成对“引进新品—商品资料管理—运输仓储—商品上架”四个主要流程节点的优化，在引进新品节点上，零售商可通过服务平台商品数据库，获得海量的、最新的商品信息、图片，以及有关分析数据，从而减少对市场新品开发人员的依赖，降低人为主观因素影响，以商品客观数据做决策依据，并且可以借助服务平台数据库分析商品迭代趋势，提高对未来选品的前瞻性，反向输出商品及品类改进建议，优化零售商品类构架，从而提高自身的市场竞争力。零售商确定引进新品后，通过与服务平台数据库对接，可以直接获取与商品相关的属性、图片等信息，从而减少企业对新品的建档工作，释放员工大量的录入时间；同时减少有效信息录入错误的出现，保证商品数据质量准确、完整、标准，进而优化商品资料管理节点。服务平台商品数据库中的数据，是全国各地商品源数据采集室利用精密仪器和标准化测量方法对商品的重量、尺寸进行精确测量所得，确保准确、标准。这些物理信息可以有效帮助企业在运输仓储中提前安排，实现数字化管理。对零售商来说，有了具体准确的商品重量尺寸信息，就可以建立虚拟陈列室，实施系统模拟及绘图，简化陈列绘图过程，满足个性化陈列方案，有效降低成本，实现商品上架的优化。

过去，零售商新零售竞争核心在于品牌、产品；如今，数字化转型可以重塑品牌增长动力，各大零售商被动进入数字化运营竞争中。新兴品牌兴起后，传统品牌数字化转型需求激增，未来的零售商将会在数字化与智能化上展开激战。服务平台拥有全国最多的商品品种以及最完善的标准和最新的商品数据，是零售商和生产企业的桥梁，是零售商数字化转型的助推器。零售商可以搭上服务平台这个顺风车，根据需求来完善自身的上架流程，毕竟只有顺应数字化趋势，方能在信息化的潮流中乘风破浪！

资料来源：作者根据相关资料整理

讨论：

在门店数字化转型过程中，服务是否仍然重要？服务应该发挥哪些作用？

拓展阅读

7-Eleven的拉面开发

项目小结

本项目阐述了商品的概念、分类、信息化建设方法，说明了商品的营销设计思路，围绕产品质量分析了商品质量管理的要求和商品质量管理的方法，叙述了商品标准化管理的基本要求，并从商品数字化角度，提出商品数字化管理的内涵、建设思路和商品数字化创新。

课后练习题

一、单选题

1. 商品和产品的最主要区别是（ ）。

A. 商品用于交换 B. 产品的范围没有商品大

C. 商品用于消费 D. 商品不是劳动所得

2. 商品能够满足人们日常生活所需的有用性是商品的（ ）。

A. 使用价值 B. 交换价值 C. 商品价值 D. 社会价值

3. 对社会必要劳动时间解释不正确的是（ ）。

A. 生产商品所花费的时间，时间越短，产品价值越低

B. 正常生产条件下，社会平均劳动时间

C. 社会必要劳动时间长短和劳动熟练程度等因素有关

D. 单位产品的价值量与包含在商品中的社会必要劳动时间成正比

4. 假设需求弹性用Ei表示，Ei > 1的商品称为（ ）。

A. 正常品 B. 必需品 C. 劣等品 D. 奢侈品

5. 以下产品是互补品的是（ ）。

A. 汽车和地铁 B. 牛肉和羊肉 C. 汽车和汽油 D. 手机和数码相机

6. 原材料包括农产品和天然产品，下面属于天然产品的是（ ）。

A. 大米 B. 家畜 C. 煤炭 D. 蔬菜

7. 某产品编码为H2116，使用的编码方式是（ ）编码。

A. 数值型 B. 字母型

C. 数字字母混合型 D. 条码型

8. 某产品采用EAN-13编码方式，其表示为6910101010098，其中表示国别的是（ ）。

A. 691 B. 101 C. 010 D. 098

9. 对商品定位说法正确的是（ ）。

A. 生产高档产品 B. 提升产品品质，优于竞争对手

C. 寻找中小学生作为销售对象 D. 在目标消费者心中树立独特的价值形象

10. 应用全过程商品管理，企业人员首先做出的判断是（ ）。

A. 产品库存大小 B. 产品品类归属 C. 符合经营要求 D. 符合采购3R原则

二、多选题

1. 食品的质量要求有（ ）。

A. 安全性 B. 营养性 C. 视觉完整性 D. 感官适合性

E. 味觉可口性

2. PDCA循环是（ ）。

A. 计划 B. 执行 C. 检查 D. 处理

E. 提升

3. 商品标准化的方式包括（　　）。

A. 简化　　B. 统一化　　C. 系列化　　D. 通用化

E. 组合化

4. 商品数字化的基础是（　　）。

A. 信息化标签　　B. 识别设备　　C. 集成系统　　D. 信息交换

E. 大数据分析

5. 做到商品数字化创新的措施包括（　　）。

A. 基于数字化挖掘商品　　B. 顾客参与产品生产

C. 数字仿真实验　　D. 与供应商共建创新中心

E. 顾客参与产品体验

三、简答题

1. 简述全过程商品管理的特点。

2. 简述日用品商品质量要求。

3. 简述电子商品质量要求。

4. 简述第三方商品认证制度的基本程序。

5. 简述商品数字化管理思路。

扫一扫看答案

项目三　门店作业数字化管理

学习目标

知识目标

1. 了解商品采购分类，熟悉采购前的准备工作，掌握商品采购事项。
2. 了解仓库管理的原则，熟悉存货管理内容和方法，掌握库存管理分类法。
3. 了解理货员的职业修养，熟悉理货员的岗位职责，掌握理货员作业流程。
4. 了解收银员的服务礼仪，熟悉收银员岗位职责，掌握收银作业流程。
5. 了解盘点的计算公式，熟悉盘点作业流程，掌握盘点的具体操作。

能力目标

1. 能够根据门店销售需要采用数字化手段及时订货。
2. 能够按照仓库管理原则和方法做好库存管理工作。
3. 能够正确进行理货作业，并做好商品陈列管理。
4. 能够准确、迅速地为顾客结算并对收银数据进行分析。
5. 能够准确无误地进行门店商品盘点工作。

思政目标

1. 培养遵纪守法、廉洁自律、诚实守信的职业素养。
2. 树立民族自豪感和自信心，培养社会责任心和使命感。
3. 塑造爱岗敬业的价值观，追求精益求精的品质。
4. 培养积极主动的工作态度和良好的职业习惯。

任务一　采购作业数字化管理

任务导入

某高职院校连锁经营与管理专业学生小李在校内实训基地苏宁小店进行实训，正值9月初新生开学之际，门店需要采购一系列商品以满足新生入学后日常生活所需。店长请小李协助采购员制订一份采购计划。假设你是小李，你该如何完成该任务呢？

任务准备

采购对于商业零售企业来说至关重要，其重要性甚至与销售活动是同等的，采购是商业零售企业的活力源泉，是商业零售活动的利润源泉，就像生产活动对于生产性企业那样重要。零售企业要想获得市场和消费者的青睐，就必须采购适合消费者的、令消费者满意的、价格合适的商品，同时获得相应的利润。

一、商品采购分类

连锁门店的采购方式一般有集中采购、自行采购和混合采购三种。

（一）集中采购

连锁企业区别于其他经营方式的重要特点就是联购分销。在其他经营方式的企业中，采购可以由销售部门同时承担，但连锁企业必须集中采购。集中采购的优势在于：可以降低产品的采购价格，获得价格优势；有利于降低采购过程中产生的各种管理费用；有利于统一装运、配载，降低运输成本；有利于控制库存；有利于保持连锁经营的一致性；有利于保持价格一致，避免内部竞争等。

集中采购是连锁企业实现规模化经营的前提和关键，只有实行统一集中采购才能真正做到统一陈列、统一配送、统一促销策划、统一核算，才能真正发挥连锁经营的优势。

（二）自行采购

集中采购固然能够给企业带来巨大优势，但它并不能适应所有情况。由于连锁企业店数量较多，且分布较为分散，因此在采购过程中的制约因素也比较多，较难把所有的采购业务都集中起来实行集中采购。当连锁门店采用集中采购所产生的总成本大于从所在地的供应商采购所产生的总成本，且所采购的商品与集中采购的又无较大差异时，门店可以考虑采用自行采购的方式。

自行采购的优势在于：采购具有较大弹性；市场针对性强；机动性强；较能符合消费者的需求。但是也存在一些劣势：无法形成采购批量，无法获得价格优势；利润较难控制；可能会对连锁企业的统一形象构成潜在威胁。

自行采购较多适用于门店之间距离较远、分布较广的连锁企业，适宜采购不便中转的产品或保质期相对较短的生鲜食品，如冰激凌、鲜活海鲜等。

（三）混合采购

混合采购又叫分散集中化采购，混合采购模式综合采用集中化与分散化的采购方法，发挥集中采购与自行采购各自的优势，同时尽量弥补两种方式各自的缺点。连锁企业采购方式的选择是建立在企业经营战略与商品分析基础之上的，无论选取何种方式，都要以连锁企业整体效益最大化为原则。

二、数字化采购作业

（一）了解商品的销售情况

采购人员在制订采购计划时，必须对所采购商品的相关信息有足够的了解。制订准确采购计划的关键就是获取准确的商品供求信息，需要做的工作主要有以下几点。

1. 建立客户档案

将客户以户为单位进行登记，建立商品销售档案。定期或不定期与顾客代表进行沟通，倾听他们的意见和建议。采购人员根据顾客的档案信息进行商品采购。

2. 进行商品采购调查

商品采购调查是为了更好地制订商品采购计划而进行的信息收集与分析工作。根据调查对象的不同，商品采购调查大致可分为以下四种方式：市场调查、商品调查、采购时机调查、供应厂商调查。总体来说，在采购前需要调查的资料见表3-1所列。

表3-1 商品采购主要调查资料表

商品品名种类	调查采购的目标商品及相应的替代品
商品质量	制定质量标准，然后调查市场上相应商品的规格、质量，进行综合分析
商品数量	调查采购数量是否与本身的销售量、需求量相匹配
商品价格	为降低采购成本，要根据采购商品及对象的特点，充分准备相应的谈判技巧与交易条件
采购时间	根据自身的实际情况，统筹考虑是该在采购价格较低时购入，还是根据本身需要时间购置
供应商	调查市场上可能进行合作的供应商，进行综合比较，选择合适的供应商并进行管理

（二）制订采购计划

采购计划的主要内容包括确定采购商品的品质和数量、选择合适的供应商、确定采购时间、确定采购预算、确定商品采购价格等。做好采购计划可以避免大量库存积压的现象，还可以提高供货水平，防止缺货。

采购计划在总部、分店、部门、商品组四个层次上逐步展开。采购计划可以自上而下制订，也可以自下而上来制订。

1. 自上而下的采购计划

商品采购计划可以在总部层次上开始制订，商品的目标、销售和费用最初在总部层次确定，计划总额将被分配给分店、部门和商品组。

2. 自下而上的采购计划

与从上面开始相反，商品采购计划可以从最低一级的每一部门内的商品组开始制订。信息由上级部门和分店收集。这些信息被汇总，汇总的结果就是整个总部的计划数字。采用这种方法，最熟悉商品和消费者喜好的门店员工将为计划提供基本的数字信息。

3. 综合利用两种方法

自上而下和自下而上的商品采购计划可能会产生不同的结果。综合利用这两种方法会给企业带来最大的成功机会，从不同的管理层次切入可以提供最准确的信息。

（三）确定采购数量

1. 定量采购

定量采购指当商品库存量下降到预定的最低库存数量（订购点）时，按规定数量［一般以经济订货批量（Economic Order Quantity，EOQ）为标准］进行采购补充的一种采购方法。

定量采购方法要考虑订购点和备运时间两个因素。①订购点是指提出订购时的库存量。②备运时间是指从提出订购到商品进货，到能上架销售所需的时间，可用公式3-1表示。

$$\mathrm{EOQ}=\sqrt{2\frac{RG}{h}}=\sqrt{2\frac{RG}{CH}} \qquad （式3-1）$$

其中，EOQ：订购费用与储存费用之和最低所对应的商品订货量。

R：某商品年采购总量。

G：每次订购费用。

h：单位商品年平均储存费用。

C：商品单价。

H：商品年储存费率。

2. 定期采购

定期采购是指按规定的时间提出订购，有一定的订购周期而没有固定的订购批量。定期采购方法的订购周期和全年订购次数是固定的，但是订购批量和订购点是可变的。定期采购的订购批量计算方法可用公式3-2表示。

订购批量=订购周期销售量+备运时间销售量+保险储备量-现有库存量-已订未交量

=（订购周期天数+平均备运天数）×日平均销量+保险储备量-现有库存量-已订未交量　（式3-2）

（四）确定采购时机

连锁店的采购时间过早，会增加企业的库存成本；太晚又容易引起缺货，影响销售。因此必须选择合适的时间进行采购，在确定采购时间时要注意以下因素。

（1）商品的季节性和消费旺季。要保证季节性的商品在旺季有充足的货源，提早采购，在淡季尽量保持较低的库存量。

（2）进货前置时间。进货前置时间越长，采购时间就要越提前。

（3）订货性质。如果是常规订货，就根据以往的经验确定采购时间。如果是采购新商品，则需留出更多机动时间供商务谈判所用。

（4）商品销售速度。日均销售量大的商品需要及时进货，日均销量较小的商品采购间隔时间可以更长一些。

（5）储运条件。如果交通便利、配送中心设备先进，商品的采购效率会比较高，因此采购时间也可以相对后移。

（五）编制采购预算

在制订采购计划时，采购预算的确定是非常重要的。编制采购预算一般包括以下几个步骤。

（1）审查连锁企业的战略目标。

（2）制订明确的工作计划。

（3）确定所需采购的商品。

（4）确定较准确的预算数字。

（5）汇总编制总预算。

（6）修改预算。

（7）提交预算。

采购预算一般以销售预算为基础来制订，可用公式3-3来计算。

采购预算 = 销售总额 ×（1 - 平均利润率）　（式3-3）

例如，某连锁门店年销售总额是2 000万元，年平均利润率为 15%，那么该门店的年度采购目标应当是：2 000 ×（1 - 15%）= 1 700（万元）。

但是，以上公式仅仅是销售成本计算公式，并没有估计到库存量的实际变化。预算还要加上或减去库存期初和期末变动的因素，可用公式3-4来计算。

采购预算 = 销售成本预算 + 期末库存计划额 - 期初库存额　（式3-4）

例如，某连锁门店年销售总额是2 000万元，年平均利润率为15%，期末库存计划额为300万元，期初库存额为200万元，其全年的采购预算为：2 000 ×（1 - 15%）+ 300 - 200 = 1 800（万元）。该连锁门店一年的采购预算为1 800万元，再将其分配到每个月，就是每月的采购预算。

采购预算在执行过程中，有时会出现情况的变化，所以有必要进行适当的修订。如门店实行减价或打折后，就需要增加销售额的部分；门店库存临时新增加促销商品，就需要从预算中减少新增商品的金额。

案例分享

美菜网携手卡夫亨氏　打造线上餐饮采购新模式

随着互联网的迅猛发展，网上购物成为人们消费的新常态。在 B2B 生鲜电商盛行的今天，餐厅后厨的采购也逐渐向线上转移。美菜网率先成为面向餐饮行业首屈一指的 B2B 电商平台。

2016年7月14 日，美菜网与全球食品巨头卡夫亨氏正式签订战略合作协议：为与美菜网合作的几十万家餐厅提供卡夫亨氏旗下优质的调味品，共同打造“安全优质产品到后厨”调味品最短供应链。

美菜网此次与卡夫亨氏进行战略合作，合作餐厅不仅可以享受通过线上采购及强大的仓储物流系统保障新鲜低价，更可便利地订购卡夫亨氏旗下优质美味的调味品，用多样化的美味更好地发展生意。这恰恰践行了美菜网的使命：自建物流体系以保障食材的美味和新鲜度，严格把控食材的质量和低价，让利于基地农户和餐厅老板，造福于消费者。

卡夫亨氏作为全球第五大食品和饮料公司，一直贯彻“以客为先”的企业价值观，也希望通过此次与美菜网的合作，为众多中小餐饮客户提供更好的服务，让更多直供优质的调味品走进更多餐厅。

资料来源：作者根据相关资料整理

三、商品采购事项

（一）商品结构管理

商品结构管理是指在总部经营目标、方针指引下，为保证资源得到充分利用，门店管理人员科学、合理地优化调整中小商品结构，引进、淘汰产品。

（二）样品管理

这里的样品主要是指供应商因新品洽谈所提供的样品、为方便资料录入或拍照而提供的样品。为了保证样品无损伤、无遗失，负责人应及时按规定办理好样品的相关手续。

（三）首次订货

首次订货一般指新店开张、引进新商品、促销商品订货、更换新供应商时所下的第一张订单。商品首次订货工作规范一般包括预算陈列量、下订单、送货、跟踪、确认等内容。

（四）节假日备货

节假日一般是销售的高峰期，容易出现销量大幅上升的局面，导致货品供不应求。为了确保节前市场能够有充足的货品供应，必须对节假日商品进行提前准备。

（五）国家专控商品采购

国家专控商品是指由国家专卖的香烟、食盐、进口酒类等产品。一般情况下，为保证国家专控商品采购流程的准确性，采购负责人要根据门店的销售状况、预估销量来确定订货品种、数量，经批准后按计划进行采购。

任务评价

学生分组进行商品采购计划制订调研，教师进行考评并填写考评表（表3-2）。

表3-2　商品采购计划制订调研考评表

考评人		被考评人	
考评地点			
考评内容	商品采购计划制订		
考评标准	内容	分值	得分
	能够结合门店实际，制订采购计划	15	
	采购计划内容全面、没有漏项	20	
	采购商品类型、数量、时机及预算设计科学合理	20	
	方案结构完整，层次清楚，内容完整，格式规范	30	
	任务完成态度端正，积极主动，团队成员合作良好	15	
合计		100	

注：考评满分为100分，60~70分为及格，71~80分为中等，81~90分为良好，91分以上为优秀。

思政园地

分析家乐福采购受贿案

家乐福是世界上最大的跨国零售企业之一，在中国的大型超市中的地位也是举足轻重的。在零售业内有这样一句话："家乐福是最本地化的外资超市。"为了快于其竞争对手在中国完成战略布局，家乐福打破了常规集中采购的管理体制，采取了“各自分散作战”的方式，赋予门店很大的权力，使每家店面都拥有独立的采购和销售体系，物流成本非常低。

然而，这虽为家乐福赢得了发展的时间和消费者的青睐，却是一步险棋，给采购腐败造成了可乘之机。家乐福中国人力资源总监杨孝全曾经表示，在权力下放的同时，这些持有“生杀大权”的采购中层拥有相当大的权限。

各地持有“生杀大权”的采购主管在持有高度自助的采购权的同时，腐败现象也就油然而生，并且屡禁不止。

分析产生腐败的原因主要有以下几点。

1. 各地采购主管拥有过高的采购自主权

家乐福采取了“各自分散作战”的方式，赋予门店很大的权力，使每家店面都拥有独立的采购和销售体系，特别是生鲜食品。生鲜食品由于保质期短，必须采取门店自主采购的方式进行。

“生鲜食品采购腐败是最难防治的。”刘义说。在连锁商超系统里，采购有集中采购和分散采购的划分，一些贵重、大额的品类会由总部专员集中采购，采购过程控制很严，而一些小额的生活用品、地区性特产和生鲜，就授权各店采购主管执行，采购控制相对较弱。“而且生鲜品还具有品类采购结构不稳定，价格变动大且利润高的特点，采购员在生鲜采购过程中回旋的余地就特别多。”

2. 企业的采购风气腐败

据调查，家乐福某一分店的中层采购经理被调职，原因就是收受了某商品大量的“好处费”，大额采购该商品并压缩竞争对手的采购量，被竞争对手供应商举报而引致盘底调查，最后终因难以收场而“东窗事发”。这些说明家乐福的采购腐败行为屡禁不止，企业采购风气十分腐败。

3. 采购信息的公开程度不够

采购者与供应商之间之所以会出现受贿的现象，是因为家乐福的采购过程不够公开，供应商选择过程及选择的原因没有公示，整个采购过程都是暗箱操作，给了供应商与采购者之间增长腐败之气的机会。

4. 公司的监督机制不够完善

家乐福的组织机构不完善，缺少严密的监督机构，致使各个部门分散行动，为腐败制造机会。

即使像家乐福这样的著名跨国公司依然难免发生采购腐败问题，足见该问题的普遍性和严重性。对其他企业来说，这是可以借鉴的教训，从中思考自身的问题所在，加强采购人员职业道德培训并加强内部监管，防患于未然。

资料来源：作者根据相关资料整理

讨论：

请同学们结合家乐福采购受贿案，谈谈廉洁采购的重要性。

拓展阅读

周生生签约8Manage
实现高效自动化采购管理

任务二　存货作业数字化管理

任务导入

连锁经营与管理专业学生小李在校内实训基地苏宁小店实训时，恰逢门店前期采购的大量商品到货，需要进行入库作业管理。店长请小李协助库管员完成商品入库及库存管理相关工作。假设你是小李，请就该门店存货作业流程是否合理、存在哪些问题、应该如何理顺及库存作业管理过程中的注意事项进行分析设计。

任务准备

商品采购到位后必然会有部分要进入门店仓库进行保管，库存管理是门店销售的基础。门店的主要功能是销售，其仓储空间是有限的。在充分保障销售的前提下如何有效地进行商品库存管理，尽量使库存最小化、配置最优化是一个十分关键的问题。

一、仓库管理的原则

仓库管理的原则包括以下几点。

（1）面向通道进行保管。为使物品出入库方便、容易在仓库内移动，应将物品面向通道保管。

（2）尽可能地向高处码放，提高保管效率。为有效利用库内容积，应尽量向高处码放；为防止破损、保证安全，应当尽可能使用棚架等保管设备。

（3）根据出库频率选定位置。出货和进货频率高的物品应放在靠近出入口、易于作业的地方；流动性差的物品放在距离出入口稍远的地方；季节性物品则依其季节特性来选定放置的场所。

（4）同一品种在同一地方保管。为提高作业效率和保管效率，同一物品或类似物品应放在同一地方保管。员工对库内物品放置位置的熟悉程度直接影响着出入库的时间，将类似的物品放在邻近的地方也是提高效率的重要方法。

（5）根据物品重量安排保管的位置。安排放置场所时，应把重的货物放在货架的下边，把轻的货物放在货架的上边。需要人工搬运的大型物品则以腰部的高度为基准。这是提高效率、保证安全的一项重要原则。

（6）依据形状安排保管方法。依据货物物品形状来保管也是很重要的，如形状标准的商品应放在托盘或货架上来保管。

（7）依据先进先出的原则。保管货物的重要一条是对于易变质、易破损、易腐败的物品要定时查看，以便剔出不合格物品；对于机能易退化、老化的物品，应尽可能按先入先出的原则，加快周转。

二、门店库存管理ABC分类法

库存管理ABC分类法指的是将库存物品按品种和占用资金的多少，分为特别重要的库存（A类）、一般重要的库存（B类）和不重要的库存（C类）三个等级，然后针对不同等级分别进行管理与控制。这样的分类管理法可以实现的作用有：压缩库存总量，释放占压资金，库存合理化与节约管理投入等。

（一）具体分析过程

门店库存管理ABC分类法的具体分析过程如下。

（1）将商品按其库存额从大到小进行排序，并算出总库存额。

（2）细分累计库存额，并计算其占总库存额的百分比。

（3）按累计库存百分比划分A、B、C类。

（二）划分原则

划分原则：占库存总额比重的70%~80%，品种数占全部库存品种数的10%左右的商品作为A类商品。占库存总额比重的10%之内，品种数占全部库存品种数的70%以上的商品作为C类商品。除A、C类外的商品作为B类商品。

A类商品占金额高，重点管理；B类商品占金额中等，次重点管理；C类商品占金额最低，一般管理。具体存货的管理控制要求见表3-3所列。

表3-3 具体存货的管理控制要求

管理工作	A类存货	B类存货	C类存货
控制程度	严格控制	一般控制	简单控制
库存量计算	详细计算	一般计算	简单计算
进出记录	详细记录	一般记录	简单记录
存货检查频度	密集	一般	很低
安全库存量	低	较大	大量

三、数字化存货管理内容

数字化存货管理主要包括存货数量管理、存货结构管理和存货时间管理。

（一）存货数量管理

商品库存数量是影响门店效益最重要的库存因素，也是占用门店运营资金的主要来源之一。门店商品库存数量的多少没有绝对的衡量标准，商品的库存量与该商品的周转速度密切相关，商品周转速度快，库存量可以大些，反之亦然。

商品库存量过大会造成如下不利影响：第一，商品积压，占用运营资金；第二，库存商品损耗及库存费用上升；第三，影响新商品的采购和入库，造成销售上的损失。反之，库存量过小也会造成脱销，影响销售和顾客满意度，产生销售损失。

商品库存数量管理一般采用两种方法：第一，保险储备量，这是商品库存的下限。库存下降到保险储备量之下，会造成脱销；第二，最高储备量，这是商品库存的上限。库存上升到最高储备量，会造成积压。

（二）存货结构管理

对于企业运营，特别是对于零售企业门店来说，降低成本通常是利润的最大来源。在企业的资金成本和仓储成本较高的情况下，如何更高效地利用有限的资源换取最大的经营效率，最有效的方法就是改善库存存货的结构，将资金资源和库存资源向最重要的商品倾斜，以获取更大的利润空间。

（三）存货时间管理

加快商品周转速度等于加快资金周转速度，提高门店销售利润是门店能否获得利润的关键，所以应加强存货的时间管理。

案例分享

物美超市将扩增 200 家门店　以数字化方式减少叶菜损耗

2021年3月9日，物美集团新闻发言人许丽娜表示，物美2021年将在全国扩增200家门店，包含物美超市和社区生鲜业态“品超市”，同时会加强“每日鲜”业务，并扩展“拼购”业务。

“每日鲜”是物美在2018年推出的自有品牌。该品牌目前共覆盖130个蔬菜品类：除菠菜、韭菜、空心菜等常见的叶菜品类外，还涵盖蘑菇、秋葵、西蓝花等非叶菜品类。这些蔬菜80%由物美从产地直采直供，在北京包装菜处理中心进行快速包装，经冷链运输至各个门店。消费者可根据包装袋上的颜色辨别商品的上架时间，赤、橙、黄、绿、青、蓝、紫7种颜色对应从周一到周日的7天。这种以色彩区分时间的方式，也有利于管理者进行内部检核。此外，这些包装蔬菜无须提前称重，在出厂时就已将价格标签贴在包装上，更方便消费者选购。

记者在“每日鲜”系列的包装菜加工厂看到，上百名蔬菜处理工配合机器对当日送达的新鲜蔬菜进行处理。物美集团生鲜营运负责人孙月军介绍，物美包装菜处理中心总面积约7 000平方米，主要负责加工缤纷田园包装菜。该处理中心日均供应量超200吨，涉及130余种品类的蔬菜，这些蔬菜在当日从全国各地的产地直接配送至此，再由员工和机器共同加工处理，当日配送到物美的各大物流中心，最终送达北京、天津、河北的各个门店。

由于上架的蔬菜只在当天售卖，为应对叶菜损耗，许丽娜介绍，门店会根据库存数量从下午开始启动提醒机制，通过大数据等技术手段提前预知进货量和地区的销售量，保证门店每日蔬菜的进货量与销售量持平。若门店出现剩余库存，会在当日晚8点开启5折秒杀等促销活动，并依据门店的数字化手段判断存货情况，从而做出实时调整。

许丽娜表示，数字化带来的便捷不仅可以实现资源的优化配置，同时满足消费升级需求。未来，物美仍将持续发力数字化建设，将智能购物车、自由购、自助购等智能化过程全面渗透到购物流程中。

资料来源：郑消心.物美超市将扩增200家门店 以数字化方式减少叶菜损耗[EB/OL].经济观察网，2021-03-10[2023-05-24].http://www.eeo.com.cn/2021/0310/476489.shtml.引文有修改

四、商品储存方法

（一）防止商品的物理变化

物理变化指改变商品的外表形态，不改变其本质。物理变化的结果不是数量损失，就是质量受损，严重者会失去其使用价值。

1. 挥发

挥发是指液态商品汽化成气体散发到空气中的现象。液体商品的挥发不仅会降低商品的有效成分，还会降低商品质量；燃点低的商品还可能引起燃烧或爆炸；有些商品挥发的蒸汽可能对人体有害。常见易挥发的商品有酒精、香精、花露水、香水、油漆、杀虫剂等。防止商品挥发的主要措施有：加强包装的密封性，控制仓库区的温度，高温季节要采取必要的降温措施等。

2. 溶化

溶化是指固体商品吸收空气中的水分达到一定程度，成为液体的现象。商品发生溶化与空气温度、湿度有密切关系。常见易溶化的商品有食盐、食糖、明矾等。防止溶化的主要措施有：分区分类存放商品；易溶化商品不得与含水分较大的商品同区储存；储存环境要干燥、阴凉；货物底层要做好防潮、隔潮，做好通风等。

3. 熔化

熔化是指熔点低的商品受热发生软化以至化成液体的现象。熔化与商品本身的熔点、杂质含量以及外界温度有直接关系。常见的易熔化商品有发蜡、复写纸、松香、胶囊等。商品熔化会造成货垛倒塌、货物流失、粘连包装等负面影响。防止熔化的主要措施有：密封、隔热，控制温度，避免日光直射等。

4. 串味

串味是指吸附性较强的商品吸附了其他商品的气体、异味，从而改变了其本来气味的现象。常见的易被串味的商品有大米、木耳、茶叶、卷烟等。常见的易散发气体、异味而引起其他商品串味的有汽油、咸鱼、腌肉、樟脑、肥皂等。防止串味的主要措施有：密封包装，易被串味的商品在储存过程中尽量不与带强烈气味的商品同车、同储，保持仓储环境的清洁卫生等。

5. 变形

变形是指商品在外力作用下发生形态上的变化。玻璃、陶瓷、铝制品容易破碎、变形；塑料、橡胶等商品如长期受外力作用，易丧失弹性，发生形态改变。防止变形的主要措施有：降低商品的堆高度，加强包装等。

（二）防止商品的化学变化

1. 氧化

氧化是指商品与空气中的氧或其他释放氧的物质接触，发生化学变化。商品氧化不仅会降低商品的质量，有的还会在氧化过程中产生大量热量，导致自燃。锈蚀是金属制品的特有现象，金属制品在潮湿空气及酸、碱等作用下会被腐蚀。防止金属制品氧化腐蚀的主要措施有：涂油防锈，气相防锈，用可剥性塑料封存等。

2. 老化

发生老化的商品大多是以高分子化合物为主要成分的商品，如橡胶制品、塑料制品等。这些商品受光、热和空气中氧等外界因素作用而失去原有的性能，会出现发黏、龟裂、变脆、强力下降等现象。

防止老化的主要措施有：提高商品本身的抗老化作用；保持包装的清洁完整；采取有效的养护手段；仓储区保持干燥，防止阳光直射；控制仓储区的温度、湿度等。表3-4给出了不同种类的相关高分子化合物商品储存的适宜温湿度。

表3-4　相关高分子化合物商品储存的适宜温湿度

商品种类	适宜温度（℃）	适宜相对湿度（%）
橡胶制品	-1℃ ~25℃	60~80
绵、麻、化纤制品	30℃以下	60~80
呢绒、丝绸	25℃以下	60~80
塑料制品	0℃ ~25℃	60~75
皮、革制品	30℃以下	60~70

（三）防止商品的生态变化

1. 发芽

发芽是指有机体商品在适宜的条件下，发生萌发现象。发芽的结果使有机体的营养物质转化为可溶性物质，供给本身的需要，从而降低了商品的质量。防止发芽的主要措施有：控制商品的水分，加强温湿度管理等。

2. 霉腐

霉腐是指商品在霉腐微生物作用下发生的霉变和腐败现象。常见容易霉变的商品有粮食加工制品、水果、蔬菜、酒类、纺织品、皮革制品、卷烟。无论哪种商品，只要发生霉腐，就会受到不同程度的破坏，严重霉腐的商品会完全失去其使用价值。防止霉腐的主要措施有：加强仓储管理（环境卫生、温湿度），使用药剂防止霉变，使用挥发气体防止霉变等。

3. 虫害、鼠害

害虫和鼠类对于商品的危害性非常大，不仅会造成商品数量、质量的直接损失，甚至还会传播病菌。对商品危害较大的虫类主要有甲虫类、蛾类、蟑螂类、螨类，这些害虫与其他动物不同，它们适应性强，能够在恶劣的环境下生存，食性杂且繁殖能力强。

防止虫害、鼠害的主要措施有：使用天然樟脑或合成樟脑，化学药剂杀虫，高、低温杀虫，射线杀虫，充氮降氧杀虫，机械捕杀、毒饵诱杀，保持仓储区清洁卫生等。

任务评价

学生分组进行库存作业管理方案设计，教师进行考评并填写考评表（表3-5）。

表3-5　库存作业管理方案设计考评表

考评人		被考评人	
考评地点			
考评内容	库存作业管理方案设计		
考评标准	内容	分值	得分
	能够明确指出门店存货作业管理中存在的问题	15	
	能够针对存在的问题提出合理化建议	20	
	能够帮助门店理顺存货作业流程，设计合理	20	
	存货作业管理的注意事项明确具体	30	
	任务完成态度端正，积极主动，团队成员合作良好	15	
合计		100	

注：考评满分为100分，60~70分为及格，71~80分为中等，81~90分为良好，91分以上为优秀。

思政园地

战“疫”奇兵苏宁无人仓，科技抗疫保障购物无忧

2020年新冠肺炎疫情突袭而来，由于人员聚集可能导致较高的感染风险，物流企业正常复工受到影响，其本就存在人力不足的情况，再加之全民居家隔离模式使得线上购物需求猛增，物流行业面临巨大压力。如何在仓库作业人员不足的情况下满足用户的发货需求，成为考验企业能力的关键。

作为提供春节不打烊服务的线上购物平台，苏宁在应对物流问题上推出了行业领先的战“疫”奇兵——苏宁无人仓。苏宁雨花物流中心的苏宁无人仓面积已超1 000平方米，既能保障拣选效率，又能最大限度地减少人员接触，真正做到了全流程无接触配送。

据了解，苏宁无人仓以AGV系统为核心载体，以自主研发的设备控制与调度平台为仓库的大脑，结合无人叉车、无人包装机、机械臂等无人设备，组成了高效安全的“战疫”团队，保障了春节期间的用户购物需求。

当接到用户下单信号之后，“无人军团”便开始作业，先借助视觉导航技术的无人叉车，将货物精准上架接驳区；紧接着，AGV机器人通过智能路径规划、自主导航、自动避障等程序，将货物运输到机械臂拣选区；机械臂再通过自动化拆垛系统，将货物“轻柔”地放置在传送带上，经过自动包装和自动贴签处理，最终完成商品的快速出库。

统计数据显示，苏宁无人仓的商品拣选效率可以达600件/小时，商品最快20分钟完

成出库全过程，单件商品拣选成本降低了52%。苏宁无人仓在疫情期间得以大显身手，更好地保障了一线员工的安全和苏宁配送体系的流畅高效，成为疫情下保障物流服务质量的一支“奇兵”。

此外，为了应对疫情，苏宁持续以科技抗战“疫”，将人工智能、大数据、苏宁云等融入实际业务体系之中，多举措强化物流末端无人技术的应用。早前，苏宁科技还重磅推出苏宁无人配送小biu机器人，当快递员将菜品放入其货仓中，输入发货指令后，它就会乖乖带上货物出发，还能自主规划路线、避开障碍物、返回充电。苏宁的“快递员配送+机器人进小区送货”的合作模式，给行业、社会都提供了一种可以参考的“解题思路”，打通疫情下小区配送最后100米，在助力防疫的同时，全程实现无接触配送，保障了用户安全健康和购物体验。

疫情当前，“超级云仓”“无人仓”和送货上门机器人全员集结完毕，苏宁物流在特殊时期以全新面貌诠释科技力量，无人化的智慧物流设备成为抗疫战场上的闪亮“奇兵团”。苏宁也正全方位调集全产业之力，以充沛的物资供应、高效的物流配送，解决消费者多种需求，彰显智慧零售全场景布局的价值与社会企业的责任担当。

资料来源：作者根据相关资料整理

讨论：

结合案例内容，请你谈谈对数字化仓储及企业社会责任的理解。

拓展阅读

数字化时代，
企业如何做好库存管理

任务三　理货作业数字化管理

任务导入

连锁经营与管理专业学生小李在校内实训基地苏宁小店进行实训，本周的实训内容是理货作业管理。通过实训，小李了解了理货员的职业道德和职业素养要求，熟悉了理货员的工作内容和作业流程，以及数字化技术在理货作业中的应用情况，发现了门店理货作业方面存在的问题并提出了改进建议。假设你是小李，请就此次理货作业实训进行一下总结。

任务准备

在商品经采购到店后，一部分需要送到库房进行库存，另一部分则要由工作人员进行上架陈列。这类工作人员被称为理货员，主要负责商品的陈列、补充、清洁等工作。货架商品是否充足、商品陈列是否整齐、商品是否干净整洁，都与理货员工作息息相关。可以说理货员工作的好坏是直接影响门店销售额的最重要因素之一。

一、理货员的职业特性和职业道德修养

理货员作为商业从业人员，不仅要遵守共同的商业职业道德，而且由于其职业特性还要遵守自己的职业道德。虽然理货员主要的服务方式是间接服务，不需要直接面对顾客，但是仍有很多机会与顾客接触，其工作性质比营业员更复杂，可以说理货员工作的好坏，是影响门店销售的重要因素。

（一）理货员的职业特性

理货员是在以敞开式销售方式为主的连锁企业发展过程中产生的一个新名词，其岗位层次表面上类似于传统的柜式服务商店中的营业员，但理货员又具有其自身职业特征。

1. 理货员没有特定的服务空间

理货员在指定的区域内与顾客共享一个空间，顾客可以充分自主地接触商品空间。

2. 理货员的工作重心是商品及与商品销售服务相关的环境

理货员是通过理货活动，依靠商品展示与陈列POP广告、标价、排面整理、商品补充与调整、环境卫生、购物工具准备及作业活动状态等，与顾客间接或直接地发生联系。

（二）理货员的职业道德修养

职业道德修养是指为达到一定的职业道德水平进行的自我锻炼、自我教育、自我塑造、自我陶冶。理货员职业道德修养的目的是加强职业道德意识，提高自觉地遵守职业道德规范的能力。下面着重介绍理货员职业道德修养的内容。

1. 形象修养

形象修养包括仪表、举止、语言三个方面。具体内容见表3-6所列。

表3-6 理货员形象修养内容

分类	具体表现	内容
仪表	耳朵	有无清洗干净
	头发	A.有无头皮屑，B.有无梳理整齐，C.是否一般发型，D.染色是否自然
	脸部	A.化妆是否太浓，B.眼睫毛是否整齐，C.脸部是否干净
	口	A.有无刷牙，B.有无口臭
	手	A.指甲是否剪短了，B.指甲是否保持清洁
	服装	A.是否按规定穿着工服，B.服装是否整洁，C.是否佩挂服务牌
	鞋子	A.是否干净，B.后跟是否太高，C.是否一般款式
	口袋	有无便条、文具等

续表

分类	具体表现	内容
举止	肢体语言	A. 动作语言，B. 表情语言，C. 视线语言，D. 利用空间语言，E. 言语表达方式，F. 声音表达方式，G. 接触表达，H. 性别、年龄语言，L. 容姿语言，J. 气味语言
语言	常用的服务用语	A. 您好，B. 欢迎光临，C. 请稍等，D. 让您久等了，E. 真抱歉，F. 谢谢您，G. 欢迎再次光临
	不应该使用的语言	A. 不知道，你去问别人，B. 卖光了，没有了，货架上找不到就没有了，你自己再去找找，C. 那你想怎么样，D. 有本事去告好了，E. 讲话要讲点道德，现在是文明社会，F. 偷了东西就得罚款

案例分享

超市理货员的仪容仪表及仪态规范

（一）仪容仪表

（1）以自然、大方、端庄为基本原则。

（2）头发梳理整齐，不染彩色头发，不戴夸张的饰物。

（3）颜面和手臂保持清洁，不留长指甲，不染彩色指甲。

（4）除农产课员工之外，其他各课员工上班期间必须佩带一次性口罩。

（5）男性员工的具体要求：

①头发整洁无头屑、不留长发及奇异发型。

②五官清洁、不露鼻毛、不留胡须。

③保持口腔清洁，不吃有刺激性气味的食品。

④不戴手链、耳环，没有标新立异的装扮。

⑤随时修剪指甲，保持手指与指甲的清洁。

（6）女性员工的具体要求：

①头发整洁无头屑、不染刺眼颜色、不留奇异发型，头发长度不得过长，不宜挡住眼睛。

②卖场营业部门员工不允许随意将头发披散开来，在上岗之前，应将长发束起来、编起来或盘起来，或是置于工作帽之内，不可以披头散发。

③五官清洁，上班期间化淡妆，不浓妆艳抹，不宜用香味浓烈的香水。

④保持口腔清洁，不吃有刺激性气味的食品。

⑤不佩戴长耳环等耀眼饰品。

⑥双手清洁，不留过长指甲，不涂颜色艳丽的指甲油。

⑦夏季着裙装的女性员工在工作期间要穿连裤丝袜，不要光腿、光脚，不要露趾、露跟。

（二）仪态规范

1. 原则

（1）精神饱满、举止文雅、礼貌待人，神态自然。

（2）保持微笑，目光平和，不左顾右盼、心不在焉。

2. 站姿

（1）站姿端正。抬头、挺胸、收腹、双手下垂置于大腿外侧或双手交叠自然下垂；双脚并拢，脚跟相靠，脚尖微开。

（2）卖场男性员工在站立时，可以将双手相握，叠放于腹前，或者相握于身后。双脚可以叉开，与肩部同宽为双脚叉开后两脚之间间距的极限。

（3）卖场女性员工在站立时，可以将双手相握或叠放于腹前。双脚可在以一条腿为重心的前提下，稍许叉开。

（4）会见客户或出席仪式站立场合，或在长辈、上级面前，不得把手交叉抱在胸前。

（5）在公众场合应避免以下不良姿势：身躯歪斜、弯腰驼背、趴伏倚靠、双腿大叉、脚位不当、手位不当、半坐半立、浑身乱动；同时还要避免以下动作，如揉眼睛、掏耳孔、抠鼻眼、剔牙齿、搔头发、抓痒痒、脱鞋袜，或是乱摸、乱捡地上的物品。

3. 行走

（1）走路步伐有力，步幅适当，节奏适宜。

（2）在公司内推行“三米微笑原则”。

（3）公司内与同事相遇应点头行礼表示致意，在示意时要注目、微笑；遇到领导要打招呼。

（4）遇到同事或领导正在谈话时，点头行礼表示致意即可。

（5）走通道、走廊时要放轻脚步，不能横冲直撞、悍然抢行、阻挡道路，不能一边走一边大声说话，更不得奔来跑去或唱歌、吹口哨等。

（6）在通道、走廊里遇到上司或客户要礼让，不能抢行。

（7）在卖场行走或进行检查时，几个人不要并排行走，更不得大声喧哗或抽烟、吐痰。

4. 出入房间

（1）进入房间前，要先轻轻敲门，听到应答再进。

（2）进入房间后，不能大力、粗暴地关门。

（3）进入房间后，如对方正在讲话，要稍等静候，不要中途插话；如有急事要打断说话，也要看时机，而且要说：“对不起，打断你们的谈话。”

5. 递交物品

（1）递交物件时，如递文件等，要将文件正面、文字对着对方的方向递上去，如是钢笔，要把笔尖向自己递交给对方。

（2）递交刀子或剪刀等利器，应把刀尖向着自己递交给对方。

三、行为规范

（1）不准在卖场聚堆聊天，打闹嬉戏，大声喧哗。

（2）不准在卖场双手叉腰，抱胸或插入衣兜。

（3）不准在卖场揉眼睛、掏耳朵、抠鼻、剔牙齿、抓痒痒、挠头发。

(4)不准在卖场靠货架、爬地堆。

(5)不准在卖场打电话、玩手机或做其他事情。

(6)不准在卖场吃东西。

(7)不准在卖场勾肩搭背。

(8)不准在卖场打哈欠、伸懒腰。

(9)不准在卖场剪指甲。

(10)不准横冲直撞、悍然抢行。

资料来源：作者根据相关资料整理

2. 意志修养

意志修养应把握以下四点。

(1)认同。认同要求理货员有清晰的角色意识。理货员需要认清：应该做什么，不应该做什么；应该说什么，不应该说什么。角色认同的基本要求是：用“假如我是……”的思路将心比心，推己及人，设身处地，进行角色互换，站在对方的角度来思考和处理问题。

(2)自制。自制要求理货员冷静、沉着，不受对方的情绪所影响。做到你发火，我耐心；你粗暴，我礼貌；你埋怨，我周到；你有气，我热情。

(3)宽容。宽容要求理货员宽以待人，得饶人处且饶人，把一切“面子”都留给顾客。有宽容之心才能有效自制。

(4)平衡。平衡要求理货员理智、观念与情感、情绪保持平衡。例如，理智上强调“顾客永远是对的”，但很多第一线的服务人员在情绪上都因“顾客并不一定是对的”而愤愤不平；观念上清楚“源源不断的顾客是公司最大的资产”，但由于很多服务人员的良好服务并未得到应有的回应和社会支持，造成其观念和情感的冲突；做得不好时会得到来自各方面的责骂，但做得好时，却无人理会，由此产生委屈心态；工作时间长、精神负担重、疲劳等导致服务人员懒得去理会顾客的要求、感觉和反应。上述情形如不能很好地平衡，意志修养方面的努力将会前功尽弃。

3. 品质修养

品质的内涵十分广泛，对理货员来说，应当着重突出以下三个方面。

(1)见物不贪。人人都需要赖以生存、发展和享受的物质财富，但在追求物质财富时有四点需要特别注意：第一，聚财不贪。“家有黄金万吨，一日不过三顿”。第二，享乐不可过。享乐是一种诱惑，必要的享乐能使人生更丰富多彩，能使工作更充满活力，但乐极往往生悲。第三，不义之财不可取。财物是一种诱惑，只有反抗诱惑，才能有更多的机会成为人生赢家。第四，养成克己自律的习惯。克己自律应从第一次开始，有了第一次，就会有第二、第三次。

(2)与人为善。人人都需要他人的关爱、帮助、支持、鼓励、赞扬、指教、尊重和信赖，人人与人为善，就能达到上述这些美好的期望。对注重品质修养的人来说，通常应从以下四个方面去实现与人为善的待人准则：第一，主动交往，以心换心，以德报怨。第二，助人为乐，施人勿念，受施勿忘。第三，任其自然，淡泊洒脱，笑对人生。第四，淡化自我，尊重守信，坚持真理。

(3)做事求上。“做一天和尚撞一天钟”的工作态度和工作作风已不适合现代社会。科技的进步、时代的发展需要人们比以往付出更多的辛劳去掌握日新月异的知识和技术。作为理货员，对工作与学习、知识与道德、今日与明日等关系应当有一个比较明确的认识：第一，在工作中学习，在学习中工作，才能使工作做得更好。第二，知识是道德的基础，知识是道德的明灯，没有知识的道德是愚昧的道德，没有道德的知识还不如愚昧。第三，今日的辛劳，必将换来明日的收获。总之，只有不断求上，才能有益于顾客，有益于公司，有益于社会，有益于自我，有益于家庭，才有可能达到和谐的道德境界。

二、理货员的主要岗位职责

理货员的主要岗位职责内容如下。

（1）严格执行卖场服务规范，做到仪容端庄、仪表整洁、礼貌待客、诚实服务，严格遵守各项服务纪律。

（2）熟识产品或产品包装上应有的标志，以及自己责任区内商品的基本知识，包括商品的名称、规格、等级、用途、产地、消费使用方法和日常销量等。

（3）了解有关商业法规，熟识和执行卖场内的作业规范。

（4）掌握商品标价知识，能熟练地使用标价机，正确打贴价格标签。

（5）了解卖场的整体布局和商品陈列的基本方法，熟识责任区域内的商品配置图表，严格按照商品配置表正确进行商品的定位陈列，并随时对责任区域内的陈列商品进行整理。

（6）随时了解责任区域内商品销售的动态，及时提出补货建议，或按规范操作要求完成领货和补货上架作业。

（7）要有强烈的责任心，努力防止商品损坏和失窃，同时要了解治安防范要求。

（8）了解卖场内主要设备的性能、使用要求与维护知识，能排除使用不当引起的故障。

（9）做好商品、设备、货架与通道责任区的卫生，保证清洁。

（10）对顾客的合理化建议要及时记录，并向专卖店店长汇报。

（11）服从门店的轮班、工作调动及其他工作安排，协助收银台做好收银服务。

三、理货数字化作业流程及要领

（一）理货数字化作业流程

理货数字化作业流程可分为营业前、营业中、营业后三个阶段。

1. 营业前

（1）打扫责任区域内的卫生。

（2）检查购物篮、车。

（3）检查劳动工具。

（4）查阅交接班记录。

2. 营业中

（1）巡视责任区域内的货架，了解销售动态。

（2）根据销售动态及时做好领货、标价补货上架、货架整理、保洁等工作。

（3）方便顾客购货，回答顾客询问，接受友善的批评和建议等。

（4）协助其他部门做好销售服务工作，如协助收银、排除设备故障。

（5）注意卖场内顾客的行为，用温和的方式防范或中止顾客的不良行为，以确保卖场内的良好氛围和商品的安全。

3. 营业后

（1）打扫责任区域内的卫生。

（2）整理购物篮、车。

（3）整理劳动工具。

（4）整理商品单据，填写交接班记录。

案例分享

从理货员的一天看理货工作流程

在零售店铺中有这样一类人，他们掌握所属商品部门中商品的品名、属性、规格、价格及保质期等信息，哪里缺货哪里就能看到他们的身影，这就是理货员。在卖场中，他们与收银员一样都是最基层的工作人员。但在一定意义上，他们代表着超市的形象，是影响超市商品销售额的重要因素。

某日早上7点，北京某超市理货员小韩，推上自行车从家里出来，到路边的小摊买个煎饼果子，也来不及吃，一路猛蹬，径直奔往单位。7点30分，小韩就到单位了，比上班时间整整早到了20分钟。由于离家远，害怕迟到，迟到三次这个月奖金就没了，所以小韩已经养成了早起、早到的习惯。小韩打卡签到，更换工作服，佩戴上工作牌后就开始打扫卫生，准备迎接顾客。小韩的主要工作包括：按检查记录进行大量的补货；保持排面整齐，依次向前递补，把新补充的商品放在后面；做到商品正面面向顾客。缺货时及时补货，补货按照有关补货作业的流程及规章进行。

货签是否对位、变价的商品与现在价格是否相符、所贴条码是否正确、摆放位置是否正确、货架上商品有无缺货状况、有无破损品或过期变质品，小韩对这些情况都要详细检查并记录下来。作为一名老员工，这一流程小韩早已驾轻就熟了。

做好一个超市理货员看似简单，但想要掌握商品陈列方法和技巧，正确对商品进行陈列摆放，其中的学问可不小。商品陈列必须根据季节性商品、促销类商品、畅销商品、毛利率高低等特性，采取合理有效的陈列方法并根据多种商品陈列的原则进行陈列；遵照零售店铺仓库管理和商品发货的有关程序，有秩序地进行领货工作。理货员还要对新商品的扩销问题有敏感的认识。对于折扣、折让、销售量大的商品、团购量大的商品、需采购的大批量商品、搞好市场调查、掌握消费者需求等这些问题，小韩要及时上报主管，制订新产品购销计划。

11点40分，两位先去吃饭的同事回来了。超市用餐时间是在11点到13点之一区间，由于超市要保证不空岗，5位上班的同事分开轮流用餐，每个人有45分钟的吃饭时间。集团里有食堂，小韩一般都去那里吃饭，自助餐四菜一汤，想吃多少吃多少，这对于干体力活饭量大的小韩可谓是莫大的补助。

该补齐的货也完成了，小韩开始围着自己的辖区到处转转，看到有碎纸屑及空箱子等都把它们收起来，通道地面要时刻保持清洁。他还担当了保安的角色，当发现有可疑人员，要及时报告安保人员并做好跟踪工作，发现偷窃人员时要交由保安处理。另外就是收拾被遗弃的商品，顾客选好了某样商品，中途又改变主意的情况很多，能把商品放回原处的固然很好，没有放回原处的，需由理货员去归位。对于这些被顾客遗弃的商品，理货员要随见随收，不分辖区，像这样的劳动小韩每天都要重复数百次。

临近下班时间，小韩到收银处收起当天顾客未结算的商品并办好有效手续，把未完成的事情和一天中遇到的问题向上级领导汇报。

14点30分，小韩结束了一天的工作，晚班人员开始上班。

资料来源：作者根据相关资料整理

（二）理货员的作业要领

1. 领货作业

在营业过程中，理货员的主要职责为去内库领货以补充货架上不断减少的商品。具体流程如下。

（1）理货员必须凭领货单领货。

（2）理货员要在领货单上写明商品的大类、货名、数量及单价。

（3）理货员必须按领货单上的事项对内仓管理员所发出的商品逐一核对验收，以免商品串号和提错货物。

2. 标价作业

标价是指商品代码（部门别和单品别）和价格以标签方式粘贴于商品包装上的工作。每一个上架陈列的商品都要标上价格标签，有利于顾客识别商品售价；也有利于门店商品分类、收银、盘点及订货作业。

（1）价格标签。商品价格标签对连锁企业搞好商品管理有很大的作用。其作用主要有：识别商品的部门分类和单品代号，有利于商品销售、盘点和订货作业；识别商品售价，有利于商品周转速度的管理等。

（2）标签打贴的位置。一般商品正面右上角无说明文字，可以作为标签位置，否则可打贴在右下角。罐装商品标签打贴在罐盖上方；瓶装商品标签打贴在瓶肚与瓶颈的连接处；礼品则尽量使用特殊标价卡，最好不要直接打贴在包装盒上，因为送礼人往往不喜欢收礼人知道礼品的价格，又不想因撕掉价格标签破坏了商品的包装美观。这是理货员要特别注意的，应从细微之处为顾客着想。

（3）标价作业应注意的事项。一般来说，所有商品的价格标签位置应是一致的，这是为了方便顾客在选购时对售价进行定向扫描，也是为了方便收银员核价；打价前要核对商品的代号和售价，核对领货单据和已陈列在货架上商品的价格，调整好打价机上的数码，先打贴一件商品，再次核对如无误可打贴其余商品；标价作业最好不要在卖场进行，以免影响顾客购物；价格标签纸要妥善保管，以防止不良顾客偷换标签。

3. 变价作业

变价作业是商品在销售过程中，由于某些内部或外部环境因素发生变化，而进行调整原销售价格的作业。

（1）变价的原因。变价的原因可分为两种。

①内部原因，如促销活动的特价、连锁企业总部价格政策的调整、商品质量有问题的折价销售等。

②外部原因，如总部进货成本的调整、同类商品供应商之间的竞争、季节性商品的价格变化等。

（2）变价时的标价作业。商品价格调整时，如价格调高，则要将原价格标签纸去掉，重新打贴，以免顾客产生抗衡心理；如价格调低，可将新的价格标签打在原价格标签之上。每一个商品不可有不同的两个价格标签，这样会招来不必要的麻烦和争议，也往往会导收银作业的错误。

（3）变价的注意事项。理货员在整个变价过程中应注意以下方面：在未接到正式变价通知之前，理货员不得擅自变价；正确预计商品的销量，协助店长做好变价商品的准备；做好变价商品标价的更换，在变价开始和结束时都要及时更换商品的物价标牌及贴在商品上的价格标签；做好商品陈列位置的调整工作；要随时检查商品在变价后的销售情况，注意了解消费者和竞争店的反应，协助店长做好畅销变价商品的订货工作，或者是由于商品销售低于预期而造成商品过剩的具体处理工作。

4. 商品陈列作业

商品陈列作业是指理货员根据商品配置表的具体要求，将规定数量的标好价格的商品摆设在规定货架上的相应位置。商品陈列的检查要点如下。

（1）商品是否有灰尘。

（2）货架隔板、隔物板贴有胶带的地方是否弄脏。

（3）标签是否贴在规定位置。

（4）标签及价格卡售价是否一致。

（5）POP是否破损。

（6）商品最上层是否太高。

（7）商品是否容易拿取、容易放回原处。

（8）展柜之间是否间距适中。

（9）商品陈列是否做到先进先出。

（10）商品是否做好前进陈列。

（11）商品是否接近报警期。

（12）商品是否有破损、异味等不适合销售的状态存在。

5. 补货作业

补货是指理货员将标好价格的商品，依照商品各自既定的陈列位置，定时或不定时地将商品补充到货架上去的作业。所谓定时补货是指在理货员每班次上岗前或非营业高峰时的补货；所谓不定时补货是指只要货架上的商品即将售完，就立即补货，以免由于缺货影响销售。

（1）商品补货的原则。要根据商品陈列配置表，做好商品陈列的定位化工作；严格按照连锁企业总部所规定的补货步骤进行商品补货；注意整理商品排面，以呈现商品的丰富感。

（2）卖场巡视和商品的整理作业。主要包括：清洁商品；做好商品的前进陈列；检查商品的质量。

（3）补货上架作业。为了符合商品陈列的先进先出原则，通常补货上架要按照以下步骤进行：检查核对欲补货陈列架前的价目卡是否和要补上去的商品售价一致；将货架上原有的商品取下以彻底清洁货架；将准备补充的新货放至货架的后段；清洁原有商品；将原商品放于货架的前段。

任务评价

学生分组进行理货作业管理调研，教师进行考评并填写考评表（表3-7）。

表3-7　理货作业管理调研考评表

考评人		被考评人	
考评地点			
考评内容	理货作业管理		
考评标准	内容	分值	得分
	对理货员职业道德和职业素养有了深入了解	15	
	熟悉理货员工作内容和作业流程	30	
	能够发现门店理货作业中存在的问题并提出合理化建议	20	
	方案总结内容全面，详细具体，符合门店实际	20	
	任务完成积极主动，团队成员合作良好	15	
合计		100	

注：考评满分为100分，60~70分为及格，71~80分为中等，81~90分为良好，91分以上为优秀。

思政园地

惊悚！25日买到26日生产蛋糕

3月25日，北京的董先生在“盒马鲜生”App购买了5样食品，共消费88.2元，打开包装却大吃一惊，“我看到一盒蛋糕上的生产日期是3月26号，整个人都懵了！”

25日买到了26日生产的蛋糕，这究竟是怎么一回事呢？董先生当即决定联系盒马，把事情搞明白！哪知事情没整清楚，却受了一肚子气。“客服人员说是我自己看错了，误把‘5’看作‘6’。”这是盒马鲜生的首次回应。这种回应也就是说董先生自己看走眼了！

之后当记者前去采访时，盒马的店内负责人又换了一种说辞，“这种情况是头一次发生，具体原因还没有查清，初步认为是由于工作人员疏忽，误把‘26’当成‘25’”。

从指责客户看走眼到承认自己内部发生疏忽，其中变化不可谓不大。

不过在最新的回应中，这次“标签门”的罪魁祸首竟然成为“打印机”。

当《中国食品安全报》记者联系“盒马鲜生”相关负责人时，他表示“判断可能是打印机油墨喷涂问题，使得25日易被误认为是26日，门店将通过改变字体、优化喷涂方式等手段，避免类似事件再次发生。”

东城区食品药品监督局工作人员则表示将到“盒马鲜生”（崇文门新世界店）进行实地核实，如存在虚假标注生产日期或保质期的问题，将立刻做出处罚。

资料来源：作者根据相关资料整理

讨论：

结合案例，请同学们谈谈对食品安全、企业社会责任及员工职业道德的看法和理解。

拓展阅读

OP2 小店引进数字化管理

任务四 收银作业数字化管理

任务导入

连锁经营与管理专业学生小李在校内实训基地苏宁小店进行实训，主要负责收银工作。通过实践，小李对收银员的服务礼仪、收银员的工作内容及作业流程、收银数据分析有了更深入的了解。假设你是小李，请就此次收银作业实践做一个总结。

任务准备

连锁门店收银员的工作关系到各个门店营业收入的准确性，其服务态度和服务质量也直接体现了门店形象和管理水平，所以收银作业是整个连锁门店的一项综合性管理工作。

一、收银员的服务礼仪

（一）收银员的仪表

收银员的仪表应以整洁、简便、大方并富有朝气为原则。以下是作为收银员通常在仪表方面应注意的事项。

（1）整洁的制服。收银员的制服主要包括衣服、鞋袜、领结等，必须保持一致并保持整洁、不起皱。上岗时必须按规定在统一且固定的位置上佩戴好工号牌。

（2）清爽的发型。收银员无论是长发还是短发都应梳理整齐。

（3）适度的妆容。女性收银员化适度的淡妆可以让自己显得更有朝气，但切勿浓妆艳抹，以免造成与顾客的距离感。

（4）干净的双手。连锁企业门店无论销售的是食品还是服装等商品，若收银员的指甲藏污纳垢，或是涂上过于鲜艳的指甲油，都会使顾客感觉不舒服，同时过长的指甲也会造成收银员工作上的不便。

（二）收银员的举止态度

（1）收银员在工作时应随时保持亲切的笑容，以礼貌和主动的态度来接待和协助顾客。与顾客交谈时，必须态度诚恳，而不应带有虚伪、僵化或敷衍的表情。

（2）当的确是顾客发生错误时，切勿当面指责，应以委婉有礼的言语来为顾客解脱。

（3）收银员在任何情况下都应保持冷静和清醒，能控制好自己的情绪，切勿与顾客发生任何口角。

（4）员工与员工之间切勿大声呼叫或相互闲聊。

（三）收银员的待客用语

由于顾客需求的多样性和复杂性，难免会有某些需求不能被满足的情况出现，使顾客产生抱怨，而这种抱怨又常会在付账时对收银员发出。因此，收银员应掌握一些正确的待客用语，只要收银员能够友善、热心地对待顾客，顾客也会以友善的态度来回馈收银员。收银员常用的正确待客用语如下。

（1）暂时离开收银台时，应说："请您稍等一下。"

（2）重新回到收银台时，应说："真对不起，让您久等了。"

（3）由于自己疏忽或的确没有解决办法时，应说"真抱歉"或"对不起"。

（4）提供意见让顾客决定时，应说："若是您喜欢的话，请您……"

（5）希望顾客接纳自己的意见时，应说："实在是很抱歉，请问您……"

（6）当提出几种意见请问顾客时，应说："您的意思是……"

（7）当顾客抱怨时，应仔细聆听顾客的意见并予以记录，如果问题严重，不要立即下结论，而应请店长出面向顾客解说，应说："是的，我明白您的意思，我会将您的建议报告店长并尽快改善，或者您是否要直接告诉店长？"

（8）当顾客买不到商品时，应向顾客致歉，并给予建议，应说："对不起，现在刚好缺货，让您白跑一趟，您要不要先买别的牌子试一试？"或"您要不要留下您的电话和姓名等新货到时立刻通知您？"

（9）不知如何回答顾客询问或对答案没有把握时，绝不能说"不知道"，应回答"对不起，请您等一下，我请店长来为您解答"。

（10）顾客询问商品是否新鲜时，应以肯定、确认的态度告诉顾客："一定新鲜，如果买回去不满意，欢迎您拿来退钱或换货。"

（11）顾客要求包装所购买的礼品时，应微笑地告诉顾客："好的，请您先在收银台结账，再麻烦您到前面的服务台（同时打手势，手心朝上），会有专人为您包装的。"

（12）当顾客询问特价商品的信息时，应先口述数种特价品，同时拿宣传单给顾客，并告诉顾客："这里有详细的内容，请您慢慢参考选购，祝您购物愉快。"

（13）在店门口遇到购买了本店商品的顾客时，应说："谢谢您，欢迎再次光临（面对顾客点头示意）。"

（14）本收银台收银空闲，而顾客又不知道要到何处结账时，应说："欢迎光临，请到这里来结账好吗（以手势指向收银台，并轻轻点头示意）？"

（15）有多位顾客等待结账，而最后一位表示只买一样东西且有急事等待办理时，对第一位顾客应说："对不起，能不能让这位只买一件商品的先生（小姐）先结账，他（她）好像很着急。"当第一位顾客同意时，应再对其说声"对不起"。当第一位顾客不同意时，应对提出要求的顾客说："很抱歉，大家好像都很急。"

案例分享

收银员工作的失误引发的顾客投诉

顾客服务中心收到这样一个投诉，顾客杨某一家在买完单时无意中发现他的小票上多录入了2件他并没有购买的商品，与此同时，跟随他身后买单的家人也发现小票上多录入了2件并没有购买的商品。杨某当时非常气愤地跑到顾客服务中心，大骂："你们这简直是诈骗"，而且一直嚷道："如果不对这件事做出合理解释，我就投诉到消费者协会"，并要求"要炒掉这样的员工，要狠狠地处罚她"。闻讯而来的主管马上拿来电脑对小票进行核实，发现情况确实如此，而且错误出自同一个收银员。主管立即向顾客道歉，并将杨某一家带到自己的办公室内，倒水安慰他们，待他们冷静后，主管再次对收银员工作的失误进行诚恳的道歉和检讨，并答应就此事要对该收银员进行严肃的处理和教育。当时商场正在进行有奖促销活动，主管给予杨某一家几张抽奖券作为补偿，并说："这次差错是我们工作中的一次失误，我们一定会引以为戒，提高我们员工的工作质量，希望您能继续支持和相信我们商场。"在主管的耐心解释下，杨某一家才慢慢地消了气，并主动说："算了，也不要炒掉她了，现在找一份工作也不容易，但要好好教育她，不能再出现这样的失误，否则对你们商场的声誉影响太坏了。"

资料来源：作者根据相关资料整理

二、收银员的工作职责

（一）为顾客提供结账服务

收银员在提供结账服务时不仅要快捷，唱收唱付，而且必须准确，不可将低价位的商品以高价打出，损害顾客利益；也不可将高价位的商品以低价打出，损害企业的利益。对于扫描不出的商品，应输入商品的条码录入系统，在输入时应看清数字，避免失误。

（二）为顾客提供咨询服务

收银员不仅要熟练掌握收银工作技能，还要全面了解整个商场商品的布局。在顾客询问时，收银员要能够准确回答顾客的问题，热情礼貌待客，做好导向服务。

（三）现金管理

收银员由于其工作岗位的需要，每天与大量现金接触，所以必须严格遵守收银员的规章制度，如工作时身上不可带私人物品，不可在工作岗位上清点个人的现金等。

（四）门店防损

顾客在结账时会因某种原因将一些商品留在收银台上，收银员应及时将顾客不需要的商品进行登记然后归位到货架上，避免不必要的损耗。从某种程度上说，收银员也是兼职防损员。

（五）推广促销活动

门店经常有各种各样的促销活动，收银员在推广促销活动中，除正常收银作业以外，应特别注意做好宣传和告知工作。其告知的内容如下。

（1）得到优惠或赠品的条件。当顾客所购商品的金额已接近这次活动所需金额时，收银员应提醒顾客再选购一些商品就可以得到某种优惠或赠品等，这样可以使顾客获得某种意义上的满足并感到被尊重。

（2）有关注意事项。收银员在解答顾客关于促销活动的问题时，应将有关注意事项告知顾客，例如促销活动的类型、截止日期、参与条件等。

三、收银数字化作业流程

收银数字化作业针对每日安排，每日作业流程可以分为营业前、营业中和营业后三个阶段。

（一）营业前

营业前作业流程如下。

（1）领取机号。

（2）领取设备用具。

（3）清洁整理收银作业区。

（4）准备购物袋、小票纸等。

（5）仪容检查。

（6）开机、检查收银机。

（二）营业中

营业时，收银工作基本的结账步骤如下。

（1）欢迎顾客。面带笑容，与顾客的目光接触；等待顾客将购物篮里或手上的商品放置收银台上；将收银机的活动荧屏面向顾客。

（2）扫描商品。以左（右）手拿取商品，并确定该商品的售价及类别代号是否无误；以右（左）手按键，将商品的售价及类别代号正确地登录在收银机内；登录完的商品必须与未登录的商品分开放置，避免混淆；检查购物篮底部是否还留有商品尚未结账。

（3）结算商品总金额并告知顾客。将空的购物篮从收银台上拿开，与其他购物篮叠放在一起；等待顾客扫码支付或用现金支付，顾客拿现金付账时，应立即停止手边的工作。

（4）收取顾客支付的现金。顾客将现金放在磁盘上；确认顾客支付的金额，并检查是否为伪钞；若顾客未付账，应礼貌性地重复一次，不可表现出不耐烦的态度。

（5）找零。找出正确零钱；将大额现金放下面，零钱放上面，双手将现金连同收银条一并交给顾客；待顾客无疑问时，立刻将磁盘上的现金放入收银机的钱箱并关上。

（6）商品入袋。根据入袋原则，将商品依序放入购物袋内。

（7）感谢顾客。一手提着购物袋交给顾客，另一手托着购物袋的底部，确定顾客拿稳后，才可将双手放开；确认顾客没有遗忘的商品；面带笑容，目送顾客离开。

（8）保持整洁。时刻保持收银台及周围环境的清洁，包括擦拭收银台、清理环境、整理购物篮和手推车等。

（9）及时协调。需要时要协调、指导新员工及兼职人员，还要协助门店搞好安全保卫工作。

（10）整理退货。收银空闲时及时整理顾客的退货并进行分类。

（11）服务下一位顾客。重复以上步骤，接待下一位顾客。

（三）营业后

收银员下班前工作流程如下：

（1）检查当天的票据是否与营业额相符，上缴当班营业款。

（2）与店长（值班班长）一起收取当天营业款，并将营业款锁进保险箱，在登记本上签名确认后留待明日存款，填写收银报表。

（3）收银打烊时，如果还有顾客等待收银，应该继续为他们服务。

（4）退出收银机收款系统。

（5）整理电脑小票及各种有效价券。

（6）点出备用金后，结算营业总额。

（7）整理收银台及周围环境。

（8）关闭收银机电源并盖上防尘套。

四、收银数据分析

（一）收银数据分析的理念

对实体商家来说，每天到店的顾客不计其数，但往往对往来顾客知之甚少；虽然每天的营业数据不断变化，但是却从没有从中寻觅潜藏顾客的消费行为信息。在信息时代，通过对营业数据的持续分析，能够使门店更懂消费者的消费规律，不仅能做到精准营销，更能预判消费需求。

过去商业门店之间的竞争更多的是空间的竞争，地理位置的优劣决定了门店销售状况的优劣，因此地段好的商业用房价格就贵，反之就便宜。但随着互联网、移动终端、大数据、人工智能等信息技术的推广和应用，地段的重要性在不断地下降，商业门店之间的竞争转化为数据化的竞争、信息化的竞争、智能化的竞争。

这种新式竞争的关键理念是：既能够为消费者提供精准的服务，又能够为精准的消费者提供服务。

1. 为消费者提供精准的服务

商业门店利用互联网和人工智能，通过大数据的分析提供服务，精准地把握消费者的需求、了解消费者的特征、推荐合适的商品组合，从而增强顾客的黏度和提高顾客的满意度。

2. 为精准的消费者提供服务

利用互联网和人工智能，商业门店通过对大数据的分析，精准地确定消费者的类型、锁定消费者的细分市场、定位消费者的身份和层次、对细分市场消费者开展营销活动，从而提高销售活动的有效性和增强顾客的体验感。

（二）收银数据分析的应用

在今天的大数据时代，商业门店的收银系统的应用不仅仅局限于完成收银工作任务，还可以分析大量有价值的收银数据，深入挖掘和管理数据资源，帮助门店做出更合理的决策。

1. 数据采集

收银数据采集是指利用收银系统采集顾客消费信息及相关信息。狭义上的数据采集是指利用门店的收银系统进行客户数据的采集工作，广义上则包括连锁门店的收银数据信息共享及线上销售的收银数据采集。

2. 数据整理

第一，原始数据需要经过适当整理才适合进行数据分析，主要是因为原始数据往往都是不规则、非结构化的数据，而且数据大量存在重复、缺失、错误等问题，所以需要进行数据整理，并将整理过的数据传输到分析系统中以供使用。第二，原始数据中可能携带一些与顾客隐私相关的数据资料，在数据整理时，需要通过标签化、分类化等方式对这些数据进行处理。第三，对于非结构化的数据，主要是采用数据建模及数据整理等方法，将非结构化的原始数据转化为结构化数据。结构化数据有利于快速和规范化地进行分析。

3. 数据分析

收银数据分析也是重要的营销手段，通过线下数据和线上收银数据的分析，精准把握顾客特征，进一步了解顾客的喜好、浏览习惯、是否拥有消费能力等，根据这些还可以制订出符合精准顾客特点的营销方案，力求营销最大化。

数据分析最基本的统计分析方法是定性描述和定量统计。定性描述主要是从数据及其表达的特征关系的层面进行统计描述。该分析方法主要应用于以下两个方面。

（1）将定性特征转换为数据形式。计算机不能直接处理现实世界的内容，需要将现实世界的信息转化为计算机能够读懂的数据化语言。现实中，很多顾客的画像特征需要被转换为数据化语言，才能输入计算机系统进行分析。

（2）将数据信息描述为定性语言。数据中所体现出来的部分特征是无法用数据直接表达的，因此需要对其进行定性描述，以便人们容易理解，如数据来源、顾客兴趣等。

4. 数据应用

（1）清楚了解需求，在实际操作中，能深度经营顾客关系，甚至找到扩散口碑的机会。例如，营销人员会把特定产品的相关信息精准推送给特定消费者。

（2）通过数据分析，观察不同时间阶段的销售成长率和营销成功率，并进行前后期对照，确认整体经营策略与方向是否正确。若效果不佳，及时调整策略应对，反复试错并调整模型，做到闭环循环优化。

（3）提高顾客的重复购买率与关联购买率。顾客购物的需求有显性需求和潜在需求之分，顾客的需求往往都呈现多样性特点。门店工作人员根据收银消费数据进行分析，能够掌握顾客需求的偏好，从而有针对性地推送相关联产品的优惠信息和产品信息，进而刺激顾客产生重复购买行为和关联购买行为。

案例分享

自助收银模式可以如何助力零售数字化转型升级？

自助收银模式有不同的收银方式，在自助收银机上自助结账是其中的一种方式，还有一种方式是利用“扫码购”小程序。自助收银模式为顾客提供智能化服务，提高门店经营效率，逐渐成为传统零售商超“数字化”升级的标配。那么，自助收银模式如何助力零售数字化转型升级？

“扫码购”小程序是让消费者的手机变身为“扫码枪”，既可以让顾客在购物过程中通过手机扫描商品，查看信息、获取优惠、边走边结算，最后手机支付快速买单，减少收银台排队时间，为消费者提供购物便利，还可以帮助商家获取更多的私域流量，进行社交化零售。门店通过数据统计分析了解顾客消费数据，对顾客消费喜欢、门店热销商品、会员消费等信息进行分析，从而为精准营销提供数字化数据分析支持。

自助收银机的自助结算方式，既能提升顾客的收银速度，还能平衡收银高峰时段和闲时收银员的投入。在收银高峰时段，自助收银设备能辅助人工收银台提高结账的速度，缩减消费者排队等待的时间。在闲时，自助收银设备可投入广告，通过设备屏幕实时播放门店商品信息、活动营销信息、优惠福利等，实现营销宣传效果最大化，简化宣传成本，进而助力门店数字化转型。

资料来源：作者根据相关资料整理

任务评价

学生分组进行收银作业管理调研，教师进行考评并填写考评表（表3-8）。

表3-8　收银作业管理调研考评表

考评人		被考评人	
考评地点			
考评内容	收银作业管理		
考评标准	内容	分值	得分
	熟悉收银员服务礼仪规范	15	
	掌握收银员工作内容	30	
	了解收银员作业流程	20	
	能够进行收银数据分析，为管理服务	20	
	任务完成积极主动，团队成员合作良好	15	
合计		100	

注：考评满分为100分，60~70分为及格，71~80分为中等，81~90分为良好，91分以上为优秀。

思政园地

警惕收银陷阱，提高职业素养

2021年1月20日晚上9时左右，一外国男子来到沈阳市盾安新一城一楼，在一家连锁工艺品店选中了价值人民币200多元的工艺品。付款时，这名男子用英语告诉收银小姐，自己是美国人，身上没有人民币，希望能按1:6的比率用美钞购买这些商品。收银小姐一则缺乏鉴别常识，二则认为1:6低于银行汇率，有利可图，便自己收下了这张100元面值美钞，并找回了300多元人民币，之后又自掏腰包将200多元人民币的购物款补了进去。次日，自以为占了便宜的收银员到银行鉴定时，才知道是张假美元，大呼上当。

资料来源：作者根据相关资料整理

讨论：

结合案例，请你谈谈对收银员职业素养和职业操守的看法和理解。

拓展阅读

五芳斋——无人智慧餐厅技术

任务五　盘点作业数字化管理

任务导入

本周轮到连锁经营与管理专业学生小王到校内实训基地苏宁小店进行实训了。恰逢门店进行商品盘点工作，店长让小王结合所学理论知识，总结门店商品盘点存在哪些问题，提出合理化建议，并为门店重新设计日常盘点流程，以及设计盘点表和填表说明。如果你是小王，你该怎么完成呢?

任务准备

连锁门店在运营过程中存在各种损耗，有的损耗是可以看见和控制的，但有的损耗是难以统计和计算的，如偷盗、账面错误等。因此，门店工作人员需要通过盘点来了解门店的盈亏状况。盘点是衡量门店运营业绩的重要指标，也是对一段时间内运营管理的综合考核和回顾。

一、盘点目的、原则与方法

（一）盘点的目的

通过盘点，一是可以控制存货，以指导日常经营业务；二是能够及时掌握损益情况，以便真实地把握经营绩效，并尽早采取防漏措施。

具体来说，盘点可以达到的目的如下。

（1）了解门店在本盘点周期内的亏盈状况。

（2）掌握门店最准确的目前的库存金额，将所有商品的电脑库存数据恢复正确。

（3）得知损耗较大的营运部门、商品大组及个别单品，以便在下一个营运年度加强管理、控制损耗。

（4）发掘并清除滞销品、临近过期商品，整理环境，清除死角。

案例分享

如此经营

6月10日是公司高层领导到朝阳店巡店的日子，朝阳店的李店长却因为缺货问题而头疼，卖场商品由于供应商的断货和采购部跟进不及时出现多个空排面的现象，而这种现象又无法在几天时间内解决，如何应对总部领导的巡店呢？李店长最后决定将库存量大的商品全面拉出来，将空排面填满，以应付巡店。7月28日，采购部门工作人员在分析朝阳店销售业绩时发现当期销售明显低于去年同期水平，再看畅销商品库存，几乎有15%的畅销商品库存为0。这引起了采购总监与营运总监的重视，通过调查发现，该店在6月以后只要畅销商品一断货，部门经理和主管就将库存量大的商品拉出将排面填满。另外，营运部门人员对信息系统的重视度不够，平常都是看着排面要货，排面没有货了就填写要货单，而且要货单交到采购以后也没有继续跟进。久而久之，朝阳店的畅销商品有20%断货，并且没有很好的销售量。

资料来源：作者根据相关资料整理

（二）盘点的原则

门店工作人员在进行商品盘点时，应按照以下原则进行。

（1）真实。盘点要求所有的点数、资料必须是真实的，不允许作弊或弄虚作假，掩盖漏洞和失误。

（2）准确。盘点的过程要求准确无误，无论是资料的输入、陈列的核查、盘点的点数，都必须准确。

（3）完整。所有盘点过程的流程，包括区域的规划、盘点的原始资料、盘点的点数等，都必须准确、完整，不要遗漏区域、遗漏商品。

（4）清楚。盘点过程属于流水作业，不同的人员负责不同的工作，所有资料必须清楚，如人员的书写必须清楚、货物的整理必须清楚，才能使盘点顺利进行。

（三）盘点的方法

门店常用的盘点方法见表3-9所列。

表3-9　门店常用的盘点方法

方法	具体情况	定义	适用范围及时间间隔
实物和账面	实物	实际清点存货数量的方法	商店实物盘点
	账面	以书面记录或电脑记录进出账的流动状况而得到期末存货余额或估算成本	由信息部和财务部进行
区域	全面盘点	将店内所有存货区域进行盘点	一年两次
	区域盘点	以类分区，依序盘点一定区域，如此周而复始	周期性

续表

方法	具体情况	定义	适用范围及时间间隔
时间段	营业中	盘点时商店仍对外营业	库存区盘点
	营业后	商店在关门后盘点	销售区域盘点
周期	定期	每次盘点间隔期一致	全面盘点
	不定期	盘点间隔期不一致	大家电、精品等，或突发事件、人事变动、经营异常等

二、盘点数字化计算公式

盘点数字化可以公式3-5来计算。

盘损率 =（账面库存 − 盘点实际库存）/ 盘点周期的总销售金额 × 100%　（式3-5）

账面库存 = 上一年盘点库存 + 盘点周期的采购成本 ± 分店转货成本 − 盘点周期的销售成本

公式解释如下。

（1）账面库存是按成本的价格为基础进行计算的。

（2）盘点实际库存 = 单品盘点数 × 单品成本价格。

（3）转出本店的，成本为“减”；转入本店的，成本为“加”。

（4）盘点周期的总销售金额与账面库存必须同时是不含税或同时含税的金额。

三、盘点数字化作业流程

盘点数字化作业流程包括四个阶段：一是盘点基础工作；二是盘点前准备工作；三是盘点中作业；四是盘点后处理。

（一）盘点基础工作

盘点基础工作包括确定盘点方法、账务处理、盘点组织、制作盘点配置图等内容。

1. 确定盘点方法

盘点方法可以从以下四个方面来划分。

（1）以账或物来区别，可分为账面存货盘点和实际存货盘点。账面存货盘点是指根据数据资料，计算出商品存货的方法；实际存货盘点是针对未销售的库存商品，进行实地的清点统计。

（2）以盘点区域来区别，可分为全面盘点和分区盘点。全面盘点是指在规定的时间内，对店内所有存货进行盘点；分区盘点是指将店内商品以类别区分，每次依顺序盘点一定区域。

（3）以盘点时间来区别，可分为营业中盘点、营业前（后）盘点和停业盘点。营业中盘点即“即时盘点”，营业与盘点同时进行；营业前（后）盘点是指开门营业之前或打烊之后进行盘点；停业盘点是指在正常的营业时间内停业一段时间来盘点。

（4）以盘点周期来区别，可分为定期盘点和不定期盘点。定期盘点是指每次盘点间隔时间相同，包括年、季、月度盘点，每日盘点，交接班盘点；不定期盘点是指每次盘点间隔时间不一致，是在调整价格、改变销售方式、人员调动、意外事故、清理仓库等情况下临时进行的盘点。

2. 账务处理

有些门店由于商品种类繁多，各类商品的实际成本计算有一定的困难，所以一般采用“零售价法”来进行账面盘点，可用公式3-6来计算。

账面金额＝上期库存零售额＋本期进货零售额－本期销售金额＋本期调整变价金额　（式3-6）

3. 盘点组织

盘点工作一般都由门店自行负责，但随着规模的扩大，盘点工作也需要专业化，即由专职的盘点小组来进行盘点。例如，一般情况下，500平方米的门店，盘点小组大约要有6人，作业可分3组同时进行。

4. 制作盘点配置图

制作盘点配置图的步骤为：确定存货及商品陈列位置；根据存货位置编制盘点配置图；对每一个区位进行编号；将编号做成贴纸，粘贴于陈列架的右上角；详细分配责任区域，以便使盘点人员确实了解工作范围并控制盘点进度。

（二）盘点前准备工作

盘点前除应把握盘点基本工作规范外，还必须做好盘点前的准备工作，以利于盘点作业顺利进行。

盘点准备工作包括以下几个方面。

（1）人员准备。通常盘点当日应停止任何休假，并于一周前安排好出勤计划。

（2）环境整理。一般应在盘点前一日做好，包括：检查店铺各个区位的商品陈列及仓库存货的位置和编号是否与盘点配置图一致；整理货架上的商品；清除不良商品并装箱标示和作账面记录。

（3）准备好盘点工具。若使用盘点机盘点，需先检查盘点机是否可正常操作；如采用人员填写方式，则需准备盘点表及蓝色、黑色签字笔或圆珠笔。

（4）通知顾客。盘点若在营业中进行，可通过广播来通知顾客；若采用停业盘点，则最好在3天前以广播及公告方式通知顾客。

（5）盘点前指导。盘点前一日最好对盘点人员进行必要的指导，如盘点要求、盘点常犯错误及异常情况的处理办法等。

（三）盘点中作业

在进行盘点工作时，商品管理人员不宜自行盘点，但由于商品品项繁多、差异性大，不熟识商品的人员进行盘点难免会出现差错，所以在初盘时，最好还是由管理该类商品的从业人员来实施盘点，然后再由后勤人员及部门主管进行交叉的复盘及抽盘工作。

（四）盘点后处理

（1）资料整理。将盘点表全部收回，检查是否有签名，并加以汇总。

（2）计算盘点结果。在营业中应考虑盘点中所出售的商品金额。

（3）根据盘点结果实施奖惩措施。

（4）根据盘点结果找出问题点，并提出对策。

（5）做好盘点的财务会计账务处理工作。

四、盘点数字化具体操作

（一）初点作业规范

（1）先点仓库（库存区）、冷冻库、冷藏库，再点卖场。

（2）盘点货架或冷冻柜、冷藏柜时，依序由左而右、由上而下。

（3）每一个货架或冷冻柜、冷藏柜均视为独立单位，使用单独的盘点表。若盘点表不足则继续使用下一张。初点盘点表为黑色。

（4）两人一组，一人点，一人写；将数量写在自粘贴纸上，放置在商品的前方。

（5）盘点单上的数字填写要清楚，不可字迹潦草让人混淆。

（6）数字写错时，要涂改彻底。

（7）清点时，必须按最小单位清点，不够一个单位的忽略不计，同时取出，归入待处理品堆放处。

（8）盘点时，顺便查看商品的有效期，过期商品应随即取下，归入待处理品堆放处。

（9）店长要掌握盘点进度，调度机动人员支援，巡视各部门盘点区域，及时发掘死角及易漏盘区域。

（10）对无法查知商品编号或商品售价的商品，应立即取下，稍后追查归属。

（11）盘点注意大分类和小分类，注明该分类商品所在的货架号码。

（二）复点作业规范

（1）复点时要先检查盘点配置图与实际现场是否一致，有无遗漏区域。

（2）巡视有无遗漏标示小贴纸的商品。

（3）复点在初点进行一段时间后进行，用蓝色一联。

（4）复点无误后将小贴纸拿下。

（三）抽点作业规范

（1）对整个区域的抽点视同复点。

（2）抽点商品要选择卖场内的死角或体积小、单价高、数量多的商品。

（3）抽点用红色盘点表，注明为抽点。

（4）抽点是对初点和复点无差异商品的抽验。

（四）贵重商品盘点注意事项

贵重商品是指筒装奶粉、烟酒、化妆品、小家电等易被盗、高价值商品，对贵重商品进行每天两次盘点有利于维护库存，准确及时发现异常情况并进行纠正，减少商品内、外盗的现象。工作中应注意：

（1）应由部门当班员工负责盘点和复查、抽查，不能完全交由促销员独自盘点。

（2）发现差异应在可能出现的区域仔细复查，如仓库的死角、加高层，与其他商品混装待退货等情况。更改库存应慎重。

防损应随时抽查盘点，对错盘、漏盘等工作失误提出处罚。另外，针对同一单品重复更改库存的情况应特别重视，如改小之后又改大，或多次改小的情况。

（五）差异处理

差异包括初点和复点不一样及抽点与初点、复点的结果不一样两种情况。

（1）初点和复点不一样，应由主管或其指定的不同员工第三次盘点，填写红色单，注明第三次盘点。若还有差异则由不同的员工重复上述动作，并注明是第几次盘点，直至正确，且电脑没有差异报表出现为止。

（2）抽点若发生与前述盘点有差异，按上述动作进行，直至正确。

（3）若无差异则须主管签名，由自动数据处理中心（Automatic Logic Center，ALC）进行“确认”动作。

（六）注意事项

（1）每份盘点报表必须由部门经理以上人员签名。

（2）主管在签核报表时，对其数量的总和应再核对一次，以确保无误。

（3）主管必须检视每位员工负责的盘点区域是否确实完整地盘点。

（4）在盘点前该盘点品项的销售区域应维持适当的安全库存量。

（5）主管须负责对盘点过程中汇集的待处理品（如破损、变质商品，过保质期商品、无商标商品等）做出相应处理（如报损、重新包装等）。

（七）打印实际盘点报表

经主管核查无误并由部门经理以上人员签字后，由ALC打印实际盘点报表。

五、盘点人员管理

（一）盘点人员的安排

（1）分店楼面部门除必需的留守人员外，所有人员均应参加年度盘点，包括行政部门等在内的人员必须支援楼面进行盘点。

（2）盘点前1个月，各个部门将参加盘点的人员进行排班，盘点前1周，原则上取消年假休息，盘点当日应停止任何休假。

（3）盘点小组统一对全店的盘点人员进行安排，分为库存区盘点人员、陈列区盘点人员两组。

（4）盘点小组安排盘点日陈列区的人员时，各个分区小组中必须包括本区营运部门的经理、主管、熟练员工，其中经理任本分区内设置的分控制台台长。

（5）盘点小组在每一个分区小组的人员安排中，必须明确初点录入人员、初点点数人员、复点录入人员、复点点数人员等。

（二）对盘点人员的培训

盘点小组在成立后，必须制订详细的盘点计划，包括对盘点小组人员的培训、盘点管理层的培训、点数员工的培训、录入员工的培训等。然后建立培训档案，进行盘点培训的考核要求所有参加盘点的人员均须通过考核。

盘点培训的具体内容主要有以下几个方面。

1. 盘点表的使用培训

（1）盘点表是盘点库存区时使用的。所有的库存区域由盘点小组全部设置盘点表。

（2）盘点表是编号的，在某一个编号下，盘点表的增加必须经过盘点小组的登记审核后方可进行。

（3）盘点前到总控制台领取盘点表，盘点完毕后，回归总控制台。

（4）盘点表必须经过安全部盘点专员的抽查确认后才能封存，等待录入系统。

（5）如果需要修改盘点表上的数字，不能用涂改液或圈涂法，必须将原来的数据划掉重新书写。

（6）盘点表上只记录商品的品名，因此盘点表上的数据是该商品在该盘点位置下的所有库存的总数。

（7）盘点表上的数据只能用蓝色、黑色签字笔或圆珠笔书写，不能用红笔、铅笔或彩色笔书写。

（8）盘点人员必须在盘点表上签字，用中文正楷字体。

2. 盘点的点数培训原则

（1）点数必须是销售单位的数量，即销售单位是该商品盘点时的单位。例如，口香糖一般是整盒销售的，则盘点时的计数单位是××盒。

（2）库存区的盘点是两个人为一组，同时点数，当两人点数一致时，才将该数据作为盘点数据记录在盘点表上。

（3）陈列区的盘点则采取“互点法”，即商品 A 的初点人员与复点人员及三点人员不同，点数人员与录入人员不同。

（4）非供应商免费提供的样品必须点数，样品的配件不点数。

（5）赠品不盘点。

（6）不足一个销售单位的商品，不计数。

任务评价

学生分组进行商品盘点作业管理调研，教师进行考评并填写考评表（表3-9）。

表3-9　商品盘点作业管理调研考评表

考评人		被考评人	
考评地点			
考评内容	商品盘点作业管理		
考评标准	内容	分值	得分
	盘点作业流程设计科学合理	15	
	盘点表内容设计完整、实用	20	
	能够准确指出门店盘点作业中存在的问题	20	
	能够针对盘点存在的问题提出合理化的盘点改进建议	30	

续表

考评标准	任务完成积极主动，团队成员合作良好	15	
合计		100	

注：考评满分为100分，60~70分为及格，71~80分为中等，81~90分为良好，91分以上为优秀。

思政园地

销售勾结仓管“明修栈道，暗度陈仓”，侵吞公司300万元货物

2021年12月，广东省东莞市塘厦镇沙湖某公司查看公司账目时，发现公司登记出货的金额高达300万元，却仍是亏损，于是怀疑有人利用职务便利侵占公司货款，公司负责人第一时间向东莞市公安局塘厦分局报警。接到报警后，民警立即展开侦查，最终掌握充分证据，成功抓获职务侵占案犯罪嫌疑人高某及其同伙刘某。经审讯，犯罪嫌疑人高某、刘某对其违法事实供认不讳。

高某为该公司销售员，平日里与仓管员刘某私交较好。之前高某在为客户办理退货时，发现客户退回不良货品后，仓库需重新调配货物给客户，而在这个环节中，高某作为销售员，可以直接下单填写数量，让仓库办理退货产品的接收和发货。于是高某利用该漏洞，虚报客户退还的不良货物数量，在公司补发对应数量的货品时，由仓管员刘某将虚报多出来的货物保管在仓库内。待下一个客户订单产生时，高某少报数量给公司，由自己截留的货品补上，并使用个人银行账号、微信、支付宝账户，私收客户货款。

用这样的方式，高某伙同刘某侵占公司货物价值高达300余万元。目前，塘厦警方已将高某等人职务侵占案成功移送检察院起诉。

资料来源：李旭硕. 销售勾结仓管“明修栈道，暗度陈仓”，侵吞公司300万货物[EB/OL]. 财税闲谈，2023-02-10[2023-05-24]. https://www.163.com/dy/article/HT8GU6PM0519R487.html

讨论：

谈谈如何通过盘点来解决案例中的问题，简述工作人员应遵守的职业道德的认识和理解。

拓展阅读

家乐福的库存盘点流程

项目小结

门店作业管理是连锁门店管理的基础，只有做好作业管理才能保障连锁体系的正常运作。本项目主要对门店的采购、存货、理货、收银和盘点五个作业环节的数字化管理内容进行了阐述。在采购管理中，要做好准备工作，充分了解相关信息与数据，选择好采购时机，采用定性和定量相结合的方法适量采购。在存货管理中，要掌握各项库存优化方法，力争在保证不损失销售机会的前提下尽可能地降低门店库存。在理货作业中，需要熟悉理货员的作业流程和要领，做好领货、商品陈列及补货等相关工作，保证商品的正常销售。

在收银作业中，要掌握收银员的岗位职责及营业前、营业中和营业结束后的流程，并能进行收银数据分析，为门店精准营销管理提供支持。在盘点工作中，要合理选择盘点时间与盘点方法，做好盘点组织工作，保证盘点结果的真实准确。

课后练习题

一、单选题

1.（　　）较多适用于门店之间距离较远、分布较广的连锁企业。

A. 自行采购　　B. 集中采购　　C. 混合采购　　D. 大宗采购

2.（　　）是指只要货架上的商品即将售完，就立即补货，以免由于缺货影响销售。

A. 随机补货　　B. 定时补货　　C. 不定时补货　　D. 规律补货

3. 为了符合商品陈列的（　　）原则，通常补货上架时将原商品放于货架的前段。

A. 前进陈列　　B. 伸手可取　　C. 显而易见　　D. 先进先出

4. 订购费用与储存费用之和最低所对应的商品订货量是指（　　）。

A. 合适订货批量　　B. 经济订货批量　　C. 最低订货批量　　D. 最高订货批量

5. 采购预算一般以（　　）为基础予以制订。

A. 采购数量　　B. 销售预算　　C. 采购成本　　D. 销售额

6. 占库存总额比重70%~80%，品种数占全部库存品种数的10%左右的商品为（　　）。

A.A 类商品　　B. B 类商品　　C. C 类商品　　D. D 类商品

7. 理货员是在以（　　）销售方式为主的连锁企业发展过程中产生的一个新名词。

A. 柜台式　　B. 闭环式　　C. 敞开式　　D. 封闭式

8. 要根据（　　），做好商品陈列的定位化工作。

A. 货位图　　B. 卖场布局图　　C. 商品陈列分配表　　D. 商品陈列配置表

9.（　　）是指根据数据资料，计算出商品存货的方法。

A. 实际存货盘点　　B. 账面存货盘点　　C. 全面盘点　　D. 分区盘点

10.（　　）是指将店内商品以类别区分，每次依顺序盘点一定区域。

A. 全面盘点　　B. 分区盘点　　C. 定期盘点　　D. 不定期盘点

二、多选题

1. 连锁门店的采购方式可以分为（　　）类型。

A. 集中采购　　B. 自行采购　　C. 统一采购　　D. 混合采购

E. 零散采购

2. 商品库存数量管理一般采用（　　）方法。

A. 充足储备量　　B. 合理储备量　　C. 保险储备量　　D. 最高储备量

E. 最低储备量

3. 定量采购方法要考虑（　　）因素。

A. 订购点　　B. 订购量　　C. 备运时间　　D. 订购时机

E. 订购费用

4. 收银员的仪表应以（　　）为原则。

A. 整洁　　B. 简便　　C. 大方　　D. 富有朝气

E. 干净

5. 门店在进行商品盘点时，应该按照（　　）原则进行。

A. 真实　　B. 无误　　C. 准确　　D. 完整

E. 清楚

三、简答题

1. 采购前需要做哪些准备工作？
2. 如何编制采购预算？
3. 门店库存管理ABC分类法指什么？
4. 简述理货员的工作流程并画出理货作业流程图。
5. 简述收银员的工作职责和作业流程。
6. 如何进行盘点人员管理？

扫一扫看答案

项目四　销售数字化管理

学习目标

知识目标

1. 了解门店数字化商品定价策略，能够制订销售目标。
2. 掌握设计营销策略的方法。
3. 掌握数字化分析门店销售指标的方法。

能力目标

1. 能够制订门店的销售计划。
2. 掌握门店营销活动方案的设计与推广，并能有效实施计划。
3. 能够及时做出门店销售目标。
4. 能够对经营业绩做出跟踪和总结。
5. 能够对广告推广方案的实施做出跟踪和总结。

思政目标

1. 培养主动工作及思考的能力。
2. 树立满足人们对美好生活向往的服务理念。
3. 树立对生活和工作的自信心。

任务一　商品价格数字化管理

任务导入

企业数字化进程使得大量数据的获得和整合变得可能，如何有效利用数字化优势给商品做定价管理成为现在零售业的一个主题。给商品定价是一个既简单又复杂的问题。简单是因为定价只要高于成本就可能获取利润；而复杂则是因为如果定价过低，利润就低，定价过高，商品销量就可能很低，商家必须精准掌握定价带，才能更好地运营商品。请同学们以小组为单位开展小组活动，收集手机企业产品资料。要求以某款手机商品为例，通过找到合适的价格区间和黄金价格点来确定商品价格，并进一步提取数据来找到合适的促销价。同学们以报告形式进行汇报，并进行小组互评。

任务准备

企业竞争能否获胜的关键在于企业的核心能力是否凸显，是否能把价格做到消费者都可以接受，能否为顾客提供更优质、更好的产品和服务。很多企业去调研华润、沃尔玛、大润发等大型超市，虽然抄回来了价格，但是这些超市的商品为什么要这样组合、为什么要这样定价、为什么要这样陈列，企业还是不明白，而这恰好就是它们的核心竞争力。它们永远都不担心同行卖同样的新品、抄价格，因为当别人引进这种商品时，它们已经换新品了，这样的企业才是市场的领导者。顾客选择这样的超市，也因为它们的商品更新换代更快，价值体现得更好。

一、数字化商品概述

（一）数字化商品的概念

数字化商品是指可以经过数字化并能够通过如互联网这样的数字网络传输的商品。在目前的电子市场上，数字化商品主要是信息类产品。数字化商品包括计算机软件、新闻、书籍、杂志、音乐、地图海报、影像、电视节目、搜索和在线服务等。门店将商品做成链接放置在小程序或App上来供消费者选择，从而进行线上服务。

（二）数字化商品的特征

（1）无磨损性。由于缺乏通常的损耗和磨损，数字化商品一旦制造出来就会永久地维持它的形式与品质。数字化商品不管使用多长时间或是否经常使用，质量都不会因此而降低。

（2）易变性。数字化商品的内容能很快捷地被改变，即消费者在购买了数字化商品后，可对其进行修改、组合等，

（3）可复制性。数字化商品的优点集中在它们能轻易地被复制、储存或传输，从而达到共享的目的。很显然，在开始的固定成本支出后，商品的边际成本为零。

二、数字化商品定价策略

定价策略是为了确保价格竞争力和获取利润能力所采取的一种价格管理方法。建立定价策略的目的就是提升企业价格形象，提高商品在消费者心里的认知度，提高商品利润。特别是对于中小型店铺的新手商家而言，给商品定价是一个挑战。高定价无法吸引消费者，低定价无法盈利，中等价位定价范围又太广，无法找到真正适合的价格区间。商品定价策略主要有三种，分别是弹性定价策略、基于竞争对手的定价策略和基于商品价值的定价策略。

（一）弹性定价策略

弹性定价策略可以让商家避免亏损，但也可能会导致利润下降。例如，商品定价太低时，消费者可能更乐意购买价格更高的商品，从而保障商品的质量；商品定价太高时，消费者认为太贵，不愿意购买，导致商品销量降低，店铺营业额下降。部分新手商家在核算成本时仅仅计算了采购成本和运费，然后在此基础上来定价，结果就可能导致利润过低，甚至亏损。

以不同的价格向不同的消费者进行销售，主要是根据消费者对数字化商品偏好程度的不同，以及不同群体成员在价格敏感性上具有系统性差异，即对价格不敏感的消费者提供高价，对价格敏感的消费者提供低价。这种定价成功的前提是：首先，这种数字化商品很少有近似的替代产品，即产品具备个性化的特征；其次，根据收集到的消费者偏好的信息，对数字化商品满足消费者需求程度的效用进行准确评估。

（二）基于竞争对手的定价策略

基于竞争对手的定价策略，商家只需监控直接竞争对手对特定商品的定价，并设置与其相

对应的价格即可。这种策略只有当自己与竞争对手销售完全相同的商品时，才有效果。当遇到竞争对手价格更低时，该怎么办？显而易见，价格肯定比不过人家。所以在这种情况下进行价格竞争时，有些品类的毛利要比竞争对手的还要低，但是这并不代表整个卖场的毛利比竞争对手低。这里要考虑一个关系，即品类毛利标准和品类销售占比的关系。商品有高敏感性、一般敏感性和非敏感性三类。高敏感性的商品通常会因为竞争而低于目标毛利标准，因此，它的毛利损失一定要由一些高毛利的品类去平衡，丢掉的越多，补的就越多。数据分析要与最小单位比，跟历史数据比，跟竞争对手比。例如，一瓶200 ml的豆瓣酱，售价是12.9元，400 ml的定价在23.9元就比较合适，如果高于200 ml×2的定价，那就没有销量了。所以在定价的时候，要与最小单位进行比较。同时还要与以前的历史数据做比较，尤其在做促销的时候，价格最好与前期相差不多。

但是，这种定价策略可能会带来价格竞争。例如，在某App上销售某件商品时，某商家发现竞争对手将商品定价为129元，为了赢得价格优势，该商家将同类商品定价为119元。随后，竞争对手又将价格降低到99元。这种恶性竞争会导致双方不断采取降价措施，极力压缩利润空间，打破市场良性竞争的环境。

（三）基于商品价值的定价策略

给消费者带来什么价值，希望在一段特定时期内消费者能为一种特定商品支付多少金额，并根据这种感知来定价，就是基于商品价值的定价策略。基于商品价值的定价策略是指企业按照两种或两种以上不反映成本费用的比例差异的价格销售某种产品或服务，一般有差别定价策略和声望定价策略。

1. 差别定价策略

差别定价策略包括以下四种形式。

（1）顾客差别定价，即企业按照不同的价格把同一种产品或劳务卖给不同的顾客。例如，某汽车经销商按照价目表价格把某种型号汽车卖给顾客A，同时按照较低价格把同一种型号汽车卖给顾客B，这种价格歧视表明顾客的需求强度和商品知识有所不同。

（2）产品形式差别定价，即企业对不同型号或样式的产品分别制定不同的价格。但是，不同型号或样式的产品价格之间的差额和成本费用之间的差额并不成比例。

（3）产品部位差别定价，即企业对于处在不同位置的产品或服务分别制定不同的价格，使这些产品或服务的成本费用没有任何差异。例如在剧院，虽然不同座位的成本费用都一样，但是不同座位的票价有所不同，这是因为人们对剧院的不同座位的偏好有所不同。

（4）销售时间差别定价，即企业对于不同季节、不同时期甚至不同钟点的产品或服务也分别制定不同的价格。例如，某商场规定，商场的商品从早上9点开始，每一小时降价10%。特别是在午休时间及晚上下班时间商品降价幅度较大，吸引了大量上班族消费者，在未延长商场营业时间的情况下，带来了销售额大幅度增加的良好效果。

2. 声望定价策略

消费者一般都有追求名望的心理，根据这种心理行为，企业将有声望的商品制定比市场同类商品价高的价格，即为声望定价策略。它能有效地消除购买心理障碍，使顾客对商品或零售商形成信任感和安全感，顾客也从中得到满足感。

例如金利来领带，一上市就以优质、高价定位。对于有质量问题的金利来领带，商家决不上市销售，更不会降价处理。这样的做法给消费者这样的信息，即金利来领带绝不会有质量问题，低价销售的金利来绝非真正的金利来产品，从而极好地维护了金利来的形象和地位。我国的一些国产精品也多采用这种定价方式。当然，采用这种定价法必须慎重，一般商店、一般商品若滥用此法，弄不好便会失去市场。

与传统实体产品相比，互联网的发展实现了信息化传播，卖家若想从中脱颖而出，就应制定出符合自身发展的定价方式，实现买卖双方共赢。

三、商品定价价格带战术

商品定价销售要做好产品价格带的区分。价格带是指各个商品品种销售价格的上限与下限之间的范围。在店铺内，为了满足顾客对既丰富又有效的商品构成的需要，有必要减少销售隔层并缩小价格带。

零售商的战略一般是在一些敏感商品上走低价位，并且不惜赔钱，直接打击竞争对手，然后通过不敏感商品和没有可比性的商品来获得高毛利。同时，零售商也会通过周密的市场调查策略和频率及时回价。对于低价的负毛利商品，零售商会再去调查竞争对手，当发现竞争对手无法上涨价格时，零售商会马上上调价格。

在进行竞争门店商品结构的对比分析时，商品价格带分析方法可为市场调查提供简单而明确的分析结果。例如白酒，竞争商家有5个规格，分别是5元、15元、25元、35元、55元；某商家也有5个规格，分别是8元、15元、20元、25元、40元。经过价格带的对比后发现：

（1）竞争商家的价格带（5元~55元）比该商家的价格带（8元~40元）宽。

（2）竞争商家的最低价格比该商家便宜。

（3）如果该商家增加4.5元和45元规格价格，那就会改变一些品类定位。

（4）如果对于同一种商品该商家的价格偏高时，需要查看该商品的销售排名。如果销售不好，就可以考虑淘汰这种商品；如果销售比较好，消费者有一定的需求量，那就可以把它作为牺牲商品对待。商品价格带分析方法的关键在于确定品类的商品价格区域和价格点，确定品类价格点后便可以决定品类的商品定位及应当引入和删除哪些商品。

任务评价

学生分组进行商品价格数字化管理调研，教师进行考评并填写考评表（表4-1）。

表4-1 商品价格数字化管理调研考评表

考评人		被考评人	
考评地点			
考评内容	商品价格数字化管理		

续表

	内容	分值	得分
考评标准	给手机企业做一个品类的价格带分解	15	
	给手机企业做数字化商品价格策略	30	
	企业定价技巧	20	
	做报告汇报成果，要求语言流利	20	
	团队合作情况	15	
合计		100	

注：考评满分为100分，60~70分为及格，71~80分为中等，81~90分为良好，91分以上为优秀。

思政园地

弘扬社会主义核心价值观　要做诚实守信的商人

不同的人为相同商品或服务所愿意支付的最高价格是不同的。一个旅游纪念品，经济条件好的人可能愿意花500元去购买，经济条件一般的人可能最多只愿意出300元。那么为了多挣钱，景区卖旅游纪念品的老板会上下打量每一个询价的游客，如果你衣着光鲜、一身名牌，他认为你的经济能力比较好，报价就高，反之报价则低，这是看人定价。在电商中，商家可能设定一周内用户持续访问或搜索某一商品5次以上，则该商品价格上调。这也属于看人定价。当用户高频次的去看某一类商品，说明用户购买意愿上升，愿意付出的价格更高，此时适当涨价依然有可能成交。如果我们把这个逻辑反过来，商家也可以设定持续访问搜索某商品，价格下降，这样能够更快地促成交易。生活中，我们加入购物车的商品经常会显示比加入时降低××元就是这个道理。

资料来源：作者根据相关资料整理

讨论：

结合生活中所见所闻，谈谈对诚实守信的体会。

拓展阅读

上海市闵行区消保委
开展线上折扣价格监督调查活动

任务二　广告推销数字化管理

任务导入

数字媒体的出现已经使广告目标产生了基本而又重要的变化，互联网让广告以其独特的方式提供了一系列双向沟通的可能性。这些变化从根本上重新定义了数字时代的广告的重要性。请同学们以小组为单位做详细的市场调研，通过调研结果给企业即将上市的新品设计一套广告营销方案投入市场，从而抢占市场份额和提高消费者对产品的认知度，以报告的形式完成。每个小组选出代表以PPT的形式汇报方案成果。

任务准备

数据化的浪潮正在一波接一波的袭来，其中一个最直观的营销方式就是广告。受这一浪潮影响，营销人员要在广告传播模式方面投入更多关注，对数字化时代的广告传播进行全新思考。营销广告界大大小小的峰会无一不是围绕“数字化时代的品牌沟通”“数字营销革命”“数字化时代的广告传播”等主题开展的。

总而言之，在数字化时代，传统广告公司的生存空间正在被挤占，营销界、广告界的竞争变得愈发激烈，愈发多元化。

一、数字化广告营销概念

广告营销策略是指企业在通过广告对产品展开宣传推广，促成消费者的直接购买，扩大产品的销售，提高企业的知名度、美誉度和影响力的活动中所用的营销策略。随着经济全球化和市场经济的迅速发展，广告营销活动发挥着越来越重要的作用，是企业营销组合中的一个重要组成部分。

全球零售巨头沃尔玛百货公司在对美国消费者的购物数据进行分析时发现：每到周末，啤酒和尿布都会卖得很好，销量高于工作日，且两者具有一定的关联性。通过深入分析消费者行为，沃尔玛发现这种现象是由周末家庭生活模式造成的：家庭主妇常常会独自外出活动，而丈夫则留在家里边照顾孩子，边喝啤酒边看球赛。

根据这一新发现，沃尔玛创造性地将啤酒和尿不湿这两种看似毫不相干的产品放在一起进行组合促销，结果大部分男性在购买啤酒时都会同时购买旁边的尿不湿，从而借助交叉组合销售实现了啤酒和尿不湿两种产品销量的共同增长。

通过上述例子可知，整合销售是现在大数据下的一种趋势。根据大数据的广告营销有两种整合形式：不同生命周期的产品进行整合、不同消费者信息处理的不同环节进行整合。

（一）不同生命周期的产品进行整合

一般企业多从广告的扩张性、竞争性等角度出发进行广告宣传，数字化广告的快速诞生要求企业根据产品的生命周期进行宣传。

1. 导入期

产品作为新品而刚刚步入市场，广告传播的主要目的是提高产品的知名度，让更多的消费者认识企业的产品从而树立企业形象。

2. 成长期

从竞争商品手中抢夺消费者和市场，这时企业一般采用的是扩张性的广告宣传，增加互动广告的频率，留住消费者。

3. 成熟期

产品从刚上市的导入期，到现在已经基本稳定，增长空间有限，需要做互动广告宣传争取到更多的消费者。

4. 衰退期

这一时期的产品已经没有太大的吸引力了，销量基本是平稳走势，甚至有的产品还有可能没有销售而变为滞销品。这时企业可以投入少量广告争取到原有利润。企业可做广告和消费者互动，让消费者了解企业的最新动态。

（二）不同消费者信息处理的不同环节进行整合

消费者希望能够获取更多产品或品牌信息，这时比较适合采用扩张性的大众广告策略，向消费者推送产品或品牌信息，引发消费者的关注和兴趣。

当消费者有了购买欲望并进入购买阶段时，最佳的广告策略是互动广告，通过互动媒体与消费者进行实时持续沟通，以精准洞察消费者需求，向他们推送最适宜的个性化定制信息、产品与服务，有效促成购买行为。

交易完成后，广告主还要继续采用互动广告策略进行后续的顾客追踪与售后服务，及时处理顾客在产品购买使用过程中遇到的问题或不满意的地方，为顾客创造优质的消费体验，进而通过互动广告引导他们将产品信息和消费体验分享给其他消费者，实现口碑传播。

二、广告营销的目的

在互联网及移动互联网时代下，媒体内容也更加多样化。如此一来，用户就能根据自身需求进行自由选择，利用多样化的媒体发展自己的兴趣爱好，媒体运营方也可借此机会对消费者进行引导。在这种大环境下，受众对媒体的应用及其内容消费愈加分散，呈现出“碎片化”特征，传统模式下依靠广告推广进行品牌打造及运营的方式已不再适用于今天。更符合当下消费现状的广告营销目的如下。

（一）吸引消费者关注

利用富有新意的方式将销售信息、产品信息传播到目标销售者中，引起他们的关注。企业利用大数据技术，能够准确把握潜在消费者的相关信息，并据此进行广告设计，选用合适的营销方案。但是，企业在开展营销推广活动时，需要对信息内容与媒体之间的关联度，还有潜在消费者在具体情境中的心理状态、行为习惯等进行全方位了解，并根据自己掌握的信息对现有的营销方式进行适当调整，使企业能够在特定环境下，开展针对目标受众的精准数字化营销。为此，企业可以发挥大数据技术的作用，取得理想的营销效果。

（二）对产品产生兴趣

消费者在收到信息后，能不能产生兴趣，其关键在于该产品的使用功能、使用便利及购买渠道是否合理。广告传播效果受到多种因素的影响，且需经过一定时间之后才得以体现。传统模式下，企业主要通过电视收视率、产品销售量、报刊发行量等对广告效果进行判断；如今，大数据的应用能够使企业获取更加全面的广告数据，还能对目标受众的反馈信息进行获取，以此提高广告评估的科学性与准确度，在综合考虑多种因素的基础上对广告传播效果得出更加精准而有效的判断。消费者产生兴趣的行动通常为电话咨询、登门选购、网站查询及通过朋友打听等。

（三）对产品进行了解

广告活动中必须要包含产品介绍，越简短、越直白的传播，越容易增强消费者的记忆度。大数据的应用，能够使企业完成广告创意与目标受众之间的匹配，并利用先进技术取得时间上的优势。在具体实施过程中，企业可依托大数据技术，发挥创意自动化技术的作用，对潜在消费者的上网行为，包括其信息浏览记录、查询时间、行为方式、个人相关信息等进行分析，以自动化方式制作创意素材，并通过媒体渠道进行传播。

（四）促成消费者成交

对于广告活动，其中一个重要环节是销售现场的气氛渲染，良好的销售气氛是促成成交的有效手段。对数字广告营销来说，最重要的是收集、整合、沉淀消费者各种行为数据，同时不断增强“讲故事”的能力，并树立全媒体、多渠道、互动性传播的广告营销理念，以“讲故事”的广告方式最终促成最后的成交。

案例分享

方太——“隔壁的家人公约”

公益广告通常可以引起广泛的社会共鸣，在大众的认知层面起到潜移默化的影响，企业做公益广告，可以为自身的品牌形象带来更多的正面影响。

方太和微笑明天慈善基金会、网易新闻联手打造的“隔壁的家人公约”社会公益活动就获得了非常大的反响。活动开始是一封展示在户外的书信《致老家的邻居》，这封书信的主题是为背井离乡出来奋斗打拼的异乡人发声，表达出在外生活的艰辛与不易，对家乡亲人的怀念和担忧，同时也呼吁在同一城市的老乡能够互相帮助，抱团取暖。这封书信不仅通过朋友圈、电视等线上、传统媒体平台进行传递，还在各大地铁站、机场进行传播，成功渗透到了社会的各个层面，也引发了广泛的共鸣，触及了一大社会痛点。在人们对这封信感同身受的同时，信中发出了“隔壁的家人公约”活动的共创邀请。而“隔壁的家人公约”这个活动是以H5页面的形式展现和展开的，人们可以登录这一界面，进行落款签名，同时也可以借此向自己的老家社区写一封书信。

这个活动从感情层面上获得了非常好的响应，而作为首要的、重要的预热推广，也就是那一封书信，不仅是情感营销中的典型，在户外广告中也是非常有代表性的一类。一封在公共场合展示的巨大书信，一下子就可以让驻足的人感受到温暖和贴心，凭借感情和共鸣抓住吸引力，也在深层次上产生影响，进一步传播品牌。

资料来源：彭小东导师.媒无界创始人彭小东：创意和有趣可以让户外广告效果更好[EB/OL].（2021-05-17）[2023-5-24]https://www.163.com/dy/article/GA79OTVB0519FOVU.html.

三、广告营销的策略

从企业向消费者单向传播，使消费者的信息需求不能得到充分满足，缺乏足够的信息为其制订消费决策提供有力支持。进入传统互联网时代后，网络媒体信息呈爆发式增长，而且传播渠道十分多元化，消费者和企业之间能够进行双向传播，打破了广告时长、容量及成本等方面的限制，信息不对称问题得到有效改善。这一改善离不开以下几种营销策略。

（一）参与式营销策略

参与式营销策略通常是由人们直接观察或体验事件引起的，无论是真实的还是虚拟的。这种策略会涉及顾客的情绪、感官等一系列情绪因素，当然也会涉及知识、思维等理性因素，再加上一些需要在体验中进行的身体活动。体验的基本结果会清晰地反映在语言中，如果消费者对广告有兴趣便会一传十，十传百。参与式营销的重要性体现在：消费者情感需求的比例在增加；消费者需求日益个性化、差异化和多样化；消费者的消费观念和对需求的渴望变换越来越快，对于现代消费观念的转变，可以通过体验营销对消费者需求有更深入的了解。

（二）威胁营销策略

所谓威胁营销，是指营销人员通过广告和营销人员的手段，将一些已经存在或潜在的威胁和危害告知目标客户，以达到销售自己产品的目的的营销方式。但当营销人员提供的事实或数据被夸大或为虚假时，这种行为一般不纳入威胁营销的讨论。

（三）植入营销策略

植入营销通常是指将产品或品牌及其代表的视觉符号，甚至服务内容战略性地整合到电视剧、电影或媒体节目等各种内容中，通过场景的再现，让受众在不知不觉中对产品和品牌留下印象，进而达到营销产品的目的。近些年就有好多企业为了宣传自己企业的产品，请明星或电影学院的学生来演出一些带有故事情节的短片或是在很火的综艺节目里植入自己的产品。例如，综艺《快乐再出发》就植入了德芙巧克力，让消费者对德芙的产品有了更多的了解和认识，从而给企业带来丰厚利润。

（四）事件式广告营销

事件营销是企业通过策划、组织和利用具有名人效应、新闻价值和社会影响力的人物或事件，来引起社会组织、媒体和消费者的兴趣和关注，以提高企业或产品的知名度，树立良好的品牌形象，最终促进产品或服务销售目的的手段和方式。在新产品上市阶段，很多企业都希望有一个引爆事件来聚集大众和媒体的注意力。简单来说，事件营销就是通过把握新闻的规律，创造一个具有新闻价值的事件，并通过具体的操作来传播这个新闻事件，从而达到广告的效果。

（五）饥饿营销策略

饥饿营销是指商品供应商意图降低产量，以达到调节供求关系，制造供不应求的“假象”，维持商品较高的售价和利润率的目的。它设定一个吸引顾客的惊喜价格，然后限制供应量，造成供不应求的现象，从而提高售价，赚取更高的利润。“饥饿营销”的最终作用不是调整价格，而是为品牌增值，通过这种营销方式更吊起消费者的胃口，从而对企业的产品推广更有积极性。

（六）口碑营销策略

口碑营销是指企业通过产品或服务及用户之间的分享交流来传播自己的品牌。这种营销方式可信度强，成功率高。口碑营销策略不仅仅是基于线下真实传播，还体现在社交媒体平台上，强调关系和利益。例如，在一些相关的小程序、大众点评和微博上看到了很多关于海底捞等品牌的口碑传播信息，这些都是用户自主进行分享传播的。

任务评价

学生分组进行广告推销数字化管理调研，教师进行考评并填写考评表（表4-2）。

表4-2 广告推销数字化管理调研考评表

考评人		被考评人	
考评地点			
考评内容	广告推销数字化管理		
考评标准	内容	分值	得分
	做市场调研	15	
	在不同生命周期里广告策划的目的	20	
	做广告策划的方案	30	
	做报告汇报成果，要求语言流利	20	
	团队合作情况	15	
合计		100	

注：考评满分为100分，60~70分为及格，71~80分为中等，81~90分为良好，91分以上为优秀。

思政园地

在大数据环境下更自信更有创意

1.《经济学家》——“灯泡”广告

创意+互动，是当下户外广告普遍非常重视利用的点，借助创意吸引目光，通过互动让大众与品牌建立联系，有利于令大众对品牌形成更深的认识和好感。《经济学家》的经典户外广告，是一个巨大的灯泡，这个创意设置在马路边，背景是红色的广告板，面板上除了灯泡外就只在右下角标注了“The Economist”这一品牌名，而灯泡本身除了比较大外也并没有什么非常特殊的。不过，在马路边出现这样一个比路灯还硕大的灯泡，总是会引起路人的关注，而更为奇特的是，当有人站在广告下面时或从这里经过时，大灯泡就会发光，非常神奇有趣。由于灯泡是智慧的象征，所以这个灯泡发光又被称为是“智慧之光”，非常符合《经济学家》作为一本人文社科期刊的品位和理念，同时也取悦了从这里路过并注意到的路人。

这个灯泡广告其实是利用感应装置来发光的，虽然在技术上并没有非常大的亮点，但在创意上却折服了很多人，不仅成功让大众对其瞩目，产生趣味和满足感，更是因此对《经济学家》的品牌产生了更加深刻的印象。

用一个灯泡和一个感应器，就让大众成功注意到了品牌，并对其产生好感，这是创意的魅力，同时也通过互动放大了这一魅力，使得《经济学家》这一品牌在人来人往的路边街头有了满满的存在感，可谓是非常成功的户外广告品牌推广了。这一“灯泡”广告，也无疑成为《经济学家》的经典作品。

2. 耐克——“跑动中的地球”

在视觉上制造亮点，突出创意和设计，造成一种视觉冲击，这是户外广告的优势之一，也是一种可以让其能够更加吸引大众目光的成功秘诀。要在人群和车水马龙之中更加显眼，不仅要“大”，而且要“炫”，耐克就曾经这样做了。

上海的美罗城是一座球形的建筑，而作为一个购物中心，来往的人流量是非常大的。耐克利用美罗城的外观和弧形屏幕的搭建，将其变成一颗转动的地球，而再邀请了一众知名明星和运动员，韩庚、许飞、苏炳添等来现场参与“跑动地球”的活动。只要明星在活动场地的跑步机上跑步，其跑动的身影就会被投影到屏幕的上方，被附近的人所看到。投影是动态的，而屏幕显示出的地球也在转动，并用大字显示出“××× 正在跑动地球”，同时，明星们跑步时的速度也会影响地球的转速。

一颗转动的地球，以及跑动在“地球”之巅的明星，这种视觉效果营造得非常震撼，成功吸引了很多人的围观，同时吸引了很多媒体的录屏，在短短不到两小时的直播中带来了200多万观众的在线观看。

用技术和投入打造一颗转动的蓝色地球，再通过跑步驱动地球，不仅创造出非常夺人眼球的景观，直接在视觉上带来了非常强的冲击力，而且这一创意主题非常契合耐克作为运动品牌的价值理念；另外，“跑动地球”不仅在创意和视觉上震撼了大众，也借助环保公益的内涵让很多人对此心生好感；再有，借助一些名人和体育明星的人气和影响力，可以直接吸引大众的注意。在多种效应的结合下，这次活动能够取得巨大的成功也就不足为奇了。

资料来源：公关之家.广告：浅析创意户外广告经典案例5则[EB/OL].(2019-10-31)[2023-5-24]. https://www.bilibili.com/read/cv3871379/.有修改

讨论：

在当今社会环境下，怎样做好广告营销？

拓展阅读

康师傅冰红茶的主题推广活动

任务三　营销推广数字化管理

任务导入

数字化营销是现在的趋势，传统连锁门店应该怎样改变当前的局势？请同学们以小组形式通过市场调研及查询大量资料，分析未来数字化发展趋势，以报告的形式上交，字数在3 000字左右。每组选出一名组长来分配调研报告内容及做最后的汇报总结。

任务准备

随着互联网的日益发展，数字化的营销管理已经成为连锁企业提升竞争力的必要手段。数字化营销管理在于利用数字化技术和数字平台，将现代营销思想应用到营销管理的各个环节，实现企业价值的最大化。可以说，数字化的营销管理已经成为多数连锁门店实现数字化转型的必备手段。

一、数字化营销的概念

营销本质就是解决企业产品销售的问题，就算产品再好，但宣传不当，便不能直击消费者心底，也是会被埋没在市井之中。所以，在当下人人追求个性化的社会，有个性、懂得宣传的营销才有可能被人记住。数字化时代，各行各业都希望通过有效的市场营销能力改变当前的困境，而在追逐流量红利的背后都指向了数字化营销。数字化营销不仅是当前营销领域中快速增长的力量，而且将是营销的未来。

要想知道什么是数字化营销，我们先要了解什么是数字化。数字化在概念上有广义和狭义之分。广义上的数字化是指把信息技术应用到实际生产和生活中，使信息的交换和保存更加便利快捷。狭义上的数字化是指对信息采样和量化之后再进行存储或传递的过程，是将许多复杂多变的信息转变为可以度量的数字、数据，再为这些数据建立起适当的数字化模型，把它们转变为一系列的二进制代码，引入计算机内部，进行统一处理的一个过程。

数字化营销（Digital Marketing，DM）是指利用计算机、通信、网络、人工智能等技术，量化营销对象与营销行为，实现营销管理的计划、组织、协调、服务、创新等职能的管理活动和管理方法的总称。

数字化营销有两层基本含义：一是企业营销管理活动的实现是基于信息与网络平台的，即企业的知识资源、信息资源和财富可数字化；二是运用量化技术手段来解决企业的营销管理问题，即营销管理的可计算性。

案例分享

多芬——让美丽发声

杂志和电视的明星让“美”这个词高不可攀，和《人物》周刊上桑德拉·布洛克（Sandra Bullock）和格温妮丝·帕特洛（Gwyneth Paltrow）的照片相比，大多数女性都会觉得自己不漂亮也很胖。2021年，全球女性共在推特上发布了500万条推特，抱怨自己的容貌和身材，与之相比，微信朋友圈上的中国女性显得自信而向上。多芬希望改变推特上女性传达出来的自卑和自怨，因此其联手推特，应用语义分析监测负面的自我评价，鼓励发推人自信起来，并推送由专家提供的“美不在外表”的“建设性”建议。此外，在奥斯卡颁奖典礼期间，多芬发布了一系列推文，鼓励女性在看到红毯上的明星时不要“自卑自弃”。从2021年开始，多芬一直在纠正人们的审美。从《真美素描》到《选择美丽》，以“Real Beauty”为主题的各种活动不断鼓励全球各地的女孩们相信自己的内在美和外在美。

所谓的品牌价值传递和文化引领，以及品牌和消费者“共生和共赢”的关系，应该就是这样吧。而探索与社交媒体平台的更高层次的合作，是多芬“让美丽发声”案例值得思考的地方。

资料来源：作者根据相关资料整理

数字化营销是做好深度内容策略，内容营销与媒介投放的本质是与内容背后的“人”的沟通，它是数字营销活动的核心。一个有效的内容营销战略能够贯穿整个营销链条，能够一步步引导消费者最终做出购买的决定。

营销数字化的本质是借助技术和数据及营销资源，依靠实时数据跟踪，实现营销由粗放向集约发展；依靠中台的强大连接，实现渠道从单一向多元发展，从公域到私域的全域端到端业务实时在线，完成高质量数据资产沉淀；以消费者旅程为中心的数字化体验创新，实现面向最终消费者体验的全触点营销数据闭环；基于数据驱动的内容策划和投放及消费者运营等营销业务，从经验决策变为智能决策，最终帮助企业变革营销模式，提升营销资源利用及运营效率，降低营销费用，提升消费体验，实现业务增长。

现如今不要说大数据，即便是拿出某个单一产品的用户数据进行分析，只需要企业在营销策略上稍做调整，都很有可能赢得相当不错的营销业绩。这就是为什么当下稍有规模的企业，都如此钟爱构建数字化营销战略体系的原因。

二、数字化营销的特点及优势

（一）数字化营销的特点

1. 集成性

数字营销具有集成性，实现了前台与后台的紧密集成。这种集成一方面快速响应客户个性化需求，从商品信息展示至收款、售后服务一气呵成，因此也是一种全程的营销渠道；另一方面，企业可以借助互联网络将不同的传播营销活动进行统一设计规划和协调实施，避免不同传播的不一致性而产生的消极影响。

2. 个性化

由于数字营销可以整合用户使用的各项数据，对用户的喜好更加明确，所以可以更准确地为用户推荐相关产品，提供更加人性化的服务。数字营销按照客户的需要提供个性化的产品，还可跟踪每个客户的购买习惯和爱好，推荐相关产品。网络上的促销是一种低成本与人性化的营销方式。

3. 空间性

数字营销拥有比传统营销更大的选择空间，不会受到传统货架的限制，库存等都可以用数据展示，用户可以随时查到想要的商品还有多少库存，有什么具体的图文展示。传统企业营销地域的局限性，使得消费者只能固定在当地购买和消费，缺少流动性，消费者数量有限，销售额就会受限；而通过强大的互联网，企业利用便捷的电子商务建立起自己的电商平台，便能更好、更快地向世界展示自己的全部产品。如今的社会大环境更民主、更分散、更自我，在新技术、新渠道的推动下，消费者对产品信息的获取途径、品牌的评价标准、购买方式的自由化，已经完全有别于以往。

案例分享

丽莎洁具厂新营销模式

地处改革开放前沿的广东省中山市港口镇丽莎洁具厂创建于1999年，主要经营精品淋浴房。其秉持“外观与功能相统一”的理念，产品外形时尚、结实好用，为现代酒店、宾馆、高档住宅和普通居室提供服务。

尽管丽莎洁具品质优良，但由于采用传统的营销模式，知名度并不高，市场仅限于当地。为了让企业进一步扩大市场份额，丽莎洁具主动进行了从传统营销模式向新营销模式的转型。很快，丽莎洁具就启动了电子商务，拥有了自己的电商渠道，开始正式向世界展示自己。从此，无论是国内客户还是国外客户都可以在任何时间、任何地方浏览丽莎网页，了解并采购丽莎的每个产品。凭借优质的产品与一流的服务，如今丽莎洁具的营销网络已经遍布全国众多城市，产品远销英国、荷兰等国，受到了消费者的信任和青睐。丽莎洁具与国内外客户之间打破了地域，与他们更加接近，使营销与推广取得了更好的效果，销售业绩大幅提升。

资料来源：作者根据相关资料整理

4. 丰富性

数字营销让产品信息更加丰富，网络信息可以更清楚地展示产品的种类、形象、使用方法等。例如，传统服装不可能用模特一一展示，而在互联网上，大量的产品信息图片使用户可以了解到详细信息，使消费行为更容易发生。

5. 导向性

数字营销以顾客为导向。没有了消费者，产品也就失去了灵魂。让用户了解理念，认同玩法，对产品抱有相同的渴求和态度，让用户无形中成为自己产品的拥护者，对品牌保持深度的信赖，这绝对需要一个巧妙的联结方式，想要做到这些，就要在营销模式上做好功课。需求背后对应的是精准到位的服务机制，唯有在认同的运营模式中构建闭环，才能更好地维系用户与产品之间的链接关系，打造自己的文化，树立心与心的共识，从而更好地经营自己的品牌，更好地在这个竞争愈发激烈的时代存活下来。只有消费者认同了才能体现出产品的价值。

6. 灵活性

数字营销拥有更加灵活的市场，根据用户对产品种类需求的统计，可以随时调整供应，也可以进行创新。营销也由只注重产品生产到偏重于销售环节再到重视商业生态圈的协作，通过生态圈内企业间数据共享、策略导流，实现产品的个性化定制、广告的定向投放、线上线下渠道的融合和消费者需求的精准锁定。数字化营销的灵活性可以直接跨越多种限制而满足客户需求。

（二）数字化营销的优势

1. 节省成本

数字化营销可以将产品直接推销给消费者，缩短分销环节，降低促销费用。同时，前来访问的用户大多数是感兴趣的，受众准确，避免了无用信息的传递。数字化营销可拓宽销售范围，节省促销费用，从而降低成本，使产品具有价格竞争力。数字化营销可能带来高投入产出比，如果实施得当，推送信息可以帮助带来新的收入并强化品牌。

2. 加速拓展客户渠道

当下网络发展迅速，手机应用程序层出不穷，如微信、微博、抖音等，那么借助网络平台进行数字营销所面向的受众是非常广泛的。数字化营销能够将产品说明、促销、客户的意见调查、广告、公共关系、客户服务等整合在一起，真正达到营销组合追求的效果。通过数字化营销，用户可以通过多个渠道查询到企业信息，增加信任感。

3. 个性化的营销服务

数字化营销更注重消费者的信任，大多数为一对一的服务，针对消费者不同的需求去做相对应的营销方案；而以往的推广营销模式虽然也可以达到推广的目的，但是与个性化却极少沾边。数字化营销则不同，它既能够按照客户的需要提供个性化的产品，也可以跟踪客户的销售习惯和爱好，推荐相关产品，是一种人性化的营销模式。

4. 锁定品牌建设

一般企业会通过衡量数字营销与传统营销的统计数据，将在线广告与传统广告相比，但这些统计数据没有考虑到在线广告产生的品牌形象。传统营销广告的空间和频率有限，很难进行品牌建设，而数字营销显然做得更好。不同的商品有不同的特点，即便是同款商品，单凭包装、感受，乃至于色彩的颜色搭配，用户都能够从中接收到不同的信息和能量，而这种能量就是一个产品自身所特有的属性。一个品牌想要立足于市场，就要建设属于自己的发展属性。

5. 精准的战略决策

初创企业或中小企业要时时依据相关数据的变化快速调整战略部署及应对的市场策略，保持好与市场实时同步变化节奏。在营销演变过程中，能够立于不败之地的，既不是那些能力最强的组织，也不是那些最聪明的组织，而是那些最能适应商业变化的组织。

三、精准营销模式

在大数据的时代，如果能够合理地利用这些基础大数据精准营销，企业就可以在这个数据里面找出有价值的一些数据；在对这些数据进行分析和整理之后，企业就可以通过这些数据深入地了解客户，这样就能够让营销策略执行得更加顺畅。数字化的目标是全面整合传统渠道，让更多的消费者了解到企业和产品，可分为两大策略：一是全面营销策略；二是市场细分和客户细分策略。

（一）全面营销策略

全面营销策略就是全面开展，不分先后，全方面推广。其优势是速度快、影响大，被消费者接受快。但这种策略需要投入较多，企业在做全面营销之前要做好万全的准备。

1. 收集客户信息进行市场定位

如果想要做好全面营销，那么就要收集好客户的相关信息，这些信息是进行大数据精准营销的基础。通过这些客户的信息，将其进行分类并制作客户画像，然后再进行差异化的营销。

这样的营销模式不仅更加细化，还能够牢牢地抓住客户的需求，做到精准投入，为客户提供相关的营销策略。

2. 找到机会进行全面营销

企业在大数据精准营销的过程中，收集了客户的相关信息并进行了市场定位之后，一定要找到相关的商业机会进行全面营销，可以进行营销策略的个性化定制。企业通过分析动态数据可以快速地了解到用户目前的使用习惯和消费习惯，在这个过程中相关的营销服务就可以进行及时的改动，这样就能够有效地预测到客户所需所想。企业针对数据的分析，也可以把价格定位得更准确。

3. 进行精准定价营销

分析影响定价的因素首先要从营销战略层面开始。精准定价要考虑到三个方面的因素：企业本身、消费者、竞争对手，也就是所谓的3C战略。根据3C战略思路，在产品的定价过程中，从公司本身战略层面要考虑的是成本因素；从消费者角度考虑消费者的需求因素；从竞争对手角度要考虑到竞争能力因素。在企业制订价格方案时，要先考虑上述因素并形成一个价格结构。传统定价方法偏向于定性研究，或者过于简单的理想定量模型，因此在实际操作中，企业定价人员往往知道该往哪个方向努力，却不知道下一步究竟该具体做些什么。大数据技术对定价的最大帮助就在于赋能传统的定价方法，使其可以通过对海量数据的精细化分析，来制定个性化价格和动态定价。例如，根据消费者数据的细分产生了个性化定价，根据时间及实时的相关环境数据的细分产生了动态定价，这些都是大数据技术在产品定价中的重要应用。

4. 进行全面营销的成果反馈

在进行大数据全面营销的过程中，最后一个比较重要的流程就是要进行全面营销的成果反馈。通过数据就可以有效地评估全面营销过程中的执行力如何、渠道如何，这样能够为下一次的精准营销提供经验。

（二）市场细分和客户细分策略

根据二八法则，20%的客户创造80%的收入，通过细分可以帮助企业找到重要资源。市场细分和用户细分针对的目标不同，但两者是相互扶持的。

1. 市场细分

通过市场细分，企业可以了解当前状况和下一步的策略重点。市场细分的目的是正确选择目标市场，帮企业抢占新市场。市场细分可以按照收入增长率、市场占有率、平均收入增长和平均市场占有率来进行分析。通过这四点分析，企业领导者就可以制定出相应的战略方向：降低利润率追求市场占有率，或者加大指标追求收入增长率。

（1）市场细分的标准。

①地理因素：国家、地区、城镇、人口数量等。

②人口因素：年龄、性别、收入、教育、职业、家庭等。

③心理因素：兴趣、爱好、性格、生活方式等。

④行为因素：购买动机、追求利益、使用频率、品牌信任等。

（2）市场细分的作用。

①有利于发现市场机会。

②有利于制定营销策略。

③有利于公司做出判断，利用有利资源，提高效率。

④有利于提高企业竞争力。

2. 客户细分

在大数据时代，根据提供的数据最直接也最客观地找到潜在客户的方式就是社群营销。

社群营销是在网络社区营销及社会化媒体营销基础上发展起来的用户连接及交流更为紧密的网络营销方式。网络社群营销的方式，主要通过连接、沟通等方式实现用户价值、营销方式人性化，不仅受用户欢迎，还可能使用户成为继续传播者。社群作为一个比较集中的交流群体，是基于一定的文化认同，才会联系在一起。对于企业来说，产品会过时，而文化不会过时。连锁企业要想长期发展离不开社群文化建设，要有自己的特征，对内凝聚人心，对外凸显品牌。

社群营销也可以使用情感营销手段，社群一旦充满了情感，就可以将消费者的思想提升，更加忠诚和信赖品牌。通过各种活动来寻找适合企业文化的群体，保持群体活跃度，增加群体之间的信任，经常举办一些互动活动。可以让消费者对企业的产品更加了解，加强消费者与企业之间的联系，这样就会将潜在客户转变成企业的忠实顾客。

任务评价

学生分组进行营销推广数字化管理调研，教师进行考评并填写考评表（表4-3）。

表4-3 营销推广数字化管理调研考评表

考评人		被考评人	
考评地点			
考评内容	营销推广数字化管理		
考评标准	内容	分值	得分
	做市场调研和资料查找	15	
	通过市场调研及查询大量资料，分析未来数字化发展趋势	20	
	做市场未来数字化发展的趋势报告	30	
	做报告汇报成果，要求语言流利	20	
	团队合作情况	15	
合计		100	

注：考评满分为100分，60~70分为及格，71~80分为中等，81~90分为良好，91分以上为优秀。

思政园地

片仔癀数字营销之路——树立企业价值观和产品价值观

一、片仔癀营销数字化的需求

面对崇尚个性与自我的新一代消费者，传统的营销方式和分销模式正在逐渐丧失话语权。怎样的品牌营销传播方式，才能有效地打动他们呢？

片仔癀化妆品发布了2020年媒体广告投放策略，表示将借助1.5亿媒体广告投放，通过全网式口碑营销和全情式事件营销，全面提升产品的知名度、美誉度，为零售终端引流，助力产品销售。片仔癀根据消费者洞察建设片仔癀化妆品国风单品牌店，把内容传播、产品体验、场景营销整合在终端里，通过社媒广泛传播，形成营销闭环。

在内容营销兴起的今天，片仔癀化妆品将借力社交平台，把营销效应放大。中国的电商平台彻底教会了用户线上消费的习惯，新营销改变了交易的内核。人与产品的关系变成人与品牌的关系，而品牌只表达态度，与消费互动最终还是需要人来解决。

用杠杆形容品牌与消费者的关系，就是消费者对品牌的认知价值下沉撬动品牌价值上升产生了势能。回到片仔癀的案例中，由于品牌势能是品牌和消费者相互造就的，片仔癀化妆品针对自己的消费者不断进行有价值的沟通，加上片仔癀品牌市场教育产生的复利，正在不断拔高品牌势能，逐渐展现出圈的扩散效应。如何利用这股势能实现品牌价值让渡，让更多人为品牌传播价值认知，进一步推波助澜，且看营销数字化赋能与转化。

二、片仔癀营销数字化的解决方案

我们来简单算一笔账，片仔癀化妆品2020年报告显示营业总收入65亿，化妆品超过10%，单品均价100元左右，粗略认为片仔癀化妆品消费群体基数有65万人，品牌想要全面管理分散65万人需要付出非常大的精力。古话有说“分而治之”，把消费者按地域划分，把管理交给经销商，品牌专注于赋能。品牌以经销商区分管辖范围，为每个经销商以及门店快速配置大数据引擎的社交云店系统，让品牌和经销商都拥有营销数字化的工具是进行营销数字化的第一步！

下面由三种不同的人切入社交云店的营销数字化能力运用。

（一）每个消费者都是品牌KOC（关键意见消费者）

当前社交环境下，话语权正在不断去中心化，无论是央视、品牌、KOL等单一传播渠道都不能垄断信息传播。品牌传播通过引导与激励，让消费者心甘情愿地为品牌传播，覆盖面更加广泛。消费者为什么愿意为品牌传播推广？前提肯定是产品做得足够好，更深一层是因为品牌有可宣传的内容。一方面，明星代言、分析成分、快闪潮流活动等都划分在“可宣传”的范畴里面，让传播的信息被认为是有效的、有益的。除了内容，另一方面就是推广的利益推动。这个利益阈值需要品牌仔细去斟酌，过高会削减产品自身认知价值，而过低则缺乏分享推力。理想的效果呈现就是品牌→品牌用户→潜在用户→一般用户，消费者漏斗由下至上地传播，引导认知价值指数级扩散。

KOL在传播中运用到云店的裂变分享功能，让分享好物的海报物料中自动附上云店的链接，提供消费体验便利，减少搜索带来的损耗，同时云店还能根据消费者的LBS定位自动分配到辖区的经销商门店小程序，给门店精准引流。对于消费者而言，我分享了这件好物，你信任我，就值得购买体验，体验好再推荐给其他人。

（二）建立KOL（关键意见领袖）合伙人机制

品牌需要寻找具有更强传播力，更有专业度、信服力的品牌用户引导一般消费者，就是我们常说的KOL。以品牌合伙人身份，进一步管控与赋能。管控什么？管内容输出口径、管利益分成；赋什么能？赋予品牌影响力、流量经营能力、自主创作能力等。

对于品牌和经销商来而言，云店系统能够定向、定量发布社群裂变任务，快速传达活动内容与任务，品牌传播素材如图文、成分、视频可以通过素材库同步给KOL，所有输出口径、话术得到规范的传播，根据市场预判和销售目标给予KOL阶段性的销售激励，这是管理上的作用。云店还有很多营销工具，包括团购、直播、秒杀等，给予了品牌和KOL更加丰富的营销手段选择。对于KOL而言，市面上有那么多品牌寻求合作，品牌营销策略和手段同样是KOL看重的品牌力之一。

（三）赋能导购在线经营用户

导购和KOL最大的区别就是品牌身份定位。导购优势在于占据线下渠道流量与真实体验感，并且数量庞大，如片仔癀化妆品光在北京就有超过40家体验店，上百位导购。劣势是缺少营销数字化手段和方法，一般不懂得通过在线手段经营用户。社交云店系统不改变品牌、经销商、终端、导购组成的渠道链路，保持原有深分结构，解决线下零售网点促销在线化、老客复购、用户裂变、社群营销等问题。把在线流量经营好引流给经销商，经销商没有理由会拒绝。因此，对于品牌而言，尽可能地把经销商覆盖到的区域流量都赋予到终端，没有覆盖到的区域仍能够由品牌直营的云店直接运营，不遗余力地锁住每一位消费者，实现整体利益最大化。所以，品牌应当把注意力集中在赋能上，把管理的工作还给经销商和终端。当整个深分渠道和消费者都在线化运营后，品牌就掌握了用户数据，而数字资产已经成为品牌的核心竞争力。

三、片仔癀营销数字化的解决方案后的思考

片仔癀化妆品体验店关注的三个点：内容传播、产品体验、场景营销，这正是“认知、交易、关系”三位一体的实践落地具体表现。

片仔癀东北经销商王泽雨曾在采访中表示，当品牌拥有足够强大的品牌背书，体验店可以让消费者全方位了解产品有多强大及品牌背后的深厚文化魅力。在辽南地区经营几年后，片仔癀知名度得到了极大提升，再开新店时很快就可以达到比较理想的销售额，实现盈利。

事实上，品牌背书不只是通过几场营销活动，几条TVC就能完成认知下沉形成品牌势能。随着传播渠道去中心化，品牌价值让渡需要靠所有的消费者共同努力，并随着时间推移而积累。品牌需要不断地强化品牌与消费者的链接，打通消费者之间的传播链路，为品牌自造流量，引发势能。如同大坝泄洪的冲击源于蓄水期的积累，每一次营销的爆发力都离不开消费者潜移默化的认知渗透。

资料来源：米多大数据引擎官方.营销数字化案例(70)：一年卖4.3亿，复合增速达56.75%，片仔癀你听过吗？[EB/OL].（2021-03-15）[2023-5-24]. https://www.sohu.com/a/455674762_505786.有修改

讨论：

片仔癀的案例体现了企业和产品的哪些价值观？

拓展阅读

洋河股份数字化营销

任务四　数字化智能营销

任务导入

互联网经济引发国民消费升级，新零售时代的浪潮席卷而来。智能营销也就是全域营销，是以消费者为中心的，对企业营销有着重要的意义。市场在变，消费者在变，每一次新的技术革命都会带来企业转变，如何通过智能化的营销模式来提升营销效率，已经成为每个企业突破传统营销局面的新思路。请同学们以小组为单位开展市场调研和资料整合，给某产品做一系列的数字化智能营销策划，从产品研发到产品销售的整个智能营销活动过程而展开，主要包括战略分析、产品管理、产品销售三大部分内容。由负责人分配各自的工作，大家要分头收集材料，最后汇总由一名组员以PPT的形式进行汇报。

任务准备

随着数字经济时代的发展，数据成了核心要素，企业的增长需要基于数据驱动下的精细化运营，重构业务流和管理流。企业的数字化转型的核心是一切业务数字化，进而实现一切业务智能化。

一、数字化智能营销概念

数字化指的是将信息转化为数据，也就是从IT到DT的转变。数字化主要围绕着数据的采集、整合、分类和分析来进行。

数智化侧重数据的应用。数智化是在数字化形成的海量数据的基础上，运用算法模型，结合业务场景，实现基于人工智能的最优决策及解决方案。数智化的重点在于“智能化”，通过自然语言处理（Natural Language Processing，NLP）、图像处理、语音识别、知识图谱、数据挖掘等人工智能技术，自动采集海量数据，并通过数据来训练人工智能，帮助企业构建智能决策体系。

智能营销传播是在芯片、大数据及云计算等信息技术革新与发展，以及人工智能技术加持下，数字营销传播纵深发展的产物。智能技术将营销与广告领域的传播效果在互联网时代发挥到了极致。

智能营销是以人为中心、网络技术为基础、创意为核心、内容为依托、营销为本质目的的消费者个性化营销，实现品牌与实效的完美结合，将体验、场景、感知、美学等消费者主观认知建立在文化传承、科技迭代、商业利益等企业生态文明之上，最终整合虚拟与现实的当代创新营销理念与技术。

二、智能营销的步骤

智能营销=营销+科技，智能营销还有另一个叫法即“AI营销法”，是将智能洞察、智能策略、智能内容、智能投放、智能评估和优化、智能运营相结合的综合服务体系。

（一）智能洞察

网络用户每天在互联网上发布的海量数据都是实时增加的。可是企业如何从这些大数据中找到目标客户呢？大数据及人工智能能够将用户更好地识别，例如某用户的QQ名字叫××，而微信名字叫×××，那么人工智能将通过其在网上浏览及发布过的各种信息结合起来识别他是同一个人，并且给他贴上标签。

当所有的网络用户被贴上标签，那对于营销的人来说找客户群体就会更容易了。系统会根据用户平时的浏览记录来推测用户的需求，从而间接地影响用户。

（二）智能策略

智能策略就是将智能洞察所得到的结果进行汇总，系统的人工智能将会自动给各个行业及媒体分发策略，如某个产品弹窗怎么投放、投多少钱。

（三）智能内容

人工智能自动生成的文字、图片及视频，会在不同消费者的面前展示不同的效果。例如，两个客户都想要买车，那这两个人关注点不同，看到的结果将是不同的。关注舒适度高的将会看到内饰舒适温馨的车型，关注外表炫酷的人将会看到黑色酷炫或红色绚丽的车身。千千万万个消费者每个人的观念都不同，如果单靠人工来完成那是不可能的，而人工智能可以实现。

（四）智能投放

智能投放根据每个网络用户不同的搜索习惯及关注度，来识别符合的内容。例如，系统一直给想买车的用户推荐外表炫酷的车型，但是用户并不感兴趣，不看推荐的内容，那下次系统便会给用户推荐舒适度高的车型。

（五）智能评估和优化

智能评估和优化是指广告在投放的过程中，人工智能分析的策略是否达到了之前的预期。人工智能能够实时分析哪里需要优化和完善。例如，客户群体不对、不是终极的目标客户、投放的客户是否有看广告、看完是否有点击、点击完之后是否下单等。

（六）智能运营

系统会根据每个营销广告的点击量、浏览量来将客户分别录入系统。销售经理也会按照每个不同的标签客户提炼出具有针对性的沟通话术。

三、人工智能营销

AI一直都受到高度关注，已被广泛应用于智能家居、自动驾驶等行业，其准确的结果和高效率的服务使它在行业中大受欢迎。同样，AI也在营销行业中有着强大的发展潜力，伴随着它快速发展的步伐，越来越多的企业正在将它作为一种创新的营销方式。与以往的手动营销不同，人工智能营销利用大数据和机器学习等技术手段，能够更加快捷准确地提供响应优质客户需求的营销内容和信息，以满足客户的需求，提高客户的体验，从而实现更高的营销效果。

AI营销最常见的模式有聊天机器人营销、基于客户画像的目标定位营销、计算机视觉技术营销、智能推荐营销等。

（一）聊天机器人营销

聊天机器人营销利用智能机器人信息交流技术，从客户那里收集问题，并根据大数据库中的知识点自动回答客户问题，从而实现客户服务自动化。例如，淘宝、京东、门店线上客服等采用聊天机器人技术，利用智能回复来实现快速客服实时回应，能够提升客户体验，促进用户在网店购物。

（二）基于客户画像的目标定位营销

基于客户画像的目标定位营销是指利用个性化客户画像来完成目标定位，根据客户偏好进行个性化定制营销，以有效提升营销的投入回报率。用户数字生活的一言一行都被追踪和记录，包括一些敏感的数据也被搜集，用户的行为轨迹数据提供了真实全面的各项指标信息，包括人口属性、媒体偏好、消费偏好、支付行为、终端属性等，为广告主精准定位目标用户、捕捉合适场景带来了极大便利。

（三）计算机视觉技术营销

计算机视觉技术营销主要利用计算机的图像识别技术，能够根据图像的特征进行内容的分析，按照一定的场景和客户画像，自动向用户推送量身定制的广告内容。例如，当客户浏览某家网点或门店App，系统会根据客户的浏览习惯及购买习惯，以及大数据分析结果，自动推荐相关产品，帮助客户更快找到满意产品，提高销售效果。

（四）智能推荐营销

智能推荐营销是指利用机器学习技术，通过信息挖掘和洞察消费者的生活习惯、消费观念购买决策和过程、使用场景等信息，分析他们体验与评价的方式和未满足的需求，进而指导产品创新与品牌创新。为消费者提供更自然、全面、新颖的交互历程，激发或满足消费者的隐性需求，并构建产品在场景中的体验，从而为品牌营销制造合适的机会点。例如，在某家图书商城的App中，AI系统可以根据用户的历史记录，智能推荐相关书籍，让用户在购买前能更快地找到满意的书籍，从而大大提升图书的销量。

以上就是AI营销的几种模式，它们有效地解决了以往营销手段的不足，使营销能够个性化、准确到位，有效地提升营销效果，因此得到越来越多企业和行业的关注和应用。但是，在实施AI营销时，企业需要结合实际，确保数据的安全性和隐私，同时要规范AI的使用，以避免不必要的风险。

未来，AI营销将成为行业营销的主流，通过大数据、AI等技术手段构建用户画像，精准找到消费者；根据历史表现数据和行业参考数据，利用更原生的方式来整合广告和内容去影响消费者。此外，大数据营销监测可以实现营销成果转化追踪，实时修正营销方案，进一步吸引消费者，促使消费者做出购买决策。AI使传统的营销方式演变为一种更加智能化、高效率的营销方式，从而提高营销效率和效果，有力推动企业发展，实现价值最大化。

任务评价

学生分组进行数字化智能营销调研，教师进行考评并填写考评表（表4-4）。

表4-4　数字化智能营销调研考评表

考评人		被考评人	
考评地点			
考评内容	数字化智能营销		
考评标准	内容	分值	得分
	做市场调研和查阅材料	15	
	做某产品的智能营销策划	20	
	从战略分析、产品管理到产品销售作详细报告	30	
	做报告汇报成果，要求语言流利	20	
	团队合作情况	15	
合计		100	

注：考评满分为100分，60~70分为及格，71~80分为中等，81~90分为良好，91分以上为优秀。

思政园地

可口可乐——敢于创新

春节期间，可口可乐抛出了“就要年在一起”的全新概念，其携手优酷，独家深度搭载支付宝“AR实景红包”全新产品，每个消费都能在春节时刻点对点地链接到可口可乐产品；这种激活千人千面大数据的营销新玩法，让可口可乐在新春佳节向每个家庭献上了一份定制的“年在一起”美好祝愿。

消费者只要扫描可口可乐瓶身上的“福娃”，福娃就会带来不同维度的可口可乐“年在一起”家庭回顾，并会俏皮地和你拉拉家常，独家定制内容，激发消费者进行更多的关注与分享。

资料来源：作者根据相关资料整理

讨论：

请结合可口可乐案例，谈谈你对创新的理解和体会。

拓展阅读

材料二则

项目小结

通过本项目的学习，了解大数据营销、数字化广告营销、人工智能等技术的强势发展，为企业数字化转型提供了基础设施，也为营销提供了更多技术支持。随着时代发展步伐不断加快，营销领域每天都在变革和发展，从单纯以产品为中心到围绕消费者为中心，从以线下推广为主到如今的全渠道传播。通过变革和发展，数字化营销已将技术、产品、资源、服务、创新等因素完美结合，打造闭环的数字生态圈，让企业营销实现智能提升。企业的营销行为是为了将自身的产品售卖出去，进行营销首先是为了让新用户了解并购买自己的产品，其次是能够让已经购买产品的用户再次进行购买。跨界营销可以通过参与合作企业优势的互补，拓宽销售渠道从而实现这两种营销目标。

课后练习题

一、单选题

1. 消费者一般都有求名望的心理，根据这种心理行为，企业将有声望的商品制订比市场同类商品价高的价格，即为（　　）策略。

A. 成本定价　　B. 差别定价　　C. 渗透定价　　D. 声望定价

2. 由于数字营销可以整合用户使用的各项数据，对用户的喜好更加明确，所以可以更准确地为用户推荐相关产品，提供更加人性化的服务，属于（　　）。

A. 数字营销集成性　　B. 数字营销精准性　　C. 数字营销个性化　　D. 数字营销广泛性

3.（　　）是指企业通过产品或服务以及用户之间的分享交流来传播自己的品牌，可信度强，成功率高。

A. 事件营销　　B. 口碑营销　　C. 参与营销　　D. 饥饿营销

4. 市场营销的核心概念是（　　）。

A. 交换　　B. 需求　　C. 需要　　D. 产品

5. 以下理解不正确的是（　　）。

A. 人类的需要和欲望是市场营销活动的出发点

B. 市场营销者可以是卖主，也可以是买主

C. 市场导向是以市场需求和市场竞争两者为焦点

D. 纽约学派主要以研究农产品分销问题为主，其主要贡献是明确了市场营销的概念范围

6. 围绕顾客满意，下列说法错误的是（　　）。

A. 如果对产品使用后的感知效果与期望一致时，顾客就会满意

B. 提高顾客满意可以通过增加顾客让渡价值达成

C. 顾客满意了就会成为忠诚顾客

D. 夸大产品宣传会导致顾客不满意

7. 以下不能用于客户洞察的营销技术是（　　）。

A. 客户聚类技术　　B. 私域传播技术　　C. 客户推荐技术　　D. 预测分析技术

8. 以下客户标签中，属于预测类标签的是（　　）。

A. 历史交易　　B. 客户流失概率　　C. 产品购买情况　　D. 渠道使用频率

9. 下列哪种说法是正确的？(　　)

A. 市场营销者可以通过市场营销活动创造需求

B. 需要就是对某种产品的需求

C. 市场营销者可以通过营销活动影响人们的欲望，进而影响人们的需求

D. 有了欲望，需求自然产生

10. 建立一个与目标市场有关的品牌形象的过程与结果称为(　　)。

A. 品牌定位　B. 市场细分　C. 品牌规划　D. 品牌组合管理

二、多选题

1. (　　)是影响消费者购买决策的社会因素。

A. 年龄　B. 社会阶层　C. 经验　D. 文化

E. 性别

2. 数字化商品定价策略主要包括(　　)。

A. 价格弹性定价　B. 商品价值定价　C. 基于顾客需求定价　D. 基于外界环境定价

E. 基于竞争对手定价

3. 以下选项中，哪些属于广告营销的目的(　　)。

A. 展现福利诱惑，刺激用户需求　B. 吸引消费者关注

C. 对产品产生兴趣　D. 对产品进行了解

E. 促进消费者成交

4. 以下属于数字化营销优势的有(　　)。

A. 节省成本　B. 加速拓展客户渠道　C. 个性化的营销服务　D. 锁定品牌建设

E. 精准的战略决策

5. 人工智能营销最常见的模式有哪些(　　)。

A. 聊天机器人营销　B. 基于客户画像的目标定位营销

C. 计算机视觉技术营销　D. 智能推荐营销

E. 参与式营销

三、简答题

1. 简述广告营销的策略有哪些。

2. 简述如何做好全面营销。

3. 简述精准营销背后的技术要求有哪些？

4. 如何以购物者为中心进行门店分组？

5. 简述如何建立顾客标签。

扫一扫看答案

项目五　顾客数字化管理

学习目标

知识目标

1. 了解客户资源管理的结构。
2. 掌握数字化客户服务的概念。
3. 熟悉门店会员数字化规则。

能力目标

1. 能够运用数字化分析客户来源。
2. 能够做出数字化客户管理框架。
3. 能够通过客户数字化管理做出有效的营销策略。

思政目标

1. 能够积极应对数字化转型的根本性变革。
2. 了解数字化转型，提高服务意识和团队意识。
3. 培养独自思考问题、解决问题的能力。

任务一　顾客开发数字化管理

任务导入

在大数据时代，企业为了寻找客户，保持客户的忠诚度，都在通过大数据做出客户画像的数据。这些客户画像的数据也给企业带来竞争优势和利润。请同学们以小组为单位，进行至少5家企业调研，看看这些企业如何通过大数据做出客户画像的数据，以及这些客户画像数据给企业带来哪些优势和利润。撰写报告，并以小组的方式进行汇报总结，先由小组互评，最后由教师点评。

任务准备

这是一个数字制胜的时代，传统的销售管理模式让管理者力不从心，特别是中小企业的客户管理。问题主要包括：营销获客难，难以识别意向客户；线索管理难，转化率低；客户跟进难，拜访情况难以掌握；员工离职，客户资产易流失；客户服务难，满意度忠诚度低；埋没数字价值，科学决策难。如何才能实现客户管理的数字化呢？

一、数字化客户管理的主要步骤

（一）建立数字链接

链接不仅产生数据，更承载着用户行为和未来交互机会，理解不同链接渠道的特点、数字化链接的不同模式、链接的核心要素及平台型数字化链接带来的价值，有助于在企业和客户之间建立更有效的全渠道链接。

（二）促成用户转化

数字化客户的购买转化不再是线性的决策过程，理解和掌握数字化客户决策的互动周期模型有助于企业选择适合的营销转化模式，运用相应的数字化营销转化工具，促进产品、服务或内容的转化率的不断提升。

（三）传递卓越体验

与实体环境相比，体验对数字化客户的转化影响更大。数字化客户更加注重服务的速度，喜欢更简单、便捷的交互，偏好意外的直接刺激，期望企业的服务始终保持一致，以及能够体现数字化时代的技术特征。

（四）赢得客户忠诚

数字化要能够给客户带来荣耀感、参与感和责任感，从注重奖励不断演进为更加注重数据的积累和客户的互动，从而赢得客户忠诚。

（五）经营客户价值

智力资本在决定企业市场价值的要素中越来越重要，企业要建立起客户生命周期价值经营的策略思想，在经营中更加关注客户的营利性，采取适合的策略建立和发展客户关系，从而提升客户资产份额和客户资产价值。

数据是数字化世界的客户管理和营销重要资源之一。想要更好地了解客户，准确地预判客户的喜好，准确传递信息，数据是不可缺失的关键资源。

二、客户数据获取

（一）直接收集的第一方数据

第一方数据是企业或组织在经营管理或向客户提供服务的过程中直接记录和获得的数据信息。例如，开设账户所提交的信息；在线注册输入的信息；登记浏览网页信息；在线购物支付信息；等等。

一些大型企业积累了一些一手数据，但由于企业内部存在各部门的业务分割或企业内部某种条款限制，使这些数字没有得到更好的整合，没能得到很好的利用。

（二）间接收集的第二方数据

第二方数据是企业、组织在经营管理或业务合作过程中间接获得的，比如通过协议可以获得来自合作伙伴收集和管理的第一方数据、系统接口产生的交换数据、与合作伙伴交换的数据信息、与监管机构交换的数据信息。

（三）来自外部的第三方数据

每一个企业都有一定获取数据的能力，但一些特别的数据需要由专门的机构获取收集完成。对于商业机构来说，常见的第三方数据有：登记的房产信息；工商登记注册的信息；第三方征信公司的信用信息；社会化技术公司收集的数据；相关行业积累的数据信息。企业或组织为了弥补自身数据积累的不足，经常需要通过查询、租用、交换或购买等方式利用第三方数据信息。

三、客户画像

客户是指根据用户的属性、用户偏好、生活习惯、用户行为等信息而抽象出来的标签化用户模型。通俗说就是给用户打标签，而标签是通过对用户信息分析而来的高度精练的特征标识。通过打标签可以利用一些高度概括、容易理解的特征来描述用户，可以让人更容易理解用户。

因此，用户画像绝对不会把一个真实的人的所有概念抽出来形成一个独立的样本。它只是抽出一些主要特性，形成一个和那个“真实的人”相似度极高的一个群体。想要获取客户，就要掌握如何收集和利用这些信息给目标客户画像，分析和预测客户的价值和行为，掌握如何与目标客户建立互动。

在动态化和碎片化的网络环境中，无视客户的呼声，对客户一视同仁其实是非常危险的，有效的做法是充分分析市场，根据客户的行为特征提供分类差异化服务。一般在企业里的客户画像信息主要有4种类型，如图5-1所示。

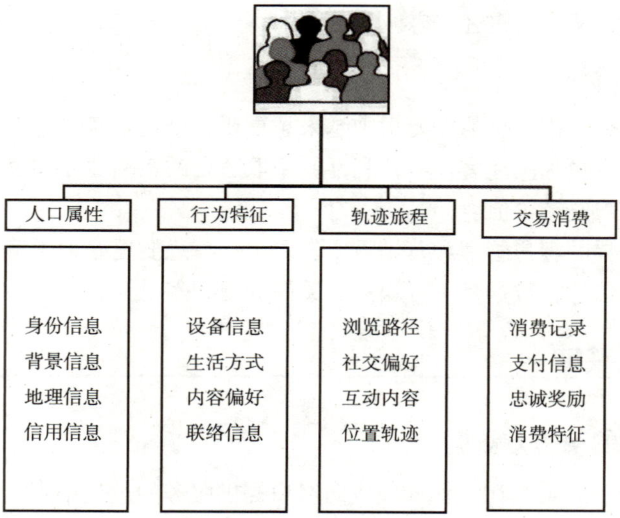

图5-1 客户画像信息类型

（一）人口属性特征

人口属性是用来识别自然人身份和描述背景处境特征的指标，包括身份数据、联络数据、背景数据、地理数据、信用数据及与时间相关联的历史记录等。人口属性信息包括的内容如下文描述。

（1）身份信息，如姓名、性别、年龄、是否结婚、学历等信息。

（2）社交信息，如电话号码、邮箱、微信、微博等信息。

（3）常用信息，如工作地点、家庭地址等信息。

（4）社会信息，如与家庭、职业、宗教信仰等相关的信息。

（5）信用信息，如信用评分、资信等级、信用记录等信息。

人口属性大多为短时间不会变动的信息，常常用来描述人的背景，在用户画像中是基础信息。

（二）行为特征信息

行为特征是记录用户行为和描述用户行为特征相关的信息，包括使用的设备信息、联络信息、浏览信息、内容喜好、位置记录、兴趣爱好、生活方式等与个人行为相关的信息。

传统的收集客户信息，通过客户到店进行消费或是老人带新人等方式去完成。在现在的大数据时代，消费者浏览网站、在线上完成购买、使用移动社交工具或在线观看视频的行为都被系统以数据的方式记录了下来。行为特征信息包括的内容如下文描述。

（1）浏览信息，如浏览点击网页、访问深度信息、在线时间等信息。

（2）设备信息，如使用设备型号、品牌、设备类型等信息。

（3）内容喜好，如内容类型、点击内容偏好、停留时间等信息。

（4）位置信息，如经常登录的IP地址、所处地理位置等信息。

（5）生活方式，如生活习惯、态度品位等相关信息。

销售人员总希望能够多了解客户的信息，寻求那些潜在客户变成自己的真实客户。了解客户的行为特征，就能知道他们的消费习惯和生活习惯。例如，什么能刺激到他们，什么能吸引他们，要熟知他们为什么偏爱某一品牌，为什么他们能对某一个广告宣传感兴趣，他们购买的产品是理性消费还是冲动消费，从而做到精准广告推送。销售人员根据用户特征，分析产品的潜在用户和用户的潜在需求，针对特定群体，利用短信、邮件等多种触达用户的方式进行精准营销。

（三）轨迹旅程信息

旅程轨迹是用户在线上或线下发生的跨平台、跨渠道的交互行动路径与行为轨迹信息。在数字化时代，用户的每一个行为都能在系统上留下信息记录，这些信息整合起来就构成了用户的轨迹。轨迹信息包括的内容如下文描述。

（1）社交偏好。如朋友类型、社交范围等信息。

（2）社交表现。如粉丝数量、登录记录、点赞行为、转发记录等信息。

（3）位置轨迹。如基于用户位置和位置变化轨迹的地理信息等信息。

（4）浏览路径。如浏览平台、跨平台、跨渠道的用户轨道信息等信息。

（5）互动内容。如在线评论、在线客户、讨论话题、收藏信息等信息。

去线下购买的客户可能在互联网上行进了多次对比和浏览，最终决定在线下实体店购买，这些浏览信息就记录在不同的商家系统里，在大数据时代可以被记录并通过信息技术整合起来。

（四）交易消费信息

交易消费用于记录客户购买产品和使用服务的交易、消费或使用记录。客户画像中应用的交易消费信息主要是指静态的交易信息和行为记录，深度预测分析需要更加完备和连续的记录。交易消费信息包括的内容如下文描述。

（1）支付信息，如客户使用的支付方式、支付条款等信息。

（2）消费特征，如客户消费记录的消费特征信息。

（3）消费记录，如用户购买产品或使用服务的记录信息。

（4）服务记录，如客户对产品或服务投诉或维修记录、客户联络客服中心或在线服务记录等。

（5）消费奖励，如客户消费积分或兑换奖励的信息等。

交易消费信息是由企业业务系统记录的信息，是企业开发客户最重要的和最有价值的信息资产。

四、客户数据收集的原则

在大数据时代，企业需要调整营销战略，营销思路需要变革与创新，这就需要拓展客户管理思路，及时地筛选客户，过滤掉杂乱没有价值的客户信息，找出潜在客户和价值客户。以大数据为主要分析依据，遵循营销规则，以主动营销为核心理念，进行全球市场分析、全球采购商情报、客户综合分析，逐步分析逐步筛选，最终留下价值数据，筛掉迷惑数据。营销渠道作为企业连接市场的重要媒介，是企业得以迅猛发展的生命线。获取客户是企业的重要核心，筛选优质客户是企业的基础，利用大数据搜索有价值的客户需要遵循以下原则。

（一）分析目标原则

收集的数据往往很全面，所以企业要对这些数据进行筛选，如果数据分析用于预测客户的价值潜力，那么客户购买的产品、购买频率、每次支付的金额及住所的地理位置等都是相关的信息。

（二）精确度原则

定性的准确就已经足够满足分析目标，不一定需要量化的精确数字。例如，要知道用户的收入层次并不需要准确数字来表示，有很多信息可以代替准确数字。

（三）收集频率原则

在大数据时代，企业可以完美地利用网络来实时提取数据进行分析，但实际中数据不断地更新对于数据采集工作影响较大，如更新的速度、系统的维护、数据采集成本等客观条件。

（四）储存策略

数据存储的方式、计划存储的时间及需要采取的安全防护措施等都会影响数据的收集、存储、管理。

（五）可获得性原则

数据应易于收集并适合进行分析。

（六）溯源性原则

溯源性原则主要是指是否需要将在线收集到的用户信息与用户的线下购物行为和交易记录整合在一起。

面对着日益激烈的竞争，如何运用新的管理思想和管理工具来提高企业的竞争力，如何在众多的公司中脱颖而出，如何能够加强企业的核心竞争力，这些都是企业管理者面临的永恒话题。客户信息资源管理是企业赖以生存和发展的关键要素之一。客户信息资源管理将所有有关客户的信息都集成在客户信息下，凡是与客户有关的信息，包括邮件、传真、销售任务、相关信息反馈，都可以方便地进行查看，动态信息和静态信息都一目了然，为业务决策和对客户进行跟踪服务提供便利。面对竞争，企业只有保持不断学习的心态，努力接受新事物，才能与时俱进。

五、客户开发的作用及意义

（一）差异化定价

企业在提供产品服务时，不是不加区别地对所有客户均提供相同的价格，而是谨慎行使产品价格浮动权，提供不同的、有针对性的服务价格。结合客户需求和产品价值等因素，进行准确的、系统的差异化定价，减少客户损失，扩大企业整体销售利润。服务行业经常会采用差异化这样的策略来最大化效益经营。

（二）精准获客

精准获客利用数据采集、模型搭建、数据分析识别意向用户，提高营销准确率。了解用户所需的数据，包括静态数据和动态数据两大类。静态数据是用户相对稳定的信息，如性别、地域、职业、消费水平等；动态数据是用户不断变化的行为信息，如消费习惯和购买行为。分析这些数据，给客户画像，画像代表客户的兴趣、喜好、需求等营销内容，分析计算客户兴趣、需求、购买概率等。

（三）智能投放

智能投放即自动分析内容用户喜好，根据人群标签特征进行智能化的个性化推送。通过对大数据的分析，为客户提供最佳的广告匹配方案；通过分析投放关键因素，预测投放活动的市场反应。市场快速发展，有些投放不够精准，大数据采集正好可以弥补这个空白，通过收集用户访问互联网的历史数据，企业可以准确知道用户所浏览的页面和对哪些内容感兴趣，在市场竞争日益激烈的今天，能够把握住潜在消费者，提高投放效率。

（四）产品个性化推荐

个性化推荐可以从两个角度来划分：单向标签和双向标签。单项标签是给产品打标签和给消费者打标签；双向标签，是通过用户在实际过程中的行为和数据来做分析，给不同的信息和产品授予不同的标准，这样反复筛选出来的信息，就是最优推荐。通过客户历史交易行为，预测客户潜在产品需求。

（五）事件式营销

事件式营销包括新闻事件营销、借势事件营销、明星类事件营销、体育类事件营销、舆论性事件营销等，根据客户关键性信息的改变或外部信息，获取客户可能的产品需求并进行针对性营销。

（六）交叉销售

交叉销售是发现现有顾客的多种需求，并通过满足其需求而销售多种相关服务或产品的一种新兴营销方式。简单说来，交叉销售就是向拥有本公司A产品的客户推销本公司B产品，通过更好地洞察已有客户的新增产品需求，提高各户持有产品数，增加客户整体贡献度。

（七）向上销售

向上销售是指根据既有客户过去的消费喜好，提供更高价值的产品或服务，刺激客户做更多的消费。如向客户销售某一特定产品或服务的升级品、附加品，或者其他用以加强其原有功能或用途的产品或服务。向上销售也称为增量销售，借助客户的收入、大额消费等信息挖掘客户潜在的购买能力。

任务评价

学生分组进行顾客开发数字化管理调研，教师进行考评并填写考评表（表5-1）。

表5-1 顾客开发数字化管理调研考评表

考评人		被考评人	
考评地点			
考评内容	顾客开发数字化管理		
考评标准	内容	分值	得分
	做调研表和查找资料	15	
	分析利用客户画像寻找客户	30	
	分析客户画像能给企业带来哪些竞争优势和利润	20	
	不少于3 000字的报告，进行完整汇报	20	
	任务完成积极主动，团队成员合作良好	15	
合计		100	

注：考评满分为100分，60~70分为及格，71~80分为中等，81~90分为良好，91分以上为优秀。

思政园地

数字化精准定位客户

某门店在某购物App上开了个苹果手机旗舰店，有iPhone XS商品出售，但是比官方指导价贵了1 000元（官方还未出售）。该门店想以高价卖出，于是借助某数据管理合作平台精准找到“想买iPhone XS”的人群。现在用户A和用户B都符合精准人群标准，于是该门店开始精准投送。

用户B生活比较富裕，又很喜欢玩苹果新机，于是该门店向其精准推送了一条广告。用户B在该购物App上的广告栏就会看到一条“iPhone XS已到货”的广告，用户B点进去，咬了咬牙，加价1 000块买了一台，于是该门店的目的达到了。

用户A有孩子，家庭负担也比较重，但又很想给老婆购买一台iPhone XS。当他看到广告栏显示“iPhone XS已到货”的广告时，可能因为钱不够，买不起。然后某贷款平台就会给用户A投送“点击借款，15分钟到账”的贷款广告，如果用户A贷了款，再重新投放“iPhone XS已到货”的广告，这时不但某门店达到了目的，该贷款平台也找到了优秀的放贷目标。

资料来源：作者根据相关资料整理

讨论：

你有过被数字化精益定位的经历吗？请谈谈对数字化精益定位客户的认识和理解。

拓展阅读

李宁客户关系管理

任务二 数字化客户服务管理

任务导入

数字化用户的增长驱动了产品和服务的数字化。通过移动互联网连接起来的数字化用户形成一个全新的移动互联网生态，服务提供商需要适应这些发展变化，要想和这些数字化用户做生意，就必须提供数字化的服务。零售业是受数字化影响最直接的行业之一，它给传统零售业带来了巨大的冲击。请同学们以分组的形式进行市场调研和资料收集，对收集的资料进行讨论，形成清晰的思路，给某企业制定客户服务标准并编写一段客户投诉案例及其解决方法。最后每个小组以PPT形式进行成果交流。

任务准备

在数字化转型的背景下，客户服务面临的现状和挑战十分复杂，客户服务优化与管理成为门店不可忽视的一个重要问题。本任务从数字化客户服务内涵认知出发，探讨如何通过数字化技术优化客户服务和改进客服管理，提升门店的营收和用户满意度。

一、数字化客户服务的概念及特征

在连锁企业经营竞争日益激烈的情况下，客户服务已成为连锁企业核心竞争力的一部分，企业的竞争力也是服务客户的能力，服务与营销密不可分，服务就是营销。如果没有服务或服务不够专业和完善，客户拒绝购买企业的产品，营销也就无从谈起；如果服务水平高，将有助于企业开源节流，为企业带来更多的客户。而且，客户资源能更好锁定和开拓目标客户，更好地获得客户需求，把握市场变化。

（一）数字化客户服务的概念

连锁企业客户服务是指连锁企业围绕产品销售实施的一系列辅助性服务活动，旨在使顾客的购买行为和消费行为更有价值。客户服务主要用于快速及时地获得问题客户的信息及客户历史问题记录等，这样可以有针对性地并且高效地为客户解决问题，提高客户满意度，提升企业形象。

例如，正当一些企业还在把“客户是上帝”作为口头禅、宣传口号，以致失去客户和舆论的信任之时，创维集团却隆重推出了“客户，您是总裁”的全新理念，并提出了“大服务”的概念，即“不仅把售前、售中、售后，而且把企业的研发、生产、销售、维修看作一个整合起来的大服务链条，而客户就是这一大服务链条的连接对象和价值实现的终极目标”。

创维集团的“客户，您是总裁”理念之所以比“客户是上帝”更深刻、更符合新经济时代的要求，原因有以下几点：①立场发生转变。客户从上帝变为总裁，完成了客体地位的主体化，这也是营销理念从4P到4C变化的根本。②形成利益共同体。客户作为总裁和企业是利益共同体，解决了利益的对立问题。③员工从向总裁负责转变为向客户负责。以前是总裁发工资，所以员工向总裁负责；现在员工意识到客户才是衣食父母，所以必须首先满足客户的需求。

（二）数字化客户服务特征

1. 服务的非实体性

说服务是无形的似乎还不够准确，毕竟参与服务的人与物都是有形的，且服务过程也是可见的。因此，这里用“非实体性”来代替“无形性”，其含义如下。

首先，产品的质量可以用明确的标准来衡量，进而用精确的数值来表示。例如，抽油烟机的质量可以用安全性能、使用性能（风量、风压、噪声、电机输入功率）等指标来衡量。也就是说，产品具有物理及化学属性。

其次，产品可以触摸、陈列。例如，在购买一双鞋子前客户就能够确认其特点，如颜色、款式、硬度和气味等，还可以拿起鞋子感觉一下它的质量和重量，也可以直接穿上看看鞋子是否合脚。

相比之下，服务是一系列的行为和过程，没有体积、重量、密度、长度、大小，不可以触摸、尝试、聆听、陈列。企业无法向客户提供服务样品，更无法描述服务的形状、颜色和成分。

2. 服务的载体不是服务的本质

服务有时需要一定的载体，但它并不是服务的本质。

例如，菜肴、点心、酒、饮料等并不是餐饮服务的本质，只是餐饮服务的载体，因为这些实体成分在菜市场、超市也可以购买到。烹饪服务、就餐服务、舒适服务等才是餐饮服务的本质，而这些都是非实体的。

总之，服务的非实体性是服务最基本的特性，其他特性则都由这一特性派生而来。

3. 服务的过程性

说服务具有不可分离性似乎不够准确，因为人们通过技术和模式的创新可以使服务的生产与消费在时间、空间上实现分离。例如，随着信息技术的应用和发展，上课可以不用走进学校——通过收听和收看节目、录像、影碟等方式也可学到知识。但无论怎样，服务都不是一个静止的实体，而是一系列的过程。因此，用过程性来代替不可分离性会更好。

4. 服务的不可储存性

（1）服务不能在生产后储存待售。人们购买商品时，付完钱就可以将商品拎走；而消费一项服务时，则不能做到付完钱就走人。也就是说，企业不能像工厂那样生产一堆产品储存在仓库里随时准备发货。

（2）客户无法在购买后储存。当购买或消费结束后，服务也随之消失，即不能在时间或空间上保存起来。

（3）信息服务可以储存。随着信息技术的应用和发展，信息服务包括知识服务、表演服务等这些可以储存在人脑、硬盘、U 盘、光碟、磁带等中。但是，作用在人体的服务显然还不能储存。

5. 服务的差异性

服务的差异性是指服务的构成成分及质量水平经常发生变化，同一项服务会因为提供的主体、时间、地点、环境、方式及气氛的不同而使服务内容、形式、质量等有所差异。

企业必须对服务内容、服务形式、服务质量负责。然而，同一服务内容、服务形式、服务质量作用给不同的客户，效果肯定会不同。所以，企业不能把客户感知的服务效果混同于服务内容、服务形式、服务质量，否则这将成为一些不良企业推脱责任的借口。

二、大数据技术在客户服务中的应用

（一）数据挖掘技术的应用

数据挖掘是从大型数据库中提取人们感兴趣的知识，这些知识是隐含的、未知的、有用的信息，提取的知识表示为概念、规则、规律、模式等。

1. 精准营销和个性化推荐

企业在客户画像的基础上对客户特征进行深入理解，建立客户与业务的精准匹配，满足客户的需求，实现精准营销。利用客户画像信息、客户行为习惯偏好等，可以为客户提供定制化的服务，优化产品和定价机制，实现个性化营销和服务，提升客户体验与感知。

2. 客户生命周期管理

客户生命周期管理包括客户获取、客户成长、客户成熟、客户衰退和客户离开五个阶段。在客户获取阶段，可以通过算法挖掘和发现高潜客户；在客户成长阶段，通过关联规则等算法进行交叉销售，提高客户人均消费额；在客户成熟阶段，可以通过大数据方法进行客户分群（RFM、聚类等）并进行精准推荐，同时对不同客户实施忠诚计划；在客户衰退阶段，需要进行流失预警，提前发现高流失风险客户，并做相应的客户关怀；在客户离开阶段，可以通过大数据挖掘高潜回流客户。

（二）大数据技术在客户服务中的具体应用

运用大数据，企业可以搜集客户的消费数据并对其进行分析，可推断客户的个人偏好、需求等，进一步预测客户将来的购物行为和需求，从而将相对应的产品信息精准地推送到客户面前，最大限度地挖掘市场机会。

在大数据时代下，企业基于大数据分析，提取出背后的数据逻辑，从而准确地预测、分析市场，在此基础上制定的营销策略将更准确、更有针对性，也更实用。企业基于大数据分析平台，通过购买集中度分析等，可以集中更多的促销资源回馈高价值、高贡献的客户。

（三）运用数据库可以实现客户服务及管理的自动化

客户数据库还能强化企业跟踪服务和自动服务的能力，使客户得到更快捷和更周到的服务，从而有利于企业更好地保持客户。通过对客户历史交易行为的监控、分析，当某一客户购买价值累计达到一定金额后，可以提示企业向该客户提供优惠或个性化服务。

另外，企业建立客户数据库后，任何业务员都能在其他业务员的基础上继续工作，不会出现由于某一业务员离开造成业务中断的情况。

三、客户体验的重要性

（一）数字化放大了客户对体验的期望

在数字化时代，体验成为企业核心竞争力的一部分，数字化赋予人们更多的选择，顾客希望企业能取悦他们。数字化场景中的每一次点击、每一次互动，或增强客户体验，或削弱客户体验。如果企业的服务没能传递良好的体验，那将失去利润。

（二）好体验赢得客户

客户值得企业更好的对待，良好的体验可以帮助企业赢得一个义务的服务大使。帮助客户获得良好体验的行为如下。

（1）理解客人期待。

（2）提供符合预期的产品或服务。

（3）预测性服务能力。

（4）建立快速便捷的沟通渠道。

（5）表达同理心。

（三）差体验赶走客户

数字化技术加速了信息的传播速度，扩散了信息的影响范围，这同时导致客户端的信息变得更加透明，客户对体验的期望有所提高。差体验带来的结果如下。

（1）82%的人因为糟糕的体验而停止与该公司的业务。

（2）95%的人会在遇到糟糕的体验后采取行动。

（3）79%的人会把糟糕的体验告诉别人。

四、数字化客户服务的5S原则

（1）速度（Speed）。数字化客户对速度的要求变得越来越重要。

（2）简单（Simple）。数字化客户希望拥有简单的产品和服务。

（3）无缝（Seamless）。数字化客户希望每一次的体验交互是无缝的。

（4）智慧（Smart）。数字化客户希望提供的体验具有时代的特征。

（5）惊喜（Surprise）。数字化客户希望服务能够超越产品本身。

五、数字化客户服务中人工智能的应用

随着电子计算机技术和自动化技术的发展，人工智能也逐渐发展了起来，越来越多的企业积极提供电子自助设备、电话语音系统等人工智能技术来降低运营成本，同时又能满足客户对服务的需求。人工智能是一种便利且有效的服务形式，客户通过服务企业提供的技术界面，按照服务规范与标准化流程，在没有客服人员直接参与的情境下，自行生产并消费服务。

人工智能的特点如下。

（一）技术依赖性

在人工智能中，技术发挥着重要作用，人工智能的平台、流程都以技术为基础，可以说服务企业与客户是以技术为媒介完成服务的生产和消费的。

（二）流程性

人工智能采取的是标准化服务模式，服务企业设定好服务流程，客户就可以按照操作流程进行操作。

（三）便利性

人工智能打破了时空和人际接触的限制，基本提供全天候服务，通过网络平台、移动客户端等渠道，客户可以足不出户，自由选择技术界面来接受服务，这些为客户带来了极大的便利。传统的人工服务需要客服人员与客户同时在场，这就对服务接受的时间、地点等方面有诸多限制。

案例分享

智能加油站

智能加油站与普通的加油站有天壤之别：用户从进入、加油、支付到离场，看不到一个服务员、收银员。用户也不需要下车，连油箱盖都不用拧！

从此以后，加油的过程将变成下面这样。

第一步，汽车进场，自动识别车牌、车型、App账户、汽油型号，全自动读取识别。（事先需要在某App里绑定车辆和车牌。）

第二步，到指定位置停车，摄像。

第三步，搭载红外线摄像头的“机器人”（一支机械臂）自动帮用户打开油盖。

第四步，自动选择汽油—加油—油满拧上油塞—关上油盖。

第五步，直接开走，从该App账户中自动扣款。

这个加油站不用排队、不用动手、不用结账、没有收银员，更没有现金。这样的加油站会减少大量人工成本，让加油的效率更高。另外，智能加油站的系统还能分析出当日来加油的什么车最多、95#加的多还是98#加的多、平均加油时间是多少，甚至分析出真实油耗。

资料来源：作者根据相关资料整理

六、数字化客户服务的优点

（一）智能化地与客户沟通并且提供服务

人工智能的语音识别技术、人脸识别技术、情感感知技术，能够识别客户并且在和客户交流过程中熟悉客户，回答客户提出的问题、介绍产品；客户输入数据办理业务的时候，可以将数据输入后台进行分析，了解客户的需求，智能地向客户进行产品推荐。智能语音客服主要运用了语音识别功能和语音数据挖掘功能，当客户提出简单问题的时候，语音客服可以直接回答客户。如果问题比较复杂则会转接人工客服来为客户进行解答。智能文字客服会记录客户在网上银行和电子银行上的操作，通过后台系统智能分析客户可能遇到的问题。当客户点击客服的按钮时，智能文字客服会智能地为客户提供问题及最近客户提到的热点问题。只要客户点击问题或提问其他内容，智能客服就会迅速对其进行解答。

（二）确保客户服务的稳定性

客服部门每天有大量的访客和咨询，因此需要高效快速地处理客户的各种问题。同一个客服人员在不同的状态下，提供同样一项服务也会不一样。因此，为了降低和减少服务的差异，确保服务质量，除了对客服人员进行管理外，企业还可以让机器代替部分客服人员。以机器代替客服人员可以克服由于不同的时间、不同的地点、不同的状态、不同的客服人员等因素造成不同的服务水平的问题。这是因为与人相比，机器所提供的服务要稳定得多，企业用机器代替人可以以“绝对标准”的服务为客户提供无差异的服务。

现在很多的餐馆都已经使用平板电脑进行自助点菜。例如，客户自己通过平板电脑点菜品，先选择哪种肉类和素菜拼成一锅，再选择不同口味的酱汁，再从不辣、微微辣、微辣、辣、非常辣中选择辣的程度，然后选择其他的菜品或酒水饮料，最终确认菜单。这时后厨便自动收到客户刚才所点的相应菜单及桌号。在这个过程中，各种菜品、酱汁等的特点都有清楚的文字、图片描述，客户还可看到厨师制作的工艺流程的视频。如此，客户不会因为服务员介绍得不仔细而没有了解清楚某些菜品，服务员也不会因为疏忽而上错了菜品或酱汁。餐馆通过这种方式，消除了在这一系列复杂过程中由于服务员个人的人为过失所引起的服务质量差异。

（三）提高客户服务的效率

（1）知识库、快捷回复、系统自动应答节省重复工作量，极大提高响应速率。按使用频率自动排序并可自动累积的知识库系统，以及常用语常用链接的设置，能够在客户询问已知问题时快速响应，即使是新手客服，也能快速为客户解答疑难。

（2）服务过程实时监控，提升客服服务质量。管理人员可对每日的服务情况进行实时监督，从而保证了服务质量，并可促进服务效率。

（3）工作绩效分析报表更好实现绩效考核。数字化客户服务可将客服的工单受理数量、处理时间、问题类型等多种信息进行综合考量，分析结果将在企业进行客服绩效考核时提供有力参考，从而达到监督工作，提高服务质量的目的。

（4）服务数据存档，记录客户完整的支持服务信息，还能完整记录客服职员的客户支持服务历史。即使有资深的客服人员离职，其支持历史会在工单上记录，完全不会影响到企业的客户支持服务。

（5）优化工作流程，提高流程效率。对工作流程实现高度自定义和分配功能，能够及时将客户提交的问题流转至相应人员处理，并通过清晰易懂的工单操作管理系统来简化客服职员的工作流程，提升工作效率，从而服务更多客户。

（四）能降低企业的成本

数字化客户服务能够按年龄、性别、产品访问深度，预先将用户进行分类之后，直接将对应领域的客服人员进行匹配，合理分配资源，可以使客户对企业的满意度有所提升。

在客户的问题解答方面，在线客服系统支持文字、图片、视频、语音、H5、图文等多种消息形式给予解答。

数字化客户服务还可以对每一个访问的客户进行访客记录保存，方便日后及时分辨出新老客户，直接进行有效分组服务。这样可以帮助企业降低客服成本，同时提升客服效率，让客户体验感更佳。

任务评价

学生分组进行数字化客户服务管理调研，教师进行考评并填写考评表（表5-2）。

表5-2 数字化客户服务管理调研考评表

考评人		被考评人	
考评地点			
考评内容	数字化客户服务管理		
考评标准	内容	分值	得分
	查找数字化客户服务资料	15	
	通过5S原则来制定服务标准	30	
	编写一段客户投诉案例及解决方案	20	
	进行完整汇报	20	
	任务完成积极主动，团队成员合作良好	15	
合计		100	

注：考评满分为100分，60~70分为及格，71~80分为中等，81~90分为良好，91分以上为优秀。

思政园地

匠心服务

苏宁电器是中国3C（家电、电脑、通信）家电连锁零售企业的领先者。截至2005年12月底，苏宁电器在中国27个省和直辖市，90多个城市拥有近300多家连锁店，员工人数达70 000多名。据商务部统计数据显示，2005年苏宁电器销售额近400亿元。苏宁电器是“全国20家大型商业企业集团”之一。更为人称道的是苏宁的信息化工作，曾入选“2005年度中国企业信息化500强”，排名第45位，成为前百强企业中唯一入选的零售企业。以SAP/ERP为核心的苏宁信息化平台在国内商业零售领域是第一家。

基于ATM专网实现采购、仓储、销售、财务、结算、物流、配送、售后服务、客户关系一体化实时在线管理。适应管理和处理日益庞大的市场数据的要求，建立全面、统一、科学的日常决策分析报表、查询系统。有效控制物流库存，大幅提高周转速度，库存资金占用减少，盘点及时有效。电脑区域配送派工。完善售后服务系统（送货管理、安装管理、维修管理）为客户服务中心提供强有力的基础服务平台。通过多维分析模型、商品生命周期分析模型等现代分析手段，综合运用数据仓库、联机分析处理、数据挖掘、定量分析模型、专家系统、企业信息门户等技术，提供针对家电零售业运营所必需的业务分析决策模型，挖掘数据的潜在价值。

BtoB、BtoC、银企直联构筑的行业供应链，实现了数据化营销。与索尼、三星等供应商建立了以消费者需求和市场竞争力为导向的协同工作关系。知识管理和数据库营销成为基本工作方式，标志中国家电和消费电子类产品供应链管理从上游厂商制造环节，延伸至零售渠道环节。苏宁与索尼、摩托罗拉率先实现B2B对接，与LG、三星、海尔等上游企业B2B对接完成，贯通上下产业价值链信息系统初具雏形。供销双方基于销售信息平台，决定采购供应和终端促销，实现供应商管理库存功能，加强产业链信息化合作，建立电子商务平台与现有的SAP/ERP系统完美结合，行业间B2B对接，订单、发货、入库和销售汇总等数据实时传递、交流，大幅度缩减业务沟通成本；建立完善的客户服务系统及信息数据采集、挖掘、分析、决策系统，分析消费数据和消费习惯，将研究结果反馈到上游生产和订单环节，以销定产。

苏宁全国100多个城市客户服务中心利用内部VOIP网络及呼叫中心系统建成了集中式与分布式相结合的客户关系管理系统，建立5 000万个顾客消费数据库。建立视频、OA、VOIP、多媒体监控组成企业辅助管理系统，包括图像监控、通信视频、信息汇聚、指挥调度、情报显示、报警等功能，对全国连锁店面及物流中心实时图像监控，总部及大区远程多媒体监控中心负责实时监控连锁店、物流仓库、售后网点及重要场所运作情况，全国连锁网络“足不出户”的全方位远程管理。

实现了全会员制销售和跨地区、跨平台的信息管理，统一库存、统一客户资料，实行一卡式销售。苏宁实现20 000多个终端同步运作，大大提高管理效率。苏宁各地的客服中心都是基于CRM系统为运作基础的。客户服务中心拥有CRM等一套庞大的信息系统，CRM系统将自动语言应答、智能排队、网上呼叫、语音信箱、传真和语言记录功能、电子邮件处理、屏幕自动弹出、报表功能、集成中文TTS转换功能、集成SMS短消息服务等多项功能纳入其中，建立了一个覆盖全国的对外统一服务、对内全面智能的管理平台。

依托数字化平台，苏宁会员制服务全面升级，店面全面升级为会员制销售模式，大大简化消费者的购物环节，方便顾客。现在，累积积分可以冲抵现金，成为苏宁吸引消费者一个重要因素。目前苏宁针对会员消费者，推出会员价商品、会员联盟商家、会员特色服务等专项服务内容。

比如某一款产品限量特价之后，顾客荣誉卡里记录着该顾客的信息，苏宁可以提前通知这些有意向购买这个商品的顾客，把优惠让给他们，而不需要他们排队。

另外，苏宁针对客户的个性化优惠变得切实可行，比如苏宁可以给某些有着良好购买记录的顾客直接现金优惠，也可以根据对方的购买习惯打包进行捆绑式销售，这些都给顾客带来实际效益。而且让利是可见的，是实时的，比大规模没有针对性的促销更有利。

只有针对客户需求，练就善于开发客户、倾听客户、了解客户、沟通客户的扎实基本功，才能在服务细节上出奇制胜；同时还需要持续修炼强大的心理承受力、坚忍执着力和自制自控力，才能真正实现优质甚至卓越的客户服务目标。

资料来源：作者根据相关资料整理

讨论：

苏宁的服务理念是什么？

拓展阅读

资料二则

任务三 门店会员数字化管理

任务导入

在新零售信息化时代，行业讲究数字化运营，会员数字化通过数据和数字来呈现会员的消费情况和消费属性，能让商家更深层次地挖掘会员的需求，商家可以利用相关的数据来区分各个等级的会员权益，满足了不同等级的会员体验，同时还可以根据不同等级会员制订针对性的营销计划，深挖会员需求，实现全方位会员维护。请同学们以小组为单位做调研表格和查找资料，写一份浅析数字化门店会员管理报告。同学们要从会员管理的四大模块进行分析，即会员管理模块、消费分析模块、商品管理模块和数字分析模块。

任务准备

在数据时代消费的背景下，实体门店如果不能主动求变，升级线上营销能力，实现数字化会员管理，那么必然被时代所淘汰。同样，实现数字化会员管理的目的也是解决会员沉淀，提升门店的业绩。

虽然一直以来，实体门店都搭建了会员体系，但是会员营销的效果却不佳，不能对门店会员资源进行有效利用。尤其是在线上经济火热的形势下，升级数字化会员管理已经势在必行。如何实现这一点，需要进行重点分析。当商业模式转为线上线下一体化，最终的竞争将是数字化水平的竞争。搭建会员数字化运营体系，将是实体门店数字化转型的助力。

一、门店会员制的形式

（一）数字化订购形式

在现在互联网经济时代，有很多线下实体门店也开始增加会员服务。例如，沃尔玛集团的山姆会员店，顾客办理会员卡才可进店消费，这样的企业需要消费者订购企业提供的内容、功能和服务等。会员也可以通过网络企业App享受会员价格的商品。

（二）线上社群会员形式

会员通过免费或付费的形式开展互动。无论什么样的社群，不管有没有具体的产品或服务，或者仅仅只是一个聚集人的小圈子，只要社群的发起人设定了门槛，而不是任何人员都可以进入的话，就是筛选人群（内容也是筛选人群的另外一个手段）、提高社群成员黏性的一个良好手段。如果社群成员愿意为加入社群付出金钱，那么基本可以认为这个粉丝对社群是高度认同的。所以，社群引流是很好的趋势。

（三）会员忠诚度提升形式

会员通过消费而获得奖励的积分计划首先是企业发起的，用来奖励顾客的特殊行为，比如消费行为、推荐行为等。在一定时间段内，根据顾客的积分额度，提供不同级别的奖励，从而刺激消费者提升消费额。决定积分计划成败的一个关键因素是，是否能够建立一个丰厚的、适合目标消费群体的奖励平台。

（四）持续盈利的会员体系

持续盈利的会员体系包括以下几个特点。

1. 明确的目的

目的不一样，会员体系一定不一样，单纯地以为会员卡的用途就是折扣、积分、储值是错误的，会员方案一定是要为客户实现明确的目的。在匹配后续具体方案的时候，针对什么样的产品适合做引流型会员方案，什么样的产品适合做黏性型会员方案，什么样的产品适合做盈利型会员方案，这些都存在密切关系。

2. 合适的称谓

会员经济的本质，是人对归属感的需求。不同类型的会员，要给他们一个符合归属感的称谓。归属属性，比如小米的会员，称为“米粉”；豆瓣的核心用户，称为“豆粉”。

3. 设置入会门槛

设置会员门槛首选方案是付费，把会员资格明码标价，顾客付费之后才能获得对应的特权。这种趋势要求实体门店进行更多思维层面的转变，以前是产品思维，即想办法把主营产品卖好，从中赚取差价，形成利润。但现在，实体门店不仅同质化竞争严重，还要担心互联网巨头打着新零售的旗号大搞价格屠杀，靠产品利润生存变得越来越艰难。

4. 会员权益

会员权益要求客户重点考虑软性服务、稀缺资格等方面的设计。除了会员日，客户还可以关注会员区、会员生日等。

5. 回本机制

回本机制是在会员特权的基础上，进一步解决顾客不愿意付费办会员的重要步骤。例如，一家玩具店发行59元的会员卡，持卡的顾客享受VIP特权，然后玩具店送价值30元的小汽车模型一盒，再送30元代金券。于是顾客花59元，可以得到一盒汽车模型，然后还获得了等值的消费抵用券。这个代金券和赠品，就是回本机制，让客户快速打消入会费的顾虑。这些都是为了解决入会费的回本问题，目的是让顾客觉得，办卡之后，立马能把花出去的钱省回来。

二、门店会员提升

（一）会员数据的采集与跟踪

精准的会员信息是数字化会员体系的基础。会员信息包括会员的基本个人信息，如联系方式、性别、年龄等一般性信息；也包括会员的消费信息，这部分信息对推动营销的作用更大。消费信息包括消费喜好、消费水平、消费频率、潜在升值空间等。只有真正把握了会员在门店的消费动态，才能对其进行更精准的营销推广，提高成交率。

（二）会员数据线上线下的贯通

想要实现数字化会员运营，就必须解决会员数据线上线下割裂的问题。通过使用门店管理系统，实现会员群体的分类，建立会员专属权益，在会员与门店之间搭建快捷、方便的触达渠道，实现两者之间的高频、积极互动。在推广营销活动的同时，做到对会员数据的进一步积累和跟踪。

（三）会员数据的应用

传统实体门店的会员低频、难识别、互动不深。而数字化会员则意味着可识别、可触达、可转化。基于精准的会员数据，门店可以丰富服务场景、实现精准营销、达成线上线下一体化销售，最大限度地提升会员运营。如优惠券发放、多人拼团、老客带新、多级分销、共享店铺等营销等功能和玩法，至少能为门店提升20%的业绩。

会员数字化是运营的基础，能充分释放并提升会员的价值。会员数字化是实体门店全面数字化转型的一个重要前提。实体门店想要获得长远发展，就必然要实现数字化转型。

三、门店会员营销

企业门店如今逐渐意识到会员营销的重要性，开始借线上社交媒介来开展会员活动来刺激顾客主动到线下门店来消费。具体措施包括以下几种。

（一）会员卡自动绑定到微信

随着移动设备的支付覆盖，传统的会员卡已经不再适用，电子会员卡开始全面推广。在线下门店会员营销系统中，通过电子会员卡，消费者可以直接绑定到微信小程序或企业App内，每次进行线上支付时，可以随时享受相应的会员权益，同时实现直接在微信或App内查询、充值等功能，也可以查询购买记录等。门店经营者可以在小程序或App内设定会员浏览喜好、生日，给会员免费发放优惠，如优惠券、赠品等。这样不仅省去了不少的成本，还能促使顾客消费。

（二）门店会员积分

会员积分是每个企业最常用的方法，无论是实体店还是线上。线上会员营销的积分兑换与使用途径决定了会员的积极性。在大多数的企业会员营销系统中，会员积分抵现与积分抽奖功能将会员积分在消费时直接抵扣现金使用，抽奖送礼品或现金券大大刺激了会员积分兑换的积极性，提升了消费者的参与度。

（三）产品质量

要做好门店会员营销绝对不能忽视产品的质量，产品好比是门店的核心，产品的质量才是企业最大的竞争力。

任务评价

学生分组进行门店会员数字化管理调研，教师进行考评并填写考评表（表5-3）。

表5-3　门店会员数字化管理调研考评表

考评人		被考评人	
考评地点			
考评内容	门店会员数字化管理		
考评标准	内容	分值	得分
	做调研表和查找资料	15	
	分析企业如何实施会员数字化管理	30	
	通过四大模块：会员管理、消费分析、商品管理、数字分析，进行报告撰写	20	
	不少于3 000字报告，进行完整汇报	20	
	任务完成积极主动，团队成员合作良好	15	
合计		100	

注：考评满分为100分，60~70分为及格，71~80分为中等，81~90分为良好，91分以上为优秀。

思政园地

西贝——知己知彼

案例数据：2020年4月数据显示，VIP会员堂食总体消费占比超40%，年人均复购次数为3次（普通顾客是1.2次），人均客单价100元左右。

案例详解：（西贝会员数据&服务中心高级总监魏骅然分享节选）

1. VIP会员的目的是锁定老顾客群体

西贝会员是从线下门店的实体会员卡开始做起，最早的街边店都是客户经理与顾客一对一沟通。但随着商超店在全国布点越来越多和顾客流动性越来越大，小门店很难维护好越来越复杂的客户关系。因此，我们在2018年底正式推出了线上会员，希望通过系统节省人工操作，将有价值的信息传达给顾客，并及时收到顾客的反馈。

目前西贝数据库显示，在15个月内有过消费记录的顾客有2 000多万；其中有1 500多万公众号粉丝；500多万粉丝同时注册了手机号和生日信息两项有效信息（只提供其中一个信息的不计算在内）；其中又产生了200多万VIP会员，这些用户算是我们最私域的流量。

VIP会员来源有两个：第一，主动付费成为VIP年卡会员；第二，在过去的12个月内，至少消费4次且消费金额在1 000元以上，可以享受VIP会员价格和积分权益，但不享受VIP年卡会员优惠券权益。

这部分会员多是老顾客，对西贝的认可度最高，互动的频率也最多，经常可以从他们那里获得大量反馈。我们做VIP会员的目的是锁定有意愿成为老顾客的群体，与老顾客建立更多的联系，而不是盲目扩展VIP会员。

2. VIP会员年人均复购3次

我们更看重门店顾客中有多少人留存下来，隔多久会回头消费，回头消费的过程中带动了多少新顾客来店体验消费，最后通过数据分析结果去指导门店服务好顾客。2020年4月份的数据显示，VIP会员堂食总体消费占比超过40%，年人均复购次数为3次（普通顾客年人均复购次数是1.2次），人均客单价是100元左右。

3. 企业微信是客服和互动渠道

2020年，整体堂食业务全面停止，外卖系统也没有完全恢复，人力配送服务也跟不上，我们就开始尝试用企业微信运营，当时上面有9万多名用户。截至4月底，西贝全国门店的微信用户总数为113 000人。

随着市场不断恢复，还有不少顾客在企业微信上互动，但下单量基本没有了，因为大家可以出门就餐或在外卖平台上直接下单。现在主要把它当作一个客服和互动渠道。

其实在2020年之前，西贝并没有全线搭建企业微信渠道，只在北京和广东等区域进行，且用户反响特别好。接下来我们会继续在全国范围内推广企业微信服务，同时培训员工学会如何跟顾客互动。

目前我们内部也做了一份训练资料，主要培训员工在客服和互动方面的技能：第一，接受顾客的咨询和投诉及其他客服需求；第二，通过企业微信渠道发布有价值的信息；第三，满足顾客在线上的各种需求。

4. 以建立用户管理系统为目标

以前是用实体卡积分和充值做会员服务，通过短信触达顾客，每个客户经理可能只能定期跟几十个客户做互动。现在我们会员数据&服务中心总共才30多个人，完全可以管理好全国2 000多万会员。我们现在的方向是将私域完善成一个工具，让顾客和门店之间建立更多的联系。

未来我们希望将会员系统在微信端和支付宝端都建立起来，将移动支付的用户全部覆盖到。支付宝主要是支付属性，社交属性比较弱，但支付宝与阿里平台内各项功能的链接比较紧密，比如链接天猫和饿了么，可以将我们这些功能之间的数据打通，从而建立用户管理系统，为顾客推出更多有价值的服务。

资料来源：见实．私域会员：9大连锁行业26个案例集锦（上）[EB/OL].（2022-05-22）[2023-05-24].引用时有修改

讨论：

总结在当今的大数据时代怎样通过门店会员管理更好地服务于顾客、服务于社会。

拓展阅读

上海南翔印象城

项目小结

如今的消费群体是80后和90后为主，他们有自己的消费认知，特别重视服务体验，所以传统的零售业已经无法满足现在的消费者的需求，他们追求的是更好的、更高效的、更便捷的服务。怎么去做到更大化的满足消费者呢？就是使传统的销售步骤变得新颖起来，让传统的门店变成新功能的门店，彰显出按照生活方式进行卖场理念，实行线上购买，线下交易，使消费者有更多的休息时间。传统零售无论如何向新零售过渡，最终都是要为消费者服务的。通过本项目的学习，了解数字化零售近几年发展较快，在连锁企业经营竞争日益激烈的情况下，客户服务已成为连锁企业核心竞争力的一部分，企业的竞争力也是服务客户的能力，服务与营销密不可分，服务就是营销。

课后练习题

一、单选题

1. 社交偏好属于客户画像哪类信息类型（　　）。

A. 人口属性特征　　B. 行为特征信息　　C. 轨迹旅程信息　　D. 交易消费信息

2. 客户服务是指企业为目标客户提供适当的产品或服务，满足客户的适当需求，使企业和客户的（　　）都得到提升的活动过程。

A. 满意度　　B. 体验　　C. 需求　　D. 价值

3. 客户良好的（　　）是网店的生命源泉。

A. 信用　　B. 仪容仪表　　C. 评价　　D. 体验

4.（　　）是记录用户行为和描述用户行为特征相关的信息，包括浏览点击、内容偏好、位置记录、兴趣爱好、生活方式等与个人行为相关的信息。

A. 行为特征　　B. 社交信息　　C. 属性特征　　D. 社会信息

5. 客户画像中应用的（　　）主要是指静态的交易信息和行为记录，深度预测分析需要更加完备和连续的记录。

A. 支付信息　　B. 交易消费信息　　C. 消费记录　　D. 服务记录

6.（　　）就是自动分析内容用户喜好，根据人群标签特征进行智能化的个性化推送。

A. 精准获客　　B. 智能投放　　C. 个性化推荐　　D. 交叉销售

7. 服务的（　　）是服务最基本的特性，其他特性则都由这一特性派生而来。

A. 非实体性　　B. 过程性　　C. 不可储存性　　D. 差异性

8. 以下选项中不属于门店会员制的形式的是（　　）。

A. 数字化订购形式　　B. 线上社群会员形式

C. 持续盈利的会员体系　　D. 社群营销

9. 在网店交易的各个环节中，由于(　　)受多方面因素的影响，是卖家无法控制的，所以产生的纠纷很多，也是客户投诉最多的环节。

A. 网店员工问题　　B. 商品问题　　C. 物流问题　　D. 支付问题

10. 精准的(　　)是数字化会员体系的基础。

A. 会员信息　　B. 会员营销　　C. 会员数据收集　　D. 会员数据分析

二、多选题

1. 在处理投诉的过程中，始终以维护店铺/品牌的形象、挽救客户的满意度为前提，要有换位思考的意识，服务过程中坚持(　　)的原则进行。

A. 避免升级　　B. 及时安抚　　C. 语言得当　　D. 合理调解

E. 最大化赔偿

2. 处理客户投诉时采取的策略包括(　　)。

A. 先答应客户的请求，再做处理　　B. 认真耐心地听取投诉并记录细节

C. 积极回应，及时做出解释　　D. 及时道歉，安抚客户情绪

E. 找同事或主管帮忙解决

3. 客服在与买家的沟通过程中，不同情景都有相应的话术规范格式，其中纠纷处理话术的基本格式中包括(　　)。

A. 品牌宣导　　B. 问候　　C. 解决方案　　D. 致歉

E. 补偿

4. 数字化客户服务的原则包括(　　)。

A. 惊喜　　B. 简单　　C. 一致　　D. 智慧

E. 惊喜

5. 以下选项中属于门店会员制的形式的是(　　)。

A. 会员折扣形式　　B. 数字化订购形式

C. 线上社群会员形式　　D. 会员忠诚度提升形式

E. 持续盈利的会员体系

三、简答题

1. 简述客户画像信息类型有哪些。

2. 数字化客户服务沟通技巧可以分为哪几类？

3. 简述数字化客户管理的主要步骤。

4. 人工智能的特点有哪些？

5. 简述客户数据收集的原则。

扫一扫看答案

项目六　员工数字化管理

学习目标

知识目标

1. 掌握员工数字化管理系统的使用。
2. 掌握员工数字化招聘的方法。
3. 掌握员工数字化考核的方法。
4. 掌握员工数字化奖酬的设计要求。

能力目标

1. 通过招聘数字化管理的学习，能够正确进行员工招聘。
2. 通过考核数字化管理的学习，能够正确进行员工考核。
3. 通过薪酬数字化管理的学习，能够正确进行门店薪酬设计。

思政目标

1. 了解门店发展当前经历的市场环境，提高创新意识。
2. 梳理大数据思维，培养数字化意识。
3. 培养善于发现问题和解决问题的意识。

任务一　员工数字化管理系统设计

任务导入

数字化管理，是企业利用数字信息技术和软件技术，将物理信息、流程、标准转化为数字化的信息流，并以此为基础展开的组织管理、供应链、人力管理、生产运营管理、销售和售后等的一系列转型，从而赋能企业经营。应用数字化管理系统，是企业数字化管理转型的必经之路。请同学们查阅资料，每个小组选择一种熟知的数字化管理系统，并以小组为单位进行交流介绍。

任务准备

随着科技的发展和数字化时代的到来，对员工进行数字化管理已经成为企业和门店等不可避免的趋势。数字化员工管理能为企业或门店带来许多好处和便利，比如提高工作效率、降低人力成本、优化组织结构等。

一、员工数字化管理分析

（一）员工数字化管理分析

员工数字化管理是指在新经济时代背景下，运用大数据、互联网、云计算等信息技术，通过计划、组织、领导、控制等职能，协调以人为中心的人力资源与组织活动。

数字化管理有三个维度的特征：管理内容的知识化、管理手段的信息化、管理行为的融合化。

（二）员工数字化管理的属性分析

员工数字化管理既是一门科学，也是一门艺术。

员工数字化管理是一门科学。管理本身就是一场与人打交道的社会活动，存在着一定的客观规律。数字化管理是运用计算机网络、大数据等平台辅助进行管理的一种方式，更需要科学的计算和运筹，在逻辑的基础上，遵循客观规律，建立系统化的管理体系，形成一套管理理论，并应用于实践当中。

员工数字化管理是一门艺术。如果把科学性说成是按规章制度办事，那么艺术性就是要在规章制度的基础上讲究一定的方法。在门店实际工作过程中，可能发生的事情是千变万化的，处事方法就需要灵活多变、因地制宜。同时，还需要富有创造性，面对不同员工的不同需求，要有不同的解决方法。如果一味地用科学数据说话，不考虑员工社会心理需求，会降低员工归属感与满意度，因此需要在实践经验与科学的基础上，创造管理的艺术性与技巧性。

数字化管理的科学性与艺术性是相互作用、相辅相成的。在客观规律的基础上，多一些灵活性和创造性，使两者共同发挥数字化管理的职能，促进门店目标的实现。

二、员工数字化管理系统结构

员工数字化管理系统的构成，一般有以下几个要素。

（一）管理目标

所有的管理行为都是为了组织目标的实现，管理系统的建立与运行的出发点与归宿也是为了管理目标的实现，管理目标是管理职能的集中体现。

（二）管理主体

管理主体即管理者，是整个管理系统中最核心的要素，也是最关键的要素，是管理系统运行的主要推动者。管理者按管理层分，又分为高层管理者、中层管理者、基层管理者，无论是哪个层次的管理主体，都有一个共同的目标，就是实现组织目标。

（三）管理对象

管理者是管理系统的主体，那么管理对象就是管理系统中的客体。管理对象既包括人员，又包括资源，是门店组织中所有的构成要素。管理对象作为受作用的一方，在管理职能活动中，有重要的影响作用。

（四）管理媒介

管理媒介就是管理过程中使用的方式和手段。

（五）管理环境

管理环境在管理活动实施过程中，发挥着重要的作用。环境往往会影响人的行为和思想，并对管理结果产生一定的影响。

三、数字化系统建设的组织管理

对于门店来说，销售不是唯一的任务，门店日常运作还有人力资源管理等内容。如何进一步提高门店运营效率，是摆在众多管理者眼前的关键问题。在数字化管理逐渐追赶传统管理脚步的浪潮中，越来越多的管理者开始结合信息技术手段进行组织管理，通过对门店有关信息不断地发掘、整理、传输、存储和应用，最终实现智能化、数字化的高效管理体系。

（一）数字化系统建设的实施

1. 委托第三方开发

当门店自身力量不足时，可委托第三方专门提供数字化系统服务的机构来进行开发。此种机构可以是一家公司，也可以是多家公司开发。比如，硬件供应商、系统软件设计商、系统集成商等。

2. 门店自行开发

对于规模较大、信息技术成熟的门店来说，自行开发数字化管理系统也是完全可以的。在人员充足、计划周密的基础上，组成技术开发小组，领导牵头，集合设计人员、分析人员、程序员、网络技术人员、各部门领导等人员，按照重点部门先后顺序，选择开发的项目，开展系统开发工作。

3. 购买现成的系统

对于一些小规模、业务种类比较单一的门店来说，购买现成的数字化系统是一个不错的选择。例如购买一些CRM、ERP等，省去找第三方和自己开发的烦琐步骤，可以直接购买使用。

（二）数字化系统建设的使用

近几年来，相比很多线上平台，不少实体企业与门店在夹缝中生存，甚至倒闭。在这种大环境影响下，数字化系统的建设和需求就不断演化推进，成为主流。

门店的数字化系统建设不光在整体运营上使用，还需要渗透具体的各个部门，比如在线人力资源管理、在线招聘、在线办公、在线考核、绩效数字化都成为众多门店企业最为紧迫的需求。例如，该如何实现招聘流程数字化、员工考核数字化、薪酬管理数字化，如何运用数字化系统等。

1. 软件使用培训

门店无论是自己开发、委托第三方还是直接购买的软件，需要熟练掌握才能正式投入使用，而且需要整个团队都可以轻松便捷地使用该软件，因为数字化管理需要每一名员工配合使用才能完成。

2. 建立完善的信息池

无论是门店招聘人才、工作考核还是绩效考核，都需要提前完善信息系统。比如门店要招聘优秀的人才，其实本质就是投其所好。相关人员提前花时间去了解门店所倾向的未就业人员有哪些、他们的生活方式、他们的预期收入、他们的爱好，以及他们喜欢从哪些地方获取招聘信息等，并基于此，建立与其相关的信息池。按照受众群体去拓展信息渠道是很重要的。

3. 打造良好的声誉

一家门店要想被大众熟知、认可、记住，品牌的力量是必不可少的。被大众熟知的品牌门店，一般都会有自己特色的品牌文化和行业风格，无论是在社交媒体、还是网站上，都会第一时间吸引人的目光。这样对于招聘、考核甚至薪资管理上都是有利的，不仅可以很大程度上降低管理成本，还可以吸引优秀人才加入。

4. 系统设置透明公正

数字化时代讲究的是公平公正，每一项数据都要有凭有据。在系统建设过程中做好信息公开和透明公正的易于浏览的选项，这样的筛选方式，无论是在招聘还是考核过程中都是很好的体验。例如，门店对求职者的工作技能进行评估、求职者对公司作出真实的评价、在线提供案例提供模拟场景、月度考核加分明细等。

5. 创建意见反馈系统

听取员工真实反馈是门店稳中求进的一种策略。员工的想法、意见与问题有时候比领导者眼中看到的更加真实。利用反馈系统来筛选员工填写的反馈条目，根据领导需要进行优先筛选，进而不间断地改进解决。不能只看对门店有利的，员工的人文关怀也是重点关注内容之一。

6. 设计跟踪指标

跟踪指标是为了下一次的具体工作而提前预测的问题。比如，门店通过人才招聘，使用行业标准的绩效指标来衡量进度。通过设定精确的目标，在一定时间阶段后用员工各项综合数据与度量标准进行衡量，以此来判断此次招聘策略的成功率，从而进行数据的动态调整，以便更高效地达成门店的管理目标。

任务评价

学生分组进行数字化管理系统平台认知调研，教师进行考评并填写考评表（表6-1）。

表6-1 数字化管理系统平台认知调研考评表

考评人		被考评人	
考评地点			
考评内容	数字化管理系统平台认知		
考评标准	内容	分值	得分
	能够开展实时检索，检索内容科学有效，检索主题明确	15	
	查阅内容充实，对数字化管理系统有了更深入的了解和认知	30	
	检索内容结构完整，层次清楚，内容完整	20	
	检索内容准备充分，成果演示及答疑语言表达流畅	20	
	任务完成积极主动，团队成员合作良好	15	
合计		100	

注：考评满分为100分，60~70分为及格，71~80分为中等，81~90分为良好，91分以上为优秀。

思政园地

经营过程中的三座“大山”

“在未来20年、30年，甚至50年，零售行业有三点是不会发生变化的：一是顾客喜欢低价的东西；二是顾客喜欢送货速度更快；三是顾客希望有更多更快的选择。”

——亚马逊创始人杰夫·贝佐斯

实体商业正在全面复苏，但作为一个高度纵深的行业，商家之间的经营能力往往参差不齐。而在数字化趋势下，商业的更新迭代越来越快。传统商家想要继续提高店铺经营质量，三座“大山”摆在面前。

1. 线上连接的“大山”

当今商业经营的趋势，是通过线上、线下双渠道并行发展。但对于大部分实体商家来说，普遍缺乏线上线下连接的经验。

如何在经营线下的同时，与顾客达成线上连接，实现更高的业绩突破，成为商家的第一座“大山”。

2. 精准营销的“大山”

长期经营的商家能够积累一定的用户数据，但由于缺乏有效的数字化能力，最终只能依靠“经验”来营销。

如何整合、分析并使用数据，实现营销的精准触达，是第二座“大山”。

3. 智慧管理的“大山”

无论是传统的人工核账，还是“耳提面命”式的店员管理和分配，都需要耗费大量的时间和人工成本，不是最佳的选择。

对于商家来说，如何通过智能化工具，在云端实现店铺和店员的智慧管理，是第三座“大山”。

资料来源：作者根据相关资料整理

讨论：

在经营过程中，面对这三座“大山”，商家该怎么做，才能顺利摆脱难题呢？

拓展阅读

盒马门店的数字化管理，让数据高效运转是关键

任务二　招聘数字化管理

任务导入

在新时代背景下，很多传统行业的从业者被迫从线下转到了线上，数字化成为企业、

个体户生存下去的关键。企业转型应围绕数字化作出变革，且人才先行。企业数字化转型的重点，从来都不是增加技术难度和电子设备，而是建立全新的商业模式，并且在新模式下，促进人才团队以新的方式共同协作，“人才观念”的转型是数字化转型中不可忽略的重要部分。在数字化时代下，企业需要的不仅仅是领导人才，还有数字化人才，拥有一批数字化人才是企业数字化转型的根本保障，是企业数字化转型和发展最核心的要素，通过科学的方法选对和培养合适的数字化人才，企业才会在转型变革中获得最终成功。请同学们将应聘工作的经历，如通过哪些方式应聘、有没有数字化应聘的体验等，与大家进行分享。

任务准备

招聘是企业获取人才的一种重要方式，是企业人力资源管理的首要职能。如今，5G、云计算、大数据、人工智能等对人力资源管理产生了重要影响：通过网络，可以跨时空在全球范围内发布招聘信息，将招聘信息转变成数字化方式进行系统分析，从而完成人才选拔。

一、员工招聘数字化的要求

数字化管理对于门店运营来说有很大的应用价值。相关人员通过数字化管理，可以迅速地了解员工的合同状态、员工流动、员工招聘、员工分布、工资等情况。数字化招聘可以大大提高门店组织工作的速度和效能，使整个招聘的过程变得更加容易。员工招聘数字化就是确定门店组织内的职位需要后，利用数字化技术来寻找、评估、吸引、选择和招聘空缺职位候选人的方式。它包括网站招聘、移动招聘、社交招聘和在线评估等所有内容。

新员工招聘的核心就是找到最合适的人。新员工的思想品德素质、文化素质、心理素质、能力素质、身体素质等的优劣，直接影响到工作岗位的使用和效果，同时，还会影响到门店整体的氛围。判断只有一面之缘的陌生人的综合素质是很困难的，面对如此复杂并具有挑战的识人用人工作，相关人员在独具一双慧眼之外，必须要坚持以下原则。

（一）遵守法制原则

在人事招聘中，要严格遵守《中华人民共和国宪法》《中华人民共和国劳动法》等国家有关法律法规和政策规定，不搞身高、性别、种族歧视，禁止未成年人就业，平等就业，照顾特殊人群的工作权利，如若门店违反了有关法律、政策规定，门店要主动承担责任。

（二）效率优先、降低成品原则

首先，利用数字化理念提高招聘效率，要保证所招聘的人员能够充分发挥岗位作用，尽量不要让不合适的人占据不适合的位置；其次，在提高效率的基础上，尽量用最小的成本获得所需职位的最佳人选，同时，努力避免因门店员工离职等因素导致重新招聘带来的重置成本。

（三）公平公正的原则

公平公正是能够获得高素质求职者的基础，是吸引优秀人才的保证，是门店正向激励员工的一种高效方式。

（四）综合素质匹配的原则

门店是直接面向大众的，与顾客直接接触的门店员工是门店相关服务系统中的主要因素，他们的行为会对顾客产生极大的影响。员工的责任心、职业道德、身体容貌状况、智力水平、沟通能力、判断能力、工作效率等综合素质都需要考察。一般来说，招聘员工尽量选择素质高、质量好的人才，但不能一味地强求高标准、高素质，要根据门店的用人需求及职位分析得出的任职资格要求，运用科学的方法和程序开展获取工作，根据门店所需职位的性质选聘相关的人员，形成群体成员之间的互补关系，形成一种群体优势。

二、员工招聘数字化的程序

（一）制订招聘计划

制订员工招聘计划包括两个步骤：一是评估门店现有的人力资源状况，二是评估门店未来的人力资源需求。根据以上两个因素确定所要招聘的岗位需求，从而确定即将招聘的员工数量和种类。招聘计划作为具体招聘工作的行动方案，应包括的主要内容如下。

（1）确定数字化招聘使用软件。

（2）确定招聘小组成员名单和人员分工。

（3）确定招聘信息发布的时间和方式、渠道和范围。

（4）确定招聘对象的数量和来源。

（5）确定招聘流程、方法和结束时间。

（6）确定招聘评估部门。

（7）确定招聘预算。

（8）确定招聘评估的内容和标准。

（9）确定新员工上岗时间。

案例分享

公司员工招聘计划方案

一、招聘目标（人员需求），见表6-2所列。

表6-2　招聘目标表

职位名称	人数	岗位要求	其他要求	备注

二、信息发布时间和渠道

1. 报纸：××日报，×月×日。

2. 网站（人才市场）×××，×月×日。

三、招聘小组成员名单

组长：×××对招聘活动全面负责。

成员：×××（人力资源部薪酬专员）具体负责应聘人员接待、应聘资料整理；×××（人力资源部招聘专员）具体负责招聘信息发布、面试、笔试安排。

四、选拔方案及时间安排（略）

五、新员工的上岗时间预计在×月×日左右

六、费用招聘预算

（一）××日报广告刊登费×××元。

（二）×××招聘网站信息刊登费×××元。

（三）×××人才市场展位费×××元。

合计：×××元。

七、招聘工作时间表

×月×日：起草招聘广告。

×月×日—×月×日：进行招聘广告版面设计。

×月×日：与报社、网站进行联系。

×月×日：报社、网站刊登广告。

×月×日—×月×日：接待应聘者、整理应聘资料、对资料进行筛选。

×月×日：通知应聘者面试。

×月×日：进行面试。

×月×日：复试。

×月×日：向通过复试的人员通知录用。

×月×日：新员工上班。

人力资源部

××年×月×日

（二）发布招聘信息

发布招聘信息是向外界传递用人信息的首要环节。根据业务开展的需要和门店人员流动情况及时发布招聘需求，开展多样化的信息发布渠道。通过发布招聘信息，能够吸引足够数量的应聘者，以供筛选使用。与传统的招聘信息发布不同，数字化招聘在信息发布环节就大大节省了人力资源和时间资源，门店相关部门需要在信息发布前期精心设计信息内容、网页排版和相关链接，能够让应聘对象一目了然地了解岗位需求，以及自身是否符合应聘条件。

招聘广告信息需要设计者根据门店的性质、风格、文化特点去精心设计，要别出心裁，通常要注意的有以下几点。

（1）语言简明扼要。

（2）信息真实准确。

（3）明确基本条件。

（4）内容饱满吸睛。

其中信息内容应包括：企业基本情况、招聘岗位名称、具体岗位职责、岗位招聘人数、岗位任职资格、报名方式与时间节点、报名所需材料、薪资待遇、工作时间和地点、面试方式、联系方式等。

招聘是门店与应聘对象双向选择的过程。从发布招聘信息开始到面试结束，应聘者对门店的直观感受对门店招聘非常重要。所以，在整个招聘过程中，相关人员将门店自身的品牌塑造与文化融入招聘流程当中，是招聘的重要内容之一，这也是给门店带来优秀人才、良好口碑与商业机会的重要方式。

案例分享

海尔的微信招聘是怎么出圈的?

1. 开启

海尔从2015年开始布局微信招聘，当时移动互联网的发展趋势非常明显，手机端的操作越来越便利，与此同时找工作的场景相应地发生了改变，很多的操作由PC端向移动端过渡。大家可能更愿意利用碎片化的时间来看工作机会，这是外部大背景大环境的趋势和风向。

海尔一开始是在微信上进行雇主品牌建设和内容推广。伴随着移动互联网的不断发展，海尔也希望把微信公众号打造成人才吸引和转化的途径之一，增加求职和投递的入口。基于以上背景，海尔开展了微信招聘的工作。

2. 人员配备

海尔有一个专门的雇主品牌团队，专门做内容输出，同时还包揽每年公众号推文的撰写，长图、视频的制作和直播间内容的策划。同时，海尔还有一个运营的团队在做关于数据分析、数据反馈、粉丝运营、活动策划的工作。除此之外，海尔还有技术团队不断在自主开发、维护和完善微信端的功能。微信公众号的运营一直处于这样三方团队的“三角区”中。

3. 深耕

在强大的团队支持下，海尔从候选人体验、针对性群体运营和提升微信招聘转化率等方面不断地创新和精进。

资料来源：人力资源智享会&图谱.基于微信的招聘研究报告[R/OL].(2021-03-07)[2023-05-24].https://www.docin.com/p-2484117375.html.

(三)资格审查

资格审查是门店招聘报名结束后，门店人事部门根据求职者报名情况，参照岗位资格标准对求职者网络填报的求职申请表内容进行审核，也称初选或初审。资格审查的目的是让门店对求职者有基本了解，根据其基本条件，决定是否对其进行下一步考核和录用。

1. 申请表的设计

门店根据岗位的内容需求设计职位申请表，其中要注意相关法律法规和政策。在内容设计上，要注意区分内容类别，以便后期利用数字化进行筛选。

2. 求职申请表

求职申请表一般包含以下几个方面的信息。

(1)求职者个人情况：姓名，性别，年龄，出生年月日，籍贯，现居住地址，联系人姓名及联系电话，特长等。

(2)教育经历：求职者的最高学历，毕业院校，所学专业，技能证书等。

（3）工作经历：以往工作简历，如从事的岗位、薪资情况、离职原因等。

（4）生活和健康状况：家庭成员，健康状况。

（5）个人期望：期望薪资，最快到岗时间。

（6）其他。

3. 申请资格确定

资格审查是求职者能够成功进入门店的第一步，也是门店对求职者的最低要求，主要涉及学历、专业、年龄和工作经验等与应聘岗位密切相关的基础条件。

在资格审查过程中，要通过数据归纳，重点分析求职者各项材料的可信度及以往工作经历、经验和所掌握的技能等对现聘岗位的影响，分析其离职再就业的动机；将需要再次核实的信息做出标记，针对不同岗位的不同需求，利用数字排序将求职者的各项信息提前由高到低排列好，以便在面试时快速地做进一步了解。

（四）甄选与测评

甄选与测评是指对初审合格的应聘者进行笔试、面试和其他各种测评，以及对测评合格的人员进行体检和背景调查，最终确定候选人的过程，是招聘的关键环节。求职者是否符合门店招聘的要求，能否胜任工作岗位，都需要通过甄选来进行鉴别、评价。

经过数据分析排序，根据数字化对比的结果组织进一步的甄选和测评，在甄选和测评过程中应主要分析以下几点。

（1）能力。一个人能力的高低是不能被外貌、学历、见识等代替的。

（2）是否拥有高尚的职业道德和品格。

（3）个人特长。特长作为人的一种爱好和兴趣，在工作岗位上也发挥着不可替代的作用，一种优质的特长可以对门店运营起到重大的带动作用和意想不到的积极效果。所以，这一点不容忽视。

（4）个人社会资源。求职者以往的工作经历，资源人脉等良好的社会关系，都会给门店带来积极的促进作用，是隐形的财富。

（5）成长背景。求职者的各项心理健康表现与成长背景、成长环境息息相关。

（6）现场表现。面试过程中，最重要的是评估求职者的综合素质和综合能力，包括语言表达能力、交流沟通能力、问题分析能力、突发事件处理能力、自身情绪控制能力、判断能力和求职者的思想品德素质、文化素质、心理素质、团队精神、专业知识等（表6-3）。

以上问题的分析要建立在公平、合法、科学的基础之上。

表6-3 面试评估表

能力素质	评论	评分				
		1	2	3	4	5
表达能力						
决策能力						
主动性						

续表

能力素质	评论	评分				
		1	2	3	4	5
人际关系						
判断能力						
领导能力						
员工管理能力						
绩效管理						
解答问题						
对于产品的知识						
销售技能						
团队精神						
综合评价						
录用意见	□必须招聘　□招聘　□不予考虑					
签字栏	签名：　　　　　日期：　年　月　日					

备注：请评估人在对应栏内打√。打分为5分制，2分以下不予考虑；3分为平均分，4分为达到标准，5分为超出标准。

案例分享

应届生面试攻略丨“自我介绍”满分技巧

“请你简单地介绍一下你自己。”

“请做一个一分钟/三分钟的自我介绍。”

……

自我介绍是我们在面试中一定会遇到的经典问题。在所有的面试开始之前，面试官都会要求我们做一个自我介绍，可能是中文，也可能是英文，时间一般为1~3分钟。

面试前的自我介绍非常重要，在很大程度上可能会决定整个面试过程的基调。所以在面试前，我们要认真准备自我介绍。

一、自我介绍的分类

（一）破冰式自我介绍

破冰式自我介绍通常不需要花很大篇幅，将“自己的姓名+简单的基本信息+能让人记住的特点”用1~3句话呈现即可。

面试中一般多用于无领导小组讨论，大家进行破冰式自我介绍时需要注意有特点、有亮点、有记忆点即可。有两个小技巧：一是对自己的名字进行诠释，二是给自己立人设。

（二）推荐式自我介绍

推荐式自我介绍这种形式最常见于招聘中的开场环节。大家可能都听过面试官黄金3分钟原则，即面试官在面试最开始的3分钟会对你有一个初印象，后面30分钟的提问都是为了验证前3分钟她对你的判断。

那么，什么样的自我介绍能引起面试官对我们的好感或者兴趣，面试官都喜欢什么样的自我介绍呢？

二、自我介绍的要点

（一）有亮点

自我介绍中的每段内容不要平铺直叙，尽量做到有记忆点。比如说给自己的名字做一些特别的解读，或者是把自己的经历生动地融进自我介绍中。

例如，在面试中国银行的时候，一位同学的自我介绍是围绕BOC（中国银行的英文简称）三个英文字母展开的，分别代表平衡（Balance）、机会（Opportunity）、合作（Collaboration），然后他将自己的经历融合进去，这样的自我介绍形式会令面试官眼前一亮。

（二）有重点

自我介绍的内容一定要与岗位有关，不能是流水账式的泛泛而谈。大家在做自我介绍时可以遵循二八法则，20%的篇幅用来说清楚你是谁，80%的篇幅用来说清楚你为什么来应聘这个岗位（求职动机+岗位胜任证明）。岗位胜任理由可以根据个人的实际情况，从教育背景、实习兼职经历或者社会实践经历等内容中选择1~2个亮点重点描述，体现自己与岗位的匹配度。

三、自我介绍的框架

自我介绍是一个抓住面试官注意力的时机，通过一个高质量的自我介绍，能让面试官加强“这个人和岗位的匹配度极高”的印象。面试中的自我介绍应该是对自己浓缩的、精华的推介。回答框架可以分为四个部分：你是谁+你对应聘的岗位及对岗位胜任力的理解+你所具备的本岗位的相关知识和技能+你的期待。

（一）你是谁

这部分的内容包括姓名、毕业学校、专业等，在介绍自己名字的时候可以做些解释和介绍，让面试官能很快地记住你。

（二）你对应聘的岗位及对岗位胜任力的理解

比如你应聘的是什么岗位，为什么来应聘这个工作？可以说一下自己对这个岗位的理解，比如需要具备哪些知识、技能，需要些什么样的品质，自己对这个岗位是否有足够的热情等。

（三）你所具备的本岗位的相关知识和技能

对于这个工作，你有哪些核心优势？不太清楚自己优势的同学可以找到招聘简章上最重要的三个特质重点展开，每个优势后面可以加上简单的事例如实习、校园或实践经历等来证明你确实有相关的优势。

（四）你的期待

这个部分可以基于在这个平台上的自己能力提升来讲，时间比较充足的话也可以说如果能够获得这个工作机会，你打算如何开展这份工作。

四、自我介绍的禁忌

（一）不要长篇大论

如果面试官没有限定自我介绍的时间，大家一定要把握好自己自我介绍的时长，基本信息、项目工作经历都尽量简化。长篇大论会让面试官怀疑你的归纳总结能力和逻辑能力，并且说太多也会降低面试官对你的新鲜感。

（二）不要太简短

自我介绍只说基本信息是不可以的，面试中的自我介绍并不是简单的一个介绍你是谁就完了，是要你“推销”自己，展现自己的优势和特点，证明自己和岗位的匹配度。

（三）不要复述简历上的内容

在邀请你面试前，面试官大概率已经看过了你的简历，自我介绍复述简历约等于没说。

资料来源：作者根据相关资料整理

（五）录用

面试评估之后，对决定录取的求职者，门店要发出录取通知，并与其签订劳动合同、进行上岗教育。录取通知可采取多种形式，例如，线上通知、电话通知、短信通知及邮件告知等，内容包括上岗时间、门店地点及注意事项。

三、招聘渠道

门店人员招聘的渠道分为内部招聘和外部招聘两种。为了节省时间和提高效率，数字化招聘在门店运营过程中发挥了重大的作用，员工个人的升迁、调动、离职等信息在网络上一目了然，人事主管部门不用再统计各部门信息以确定人员充足情况，大大节省了时间资源。

（一）内部招聘

1. 内部调动

内部调动是指门店内部的员工可以在不同地区、不同部门、不同岗位之间的流动。主要针对岗位匹配方面出现问题的员工。员工可以自行在网络系统中提出申请，并阐述原因提交到领导层，同时需提前经过原主管的同意。为确保招聘质量，调动流程也需经过标准的招聘流程。

2. 内部晋升

内部晋升是门店补充空缺职位的重要途径，也是门店的一种有形的正向激励，可以让员工内心都充满力量与期待，对门店的发展也具有正向的导向作用。宣布一个员工晋升即是向门店其他人员传递这样的消息：该员工代表了企业的文化和价值观，是值得学习的榜样。

在门店中，一名员工如果认同该门店的企业文化，并一直在努力实施，同时各项面能力突出，绩效优异，在工作一定期限后，经推荐就可以考虑提拔晋升，优化门店内部人员配置，保持良好的生态环境，做好良性循环。所有流程一并信息化，避免线下到各部门领导之间签字等，浪费不必要的时间。

为使所有员工都有机会参加应聘，还可采用张榜公示的方式，将空缺的职位挂在门店网站，使每一名员工都可以自行报名参加，整个报名流程透明化、公平化。

（二）外部招聘

1. 校园招聘

目前，我国高职院校的学生已经成为市场就业的主力军，很多门店在招聘员工过程中也更倾向于进军校园。校园招聘主要是应届毕业生，他们的特点一是属于潜力型就业主力，二是作为青年，身上的青春和活力能够带给门店新的朝气与力量。但是面对社会，他们缺少实际工作经验，门店需要重点培训，经过培养，很多人会在多年后成为门店重要职位人员。

2. 门店内部员工介绍

一般来说，员工介绍的都是熟悉了解的人员，各方面能力也是相当的，相对来说较能找到合适的人选。

3. 中介机构招聘

机构作为一种中介组织，是门店与求职人员之间联络的桥梁，承担着双重的责任，既要为门店寻觅人才，也要为求职者觅得良机。借助机构，门店可以将招聘信息传递到外界，求职人员也能在各种招聘广告中进行筛选，双方各自获得想要的信息。机构会根据各自需求，最大限度地匹配适合对象，提高成功率。虽说需要缴纳一定的中介费用，提高了招聘成本，但却大大缩短了招聘时间。

4. 网络招聘

门店可通过第三方招聘网站发布招聘信息，利用简历数据库或搜索引擎等来完成，查询合适人才；还可通过门店自己网站来发布，由门店员工进行转发宣传，扩大门店知名度。

以上各种渠道招聘都有各自的利弊，无论选择哪种方式，最终目的就是让门店与求职者互相了解，达到吸纳人才的效果。

任务评价

学生分组进行招聘数字化管理调研，教师进行考评并填写考评表（表6-4）。

表6-4 招聘数字化管理调研考评表

考评人		被考评人	
考评地点			
考评内容	招聘数字化管理		

续表

	内容	分值	得分
考评标准	能够举一反三，通过实际经历更好地理解本节任务内容，回答内容科学有效，不偏离主题	15	
	回答内容充实，对招聘数字化管理系统有了更深入的了解和认知	30	
	回答内容结构完整，层次清楚，内容完整	20	
	回答内容准备充分，成果演示及答疑语言表达流畅	20	
	任务完成积极主动，团队成员合作良好	15	
合计		100	

注：考评满分为100分，60~70分为及格，71~80分为中等，81~90分为良好，91分以上为优秀。

思政园地

全国多门店使用麦客开展人才招聘与人力调研工作，综合分析招聘质量，确保完成招聘目标

麦当劳进入中国内地市场已超过30年，在全国有几千家餐厅。麦当劳中国一贯坚持尽可能雇佣本地员工，因此也赋予餐厅门店极大的招聘自主性。而麦客表单工具以其简单易上手的操作方法和极高的设计自由度被多个地区的麦当劳餐厅广泛采用，作为收集应聘资料的专用工具。

餐厅门店根据本店的应聘需求，制作在线招聘表，展示岗位信息、福利待遇及当地特色；然后将招聘表单链接和二维码展示到门店公众号、海报物料、本地资讯自媒体平台，以及员工个人的微信微博社交平台，广泛传播。

有意向加入的应聘者直接访问表单即可提交简历，HR部门在麦客系统后台筛选后可以群发短信通知应聘者参加面试，面试情况、沟通记录及是否入职等重要信息都会在麦客中同步更新，让HR对每位应聘者的情况一目了然，不留遗漏。

不仅如此，麦客在数据分析方面的能力也为HR的人力调研工作提供助力：HR使用麦客设计招聘状况调查表，并通过可视化统计图表分析兼职、全职、退休人员等人员构成比例、年龄层分布、招聘消息来源、各类人员招聘需求与实际配备数量，形成严谨详细的数据报表，为优化招聘工作方法，达成招聘目标提供重要的数据参考和指导。

自2020年以来，疫情防控工作已成为各类公共场所的常态化工作，麦当劳餐厅也十分重视防疫落实情况。除了严格要求员工执行消杀和口罩佩戴等工作，麦当劳还会使用麦客跟踪记录员工健康信息。

员工的每日体温、高风险地区接触史等情况都会自动汇总至餐厅麦客系统后台，并支持按条件筛选和批量导出。这样一来，餐厅可以根据近期的防疫重点和高风险地区资讯及时锁定重点员工群体，发现潜在风险并及时防控，真正落实防疫工作。

除了统计员工健康信息，麦客也同样运用培训课程来调研和管理员工福利活动。

比如餐厅会邀请RGM填写麦客调研问卷，收集RGM课程的评价和意见反馈，然后根据麦客生成的统计报告快速了解课程实际效果和改进的方向。不定期举办的各类员工派对、团建活动，也通过麦客系统自动收集和汇总准确的报名信息，摆脱纸质报名登记的冗杂工作，解放人力。

资料来源：麦客CRM.麦当劳：用麦客开展人才招聘，管理员工信息，为全国多门店业务运营提供助力[EB/OL].[2023-5-24].https://www.mikecrm.com/index_customer.php?n=mcDonalds.

引用时有修改

讨论：

麦当劳的招聘案例给你什么启示？

拓展阅读

利用数据实现精准招聘

任务三　考核数字化管理

任务导入

考核，是门店加强对员工绩效的形成过程及其结果的有效控制方式。门店为考察员工的工作绩效与工作效率，了解评价员工的工作态度与能力，可将考核作为员工奖惩、晋薪、晋升、调迁、退职管理的依据，从而有效地促进员工不断改进工作方法和提高工作效率。假设你是一家门店的店长，你要通过哪些方面对员工进行数字化考核，以小组为单位制作PPT并进行小组交流。

任务准备

传统的门店考核管理经常会出现“平时不算账，年终糊涂账”“工作没目标，干活没压力”“干与不干一个样，干多干少一个样、干好干坏一个样”等类似问题。但对于门店管理来说，内部结构合理、运转高效有序、精神面貌良好、领导坚强有力是很必要的。将考核进行数字化管理可以完美地优化这些问题。

一、员工考核数字化管理分析

（一）员工考核数字化的含义

考核数字化是通过绩效量化的方式，按照一定考核标准，采用科学的方法，对员工的工作能力、态度、业绩、品德等进行评价，从而判定该员工是否能够胜任岗位职责。

（二）员工考核数字化的目的

对员工进行考核，从门店的角度来说，主要有以下几个目的：能够迅速有效地挖掘员工的能力和潜质；能够最大限度地给予员工公平公正的待遇和评价。对员工本身来说，可以帮助员工认清定位，改进提升，获得更大的发展。

（三）员工考核数字化的作用

考核有利于督促、促进、评价员工的工作，有明显的激励作用；有利于员工认识自我、了解自我，有全面的推动作用；有利于为员工的各项报酬和待遇提供科学依据，有基本的参照作用；有利于门店管理者了解员工，便于对门店内部进行优化调整，有积极的调节作用。

二、员工考核数字化的内容结构

员工数字化考核的内容要与门店运营计划和员工个人发展将结合，既要激励员工努力上进，又要有利于提高门店工作效率促进经济效益，协助门店达到既定工作目标，从而形成一种良好的组织氛围。

考核主要从德、能、勤、绩和个性五个方面展开。

（1）德。考核员工的思想觉悟与职业道德，高尚的职业道德是一名合格员工的基本遵守。

（2）能。考核员工在门店岗位履行工作职责过程中，所具备的基本能力。其包括产品知识、技能、身体素质等基本技能；理解能力、分析能力、判断能力、创造能力、决断能力、表达能力、涉外能力、协作能力、领导能力、学习能力等。

（3）勤。考核员工在履行工作职责过程中对待工作的态度和工作作风，出勤率、责任感、主动性、纪律性、协作性；对工作岗位的认知、工作满意度、投入度、忠诚度、热情和干劲儿等都可作为考核的指标。

（4）绩。工作绩效是考核的重要指标，是工作过程中的实际成绩与效果，是对员工进行奖酬与评价的最基本依据，包括工作完成的效率、质量与数量等。

（5）个性。主要是通过各方面观察了解员工自身的性格、偏好和思维特点等，掌握员工个人需求，有针对性地做好管理。

考核可从不同角度划分为不同类型。比如从考核主体来划分，分为上级考核、自我考核、相互考核；从考核时间来划分，分为过程性考核（平时考核）、结果性考核（定期考核）、特别考核（个案考核）。

三、员工考核数字化的原则

数字化考核是对门店和员工双向促进的一种评价方式。员工希望通过考核的量化结果，让自己的工作能力和业绩得到领导的认可。同时，在公平公正的前提下，员工经过个人努力，得到事业上的发展。

（一）公开透明原则

在考核开始前，门店应对所有考核指标、程序和责任列出明确的规定，并在考核过程中严格遵守，让员工对考核持一种理解、认可、接纳、信任的态度。

（二）考评客观原则

门店相关业务部门应该根据考核标准，科学地、客观地评估门店员工的各项内容，避免掺杂个人主观色彩，将事实摆在眼前。

（三）全面反馈原则

考核结束后，一定要将全面的考核分析量化结果呈现给员工，而且要带有客观分析，指出每一个指标与标准的差距，肯定进步、说明不足、提供建议。同时，给予员工提出异议与反思的空间，正向引导，一人一档。

四、员工考核数字化的程序

（一）制订考核计划

在考核进行之前，要制订周密的考核计划。根据门店的发展和运营目标，对照门店的基本要求和考核目的；结合门店的实际情况，确定考核目标、考核对象、考核程序、考核方法、考核时间、考核内容等，确保考核内容与门店员工相匹配；最终形成书面语言将考核公告发布到门店网站及交流平台，确保人人都接收到。

（二）制定考核标准

标准的制定应该是具体的、可衡量并且可以达成的。对于门店来说，考核的标准可以是一件任务完成的时间、销售的件数、营业额目标、净利润目标、门店突发事件处理能力等，要根据员工的工作性质与特点，灵活地选择考核方法。对考核人员进行培训也是必不可少的，确保考核人员熟悉掌握考核的目的和要求、程序和方法、考核平台的使用、员工隐私的保护等，做到公平公正。

（三）收集考核信息

考核的主体过程就是对被考核人员的信息收集。除了员工要在考核平台输入的信息，深入实际和深入群众也是必不可少的，往往扎根基层能获取很多意想不到的重要准确信息。同时，相关业务部门也要做好员工的思想工作，确保积极配合，提高考核的信度。对于收集上来的信息，要运用大数据进行量化处理，确保一目了然，避免文字过多的冗杂解释。

（四）分析评价考核信息

对收集上来的信息进行筛选、提炼、审核，结合深入群众收集的信息和员工对自身的评价，了解最真实的想法，去伪存真，对照考核标准，运用大数据科学地进行整合归纳，得出系统的、全面的、综合的分析结果。最后由主管领导得出最终考核量化结果与书面意见，纳入员工个人档案。

（五）运用考核结果

员工可在门店网站查询考核结果。考核结果不仅可以使门店更加了解员工、激励员工，使员工在考核过程中提升自身能力，还可以作为未来奖酬发放、晋职提升、调整调动的依据。数字是冷冰冰的，语言是充满温度的。考核结束后，门店主管领导与员工进行面谈是必不可少的一步。面谈过程中，要将考核结果再次通知到员工本人，表扬优点、提出不足、指出方向、征求意见，力求考核结果能够真正起到促进作用。

五、员工考核数字化的方法

门店实施数字化考核，是用分数评价人、用数字引导行为的一种全方位量化考核方式。相比于传统的纸质记录考核方式，数字化的网络软件应用明显要高效很多。

（一）软件记录法

用软件进行记录，每天进行自动化排名。例如，员工每天上班、下班、加班等，可以进行网络打卡，打卡内容直接自动记录到个人出勤档案。休假、请假、报销等事宜，可以到网上申请，系统会自动记录每位员工的当月已休天数、请假天数等，请假获批后，系统会自动更新数据。报销流程不用再用琐碎的票据，可以直接留存电子数据，直接在网上办理，省时又省力。

系统同时可以开发出绩效模块，员工可将销售出去的产品以天为单位主动记录在档，明确标明产品货号、单号、销售人员、销售时间等，系统会自动分类整理、累积，这样员工的销售额、业绩等也能随时把握，大大提高门店的工作效率。

（二）直观评估法

直观评估法是由考核者对被考核者直接做出评估的方法。主要依据平时对被考核者接触和观察，主观进行判断的一种评价方法。这种方法是最直观容易的，但也容易受考核者主观因素限制，科学性差。

（三）因素评分法

因素分析法是通过对项目进行分别考核，再进行综合评价的一种考核方式。将每一个要考核的项目分类归纳排列，并设置相应的分数，根据实际情况，参照标准对每个项目给予一定的分数，最后以项目为单位累加的分数即为被考核者的综合评价分数。因素评分法有多种形式，下文简单描述。

1. 加减法

加减法是对每个要素进行评定，有正分负分，见表6-5所列。

表6-5　加减法考核表

考核项目	分数	备注
已完成计划	10	
未完成计划1%	-1	
超额完成计划1%	+1	
……		
综合考核分数		

2. 扣减法

扣减法是对未达到项目标准的实行扣分制度，没有加分项，最后根据扣分后的结果进行综合评价，见表6-6所列。

表6-6　扣减法考核表

考核项目	扣分标准	扣减分数	备注
迟到次数	2	6	
废品率（%）	3	9	
……			
扣分合计			

3. 扣除法

扣除法是扣减法的一种特殊形式，一般适用于某条必须遵守的标准未达到，将把该条项目的分数全部扣除。如在门店工作过程中，由于个人疏忽造成安全事故，引起不良影响，该项目分数要全部扣除。行为严重者可采取“一票否决制”，对整个工作做出全面否决。

4. 累加法

累加法只加不减，对于门店业绩成果比较好的，最后将每次的奖励分数累加起来作为考核依据，可用于门店销售额、服务质量、利润额等项目。

（四）360度考核法

360度考核法是一种全方位反馈评价或多元反馈评价的方法，最早由英特尔公司创造并实施。此种方法也叫互评法，由被考核者身边比较熟悉的相关人员，从不同的角度对被考核者进行全面的评价。优点是避免了主管领导眼中的刻板印象，防止片面性，使评价更为全面；不足之处在于员工互评往往掺杂主观色彩、信息不对称、认知不到位等因素，导致结果不是特别公允。此种方法主要作为员工未来发展参考依据。

任务评价

学生分组进行考核数字化管理调研，教师进行考评并填写考评表（表6-7）。

表6-7　考核数字化管理调研考评表

考评人		被考评人	
考评地点			
考评内容	考核数字化管理		
考评标准	内容	分值	得分
	能够思维严谨，思路清晰，通过实际经历更好地理解本节任务内容，回答内容科学有效，不偏离主题	15	
	回答内容充实，对考核数字化管理内容有了更深入的了解和认知	30	
	回答内容结构完整，层次清楚，内容完整	20	
	回答内容准备充分，成果演示及答疑语言表达流畅	20	

续表

考评标准	任务完成积极主动，团队成员合作良好	15	
合计		100	

注：考评满分为100分，60~70分为及格，71~80分为中等，81~90分为良好，91分以上为优秀。

拓展阅读

绩效考核数字化实践落地，实现人企共赢

任务四 薪酬数字化管理

任务导入

在云计算、大数据、物联网、5G技术、移动互联网等新一代信息技术加速发展的背景下，线上线下渠道融合趋势愈加明显，促使实体门店拓展线上渠道，通过线上活动为门店导入更多流量。需要注意的是，传统实体门店大多数字化基础薄弱，各环节都存在信息孤岛的现象，会员信息、营销数据、商品信息等彼此之间并不互通。渠道门店经营者已经意识到要开启智能化、数字化转型，从管理到营销、前台到后端等各个业务板块都面临数字化升级的挑战。请同学们以小组为单位，选择几家传统实体门店（5家及以上）进行调研，了解传统门店薪酬发放的管理现状，其中存在的问题及数字化转型的趋势和挑战，撰写调研报告，制作PPT并进行小组交流。

任务准备

合理的薪酬是人才择业的标准之一。对于门店来说，要想在众多对手中保持竞争力、抢占人才，需要借助薪酬数字化管理设计，不仅展现了门店在大数据时代的管理智慧与智能，还提升了人力资源管理的价值，同时更是简化流程，能够让员工时刻关注自我实现，实现双赢。

一、薪酬数字化管理分析

（一）薪酬

所谓薪酬，就是指雇员由于就业所得到的所有货币收入及实物报酬的总和。用公式表示如下：

薪酬＝工资报酬（基本工资＋可变工资）＋员工福利

基本工资即员工完成本职工作的所有内容所得到的基本现金薪酬，包括职位工资、技能工资、工龄工资等。基本工资是员工薪酬体系中最稳定的工资形式；可变工资是薪酬体系中与绩效挂钩的一部分，主要包括业绩工资、激励工资。业绩工资是完成基本工作之外的工作业绩增加额，激励工资是对于业绩比较突出的员工或团队小组，给予一定的奖励，可以是短期的、一次性的，也可以是长期的，如奖金、股权分红、利润分享等。

员工福利是指员工在从业过程中获得的长期的、不间断的、间接的报酬，其中法定福利包括五险一金，即养老保险、医疗保险、工伤保险、失业保险、生育保险、住房公积金。其他福利由门店自行决定，除了保障之外还包括带薪年假、节日福利、住房补贴、交通补助等。

（二）薪酬数字化管理

薪酬数字化管理是指门店为了高效、顺利地实现组织目标，根据门店发展状况和人员结构，结合网络平台系统，运用数字化理念，设计、制定的一种与薪酬相关的管理体系。薪酬关系着门店所有人员的劳动报酬，在管理过程中必须科学谨慎、公平公正，用数字说话，一目了然，同时还要达到三个管理目标：公平性、有效性、合法性。

二、薪酬数字化管理的主要功能

薪酬数字化管理相比传统的薪酬管理更加透明化，员工每月可依据门店薪酬系统，查询自己当月的业绩和奖励，自身即可估算出每月的薪酬水平，提前计划好本月开销。

（一）经济保障功能

员工的主要收入来源就是薪酬，其对于员工来说是一种经济保障。除了基本的衣食住行生存需求之外，薪酬还可以满足员工的自我成长、孝敬老人、交友娱乐等额外需求。

（二）激励功能

激励是促进员工不断进步和创新的不竭动力，员工能够通过感知薪酬状况而影响工作的行为、状态、满意度和工作业绩，进而影响到门店整体业绩和发展。所以，薪酬的激励作用对于员工来说是不容小觑的。

（三）信号功能

薪酬的结构和水平高低往往会向外界传递一种信号，可以判断员工在门店内部的层次和地位，同时也体现出一个人的个人价值和市场价值。对于门店来说，员工的平均薪酬水平，也是门店在同等市场竞争中强弱的信号体现。薪酬水平的高低是门店支付能力的体现，也是在人力资源市场上竞争力强弱的体现。

（四）强化组织文化功能

薪酬设计体系的水平反映了门店领导者的经营理念与价值观念，合理的薪酬体系可以对员工的行为与思想起到很好的引导作用。

三、薪酬设计

薪酬是门店员工的全部劳动收入总和，既包括基本薪资，又包括各种形式的奖金、福利，奖金即奖酬，是门店管理者对员工最基本的激励手段。

（一）奖酬的设计目标

奖酬设计最首要的目标就是吸引人才，让求职者放心来门店工作发展；其次，奖酬最直接的目标就是对员工产生极大的激励作用，能够开发员工的潜在能力。

（二）奖酬设计要求

奖酬设计应遵循几点要求：第一，增大奖酬浮动比例。薪酬的吸引力就在于与固定工资的差别性与变化性，如果总是一成不变的，迟早会丧失薪酬管理的功能，激励性消失。第二，紧密联系绩效。门店的运营目的是实现组织目标，组织目标的实现要靠员工积极努力工作并不断带来效益来实现，员工工作的努力程度、热爱程度与带来业绩的大小息息相关，所以奖酬与绩效挂钩是提升整体业绩的最有效方式。第三，凸显技能工资。实践是思想和行为共同作用的结果，在智力投入的同时，要更加注重技能的提升，同时把技能作为奖酬的重要依据，不仅能够完善技能奖酬制度，还能够提升门店整体的技能水平。第四，科学确定不同岗位奖酬差别。奖酬激励机制向主要岗位、一线岗位倾斜，向技能要求高、责任重、贡献率大的岗位倾斜，层次越高，技能要求越高，工资水平越高。

（三）奖励的形式与方法

工资、奖金和各种形式的津贴等奖酬激励，在市场竞争中，发挥着最基础的作用。对于相当一部分收入水平较低的人群来说，工资和奖金仍是最重要的激励因素。

从奖励时间上来看，有月度奖、季度奖、年终奖和一次性奖励；从奖励对象上来看，有个人奖、集体奖；从奖励指标上看，有单项奖、综合奖。

奖励的方法有多种多样。举例来说有以下几种。

1. 指标分配法

在工作过程中，有硬性指标分配的，可以以工作组为单位，下达指标。

2. 系数法

结合与奖酬有关的因素，来设置一定的比例关系，计算得出的系数进行分配。

3. 提成法

对于超出业绩部分，可按利润额的一定按比例给予提成。

4. 标准折合法

对于多种不同工作成果，可以折合成统一的可以比较的指标来进行分配。

5. 其他方法

在工作岗位中，每名员工都有不同的需求，有的需要物质利益激励、有的需要荣誉证明自己、有的需要获得领导认同、有的需要假期休息、想要多学技能等。所以，根据马斯洛需要层次理论（图6-1），对于员工来说，给予他们真正需要的就是最大的激励。例如，关心照顾、必要的培训、晋升的机会、温馨的环境、开放的管理、定期的团建、更大的权力、最大的尊重、公私分明的奖惩等。

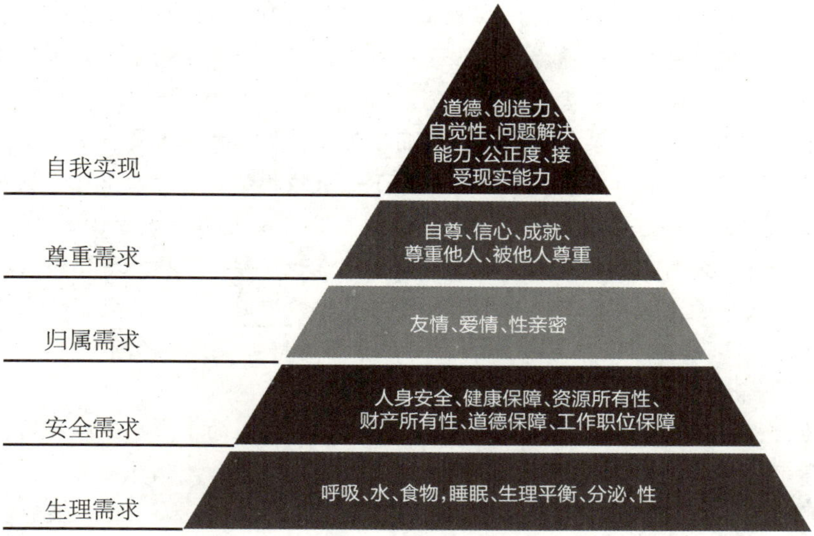

图6-1　马斯洛需要层次理论

任务评价

学生分组进行传统门店薪酬数字化管理调研，教师进行考评并填写考评表（表6-8）。

表6-8　传统门店薪酬数字化管理调研考评表

考评人		被考评人	
考评地点			
考评内容	传统门店薪酬数字化管理调研		
考评标准	内容	分值	得分
	能够开展实地调研，调研对象选取科学，调研主题明确	15	
	调研内容充实，对传统门店薪酬数字化管理有了更深入的了解和认知	30	
	调研报告结构完整，层次清楚，内容完整	20	
	调研汇报准备充分，成果演示及答疑语言表达流畅	20	
	任务完成积极主动，团队成员合作良好	15	
合计		100	

注：考评满分为100分，60~70分为及格，71~80分为中等，81~90分为良好，91分以上为优秀。

思政园地

钱不是万能的，留人不能只靠薪水

洛阳盛大电器公司是一家著名家电企业，公司老总辛先生一直对该公司在行业中颇具竞争力的薪资水平引以为豪。他认为优厚的薪水必然会吸引和留住人才并激发他们的创造力，从而依靠人才优势促进公司快速发展。但是十余名技术骨干员工的集体跳槽促使该辛先生认真思考原有的人力资源体系是否存在问题。

洛阳盛大电器公司协同某咨询公司对中高级管理人员、技术人员、业务骨干及部分离职的员工进行了问卷调查和座谈，调查结果显示：虽然薪酬在同行业中处于较高水平，但公司员工对经常加班加点的高强度劳动产生厌倦；公司没有明显的经营理念和文化导向，员工不知道为什么劳动，从而薪酬成为他们追求的唯一目标；市场竞争压力造成的公司内部紧张节奏，使得管理人员没有时间或忽视了与员工的沟通，员工感到不受重视，个人价值难以体现；固定的工作岗位、重复的工作，缺少系统培训使员工感到个人能力很难提高，发展空间有限。

高薪为何留不住人才？员工的需求不仅是高薪，每个人的需求也不尽相同，对于一个需要进修学习的员工，你却给予住房补贴，这样效果大吗？作为领导没有真正了解人才的需求，使员工心不在焉，身在曹营心在汉，外界产生动心的诱惑，人才也就被挖了过去。钱是重要的，但与发展机会与工作成就感相比，钱处于次要地位。在一个单位内，当员工感受到自己的存在价值、受重视的程度和工作中存在的挑战时，他一般不会离开。在重视系统化员工培训与发展的公司中，员工的跳槽率较低。

资料来源：百科知识.钱不是万能的，留人不能只靠薪水[EB/OL].（2022-07-08）[2023-05-24]

讨论：

结合案例，谈谈如何建立正确的薪酬体系吸引留住人才。

拓展阅读

薪酬方案分析

项目小结

门店运营的结果与每一位员工息息相关，店员的工作热情、对工作的热爱程度与店铺的业绩息息相关。门店员工的工作表现离不开科学合理的员工管理方法。门店员工的数字化管理包括招聘、考核、薪酬激励等内容。门店员工线上招聘的程序包括制订招聘计划、发布招聘信息、应聘者申请和资格审查、测评和甄选、录用。员工考核的具体内容包括工作业绩、工作能力、工作态度。考核的流程包括设定考核目标、制定衡量标准、实施绩效考核和考核面谈四个环节。员工激励的有效方法包括指标分配法、系数法、提成法和升迁的机会、有趣的工作、公司的赏识、开放的管理、更大的权力、正面的回馈、必要的培训、门店奖励等实用方法。

课后练习题

一、单选题

1. 管理过程中使用的方式和手段称为（ ）。

A. 管理目标 B. 管理主体 C. 管理媒介 D. 管理环境

2. 规模较大、信息技术成熟的门店，适合选择（ ）方式进行数字化系统建设。

A. 委托第三方开发 B. 自行开发 C. 购买现成的系统 D. 放弃开发

3. 小规模、业务种类比较单一的门店，适合选择（ ）方式进行数字化系统建设。

A. 委托第三方开发 B. 自行开发 C. 购买现成的系统 D. 放弃开发

4. 数字化系统建设的实施过程中，当门店自身力量不足时，找专门提供数字化系统服务的机构来进行开发的方法属于（ ）。

A. 委托第三方开发 B. 自行开发 C. 购买现成的系统 D. 放弃开发

5.（ ）是向外界传递用人信息的首要环节。

A. 资格审查 B. 发布招聘信息 C. 测评和甄选 D. 录用

6. 门店人员招聘的渠道分为内部招聘和外部招聘两种，其中属于内部招聘的是（ ）。

A. 校园招聘 B. 员工介绍 C. 晋升调动 D. 机构招聘

7. 以下招聘渠道中不属于外部招聘的是（ ）。

A. 校园招聘 B. 内部晋升 C. 员工介绍 D. 机构招聘

8. 通过对项目进行分别考核，再进行综合评价的一种考核方式是（ ）。

A. 软件记录法 B. 直观评估法 C. 因素分析法 D. 360度考核法

9. 下列不属于薪酬数字化管理特征的是（ ）。

A. 直接性 B. 公平性 C. 有效性 D. 合法性

10. 员工在从业过程中获得的长期的、不间断的、间接的报酬是指（ ）。

A. 基本工资 B. 可变工资 C. 精神薪酬 D. 员工福利

二、多选题

1. 员工招聘数字化的原则包括（ ）

A. 遵守法制原则 B. 公平公正的原则

C. 综合素质匹配的原则 D. 效率优先、降低成本原则

E. 能力优先原则

2. 员工数字化管理的属性包括（ ）。

A. 管理是一门科学 B. 管理是一门艺术

C. 实践重于理论，科学多于艺术 D. 实践重于理论，艺术多于科学

E. 科学和艺术同样重要

3. 招聘广告信息的制定需要设计者根据门店的性质、风格、文化特点去精心设计，别出心裁，通常要注意的有（ ）

A. 语言简明扼要 B. 信息真实准确 C. 明确基本条件 D. 内容饱满吸睛

E. 页面优美华丽

4. 求职申请表的基本内容包括（ ）。

A. 个人基本情况 B. 工作经历 C. 教育与培训情况 D. 爱好特长

E. 家庭关系

5. 员工数字化考核从不同角度划分为不同类型。按考核时间划分，主要分为哪几种（　　）

A. 自我考核　　B. 相互考核　　C. 过程性考核　　D. 结果性考核

E. 特别考核

三、简答题

1. 员工招聘数字化的程序有哪些？
2. 在招聘过程中，甄选与测评的内容应有哪些？
3. 员工考核数字化的原则是什么？
4. 员工考核数字化的方法有哪些？
5. 奖酬设计要求是什么？

扫一扫看答案

项目七　门店防损与安全数字化管理

学习目标

知识目标

1. 掌握门店防损的种类。
2. 掌握门店损耗数字化分析方法。
3. 掌握门店防损数字化的具体工作。
4. 掌握门店的防损数字化管理体系。
5. 掌握门店安全事故发生的原因。
6. 掌握门店安全数字化管理措施。

能力目标

1. 通过门店损耗数字化分析与管理的学习，能够正确遵守门店防损管理规定。
2. 通过门店损耗数字化分析与管理的学习，能够发现门店常见的损耗问题，提出改进措施。

思政目标

1. 了解门店防损数字化的重要性，提高责任意识。
2. 梳理大数据思维，培养数字化意识。
3. 培养善于发现问题和解决问题意识。
4. 培养学生责任意识和安全意识。

任务一　门店损耗数字化分析

任务导入

商品损耗是令每个门店管理人员非常头疼的问题，有工作人员整天在楼面巡视，每个出入口也都有专门的人员值守，各种监控和防盗报警设备都投入进去了，但是每次盘点损耗还是很大。所以，企业应该不断在工作中总结经验，弥补不足，完善损耗管理体系。业内盘点损耗率一般在1%以上，但是损耗控制体系比较完善的门店则可以降到0.5%以下，所以完善门店损耗数字化控制体系，对于提升卖场利润是非常有益的。请同学们思考并交流：你认为门店损耗都包括什么？高损耗带来的危害有哪些？

任务准备

门店作为薄利性的零售行业，除去必要的人工成本外，门店损耗必然成为经营支出的一部分，也是门店经营过程中经常出现的问题，如何对门店损耗进行精准分析管理，是门店经营中一个至关重要的部分。

一、损耗的含义

损耗是门店管理过程中的一种损失方式，通常是指在门店经营过程中，商品销售由于各种原因造成的商品总价值的损失，是实质损失中的商品损耗。商品损耗可以分为有形与无形两方面，有形损耗包括产品破损、丢失、过期、质量问题等；无形损耗包括内部人员吃回扣、内部人员盗窃款物、外部人员盗窃、营运过程中陈列错误等导致的损失。

损耗是损失的一种。损失的范围更大一些，通常包括降价损失、机会损失等。

二、门店损耗的种类

门店损耗是运营过程中常见的问题，想要降低损耗需要在管理过程中加强控制职能的作用，为了显著提高控制的精确度与效率，大数据、云计算、数字化管理等手段成为主要的方式。系统设计需要提前设计耗损统计模块，发现的问题及时录入数据系统，并自动按类归纳，以便精确统计。通过数字化统计，会很清晰看见门店损耗情况，并及时制订调整计划，提出解决措施，纠正偏差，形成分析报告。门店损耗数字化分析的种类大致分为以下几种。

（一）由于作业错误导致的损耗

（1）验收不当损耗，如商品名称、数量、价格、质量、包装规格、产地、重量、未验收、未入库等。

（2）退货不当损耗，如退货未及时处理导致过期，退货后未及时与财务对接，出现退款问题，进而导致账目损失。

（3）收银作业损耗，如结账出现错误。

（4）盘点损耗，如在盘点过程中，商品货号、商品单位出现错误，商品数目数错等。

（5）外卖损耗，如成品未经检查带出店外，未开发票，未收现金。

（6）坏品处理损耗，如出现坏品没有做登记处理，未核实数额。

（7）赠品管理不当损耗，如赠品未妥善保管，使用未登记，使用不节制。

（8）变价损耗，如价格改变、标签未变，新旧标签同时存在，促销后未恢复原价。

（9）自行采购商品损耗，如自行用现金采购的商品未入库，未经过正常的验收手续。

（10）有效期管理不当损耗，如有效期检查不及时，即将过期的商品未及时检查，进货验收期限标记不准确。

（11）制作损耗，如商品在制作过程中出现破损。

（12）搬运损耗，如商品在搬运过程中出现损坏、变形等问题。

（13）订货损耗，如订货数量、规格、型号等统计不准确。

（二）偷窃导致的损耗

（1）员工偷窃损耗。员工偷窃的行为主要有外出随身夹带、用购物袋夹带、用废物箱夹带、偷吃商品、私自改价、高价标低、将顾客的赠品或兑换的奖品据为己有、私自支配顾客遗失在店内或将要销毁卡片的余额、与亲友串通结账动手脚等。

（2）顾客偷窃损耗。顾客偷窃行为主要有在门店内部偷吃、换包装盒、用个人包装袋夹带、随身夹带、替换标签等。

（3）厂商偷窃损耗，如送货随身夹带、随同退货夹带、勾结员工实施偷窃等。

（三）突发事件导致的损耗

（1）自然突发事件，包括火灾、水灾、台风、暴雨、停电、门店基本设施老化等。

（2）人为突发事件，包括抢劫、诈骗、夜间偷盗、投诉、恶意找碴、强制过多索要赠品等。

（四）其他损耗

（1）生鲜处理不当，如生鲜产品温度管理不当、陈列设备不当、陈列方法不当、加工处理不当等。

（2）电池存放耗能，如电池类商品存放方式不当，未及时报损。

（3）厂商调整价格，如厂商突然调整价格、商品报损不适当、处理不当。

三、门店损耗数字化分析

门店的商品一般都要精心陈列保管，在进行售卖之前，相关部门应将每种商品的管理方式与特点做好排版，将内容上传到系统商品管理模块；设置相应的考核，在线进行业务评估，提前让员工熟悉每个商品的特性与存放方式，将此项作为绩效考核的一项，设置奖惩制度，结果列入员工个人档案。对于具体的损耗分析如下。

（一）商品管理过程中的损耗分析

1. 商品陈列管理方法不当

在店面陈列过程中，商品摆放位置不佳引起倒塌、个别货架没有更新最新的货架号码和商品名称、商品堆积在地上杂乱无章、商品在货架上摆放不符合标准。

2. 商品标价错误

商品随意标价，字迹不清；在替换标签时，没有清理干净原标签；价格差异表交接不清；收银员结账时将商品价格输入错误；现场工作人员违反规定在门店内购买；没有每天检查POP价格与标价一致性等原因皆会导致商品价格发生损耗。

3. 生鲜食品存放不当

门店生鲜食品有保质期短、易腐蚀不易存放等特点。生鲜产品损耗的概率非常大，常见的损耗原因有商品验收标准不明确、分类陈列摆放不合理。例如，水果、肉类、海鲜、干货、熟食、蔬菜、烘焙品等标准要严格制定，规划好陈列区；产销不平衡，采购数量与销售数量不能有效衔接，导致商品积压等。生鲜产品损耗的另一原因是没有及时进行商品生态转换。例如，水果做成果汁或果盘，肉类加工成肉馅、丸子等，海鲜类可以做成配菜。转换的流程是生鲜——半成品配菜——熟食商品，这些没有及时完成转化，加大了商品的损耗率。生鲜产品也会因为没有及时进行价格调整，导致持续高价造成产品积压变质，成为坏品。

（二）门店运营过程中的损耗分析

1. 商品验收不合格

没有认真核对送货商品名称、规格、大小、数量、破损情况、生产日期、进货日期等；商品有效期已逾期三分之一以上的，没有做好拒收处理；商品验收时数量不同，没有当场点清。

2. 收银出现问题

一般情况下，收银工作过程中出现的损耗主要是价格输入出现疏忽，人工输入更容易出现错误；收假钞。

3. 盘点出现错误

盘点是门店掌握经营盈亏状况的一种方式，在这个过程中出现的损耗主要体现在盘点商品货架记录不实，如为了省事方便，将同价格的不同类商品一起记录，造成库存虚增虚减，从而导致账目不对；盘点过程中数量记录不实，造成误差等。

4. 员工日常工作疏忽

员工日常工作疏忽也是常见的造成门店损耗的原因之一，比如没有定期检查商品价格标签，没有定期检查货架商品有效期限，没有及时更换改价商品价签，没有认真核对账目，没有定期检查仓库、门锁及防盗措施等。

（三）商品遭遇盗窃损耗分析

1. 没有选择正确的防盗设施

对于门店来说，客流量是运营收入的不可抗拒因素。一家门店只有被大众熟知才会体现知名度，对于不法分子来说，实体店也是容易得手的地方，无论规模大小，如果不选择正规的防盗监视系统，光靠人力巡视监管力度还是不够的。现如今，电子防盗系统已经成为众多门店的选择，高效准确。

2. 门店门窗及入口保护措施不完善

为了防止店门被撬，最好在门上或侧面安装金属层，如果门窗不能严丝合缝嵌入边框，就等于给予了不法分子破门而入的首要机会。

3. 对门店钥匙管理不当

门店钥匙应采取谁使用谁负责机制，如果在钥匙使用过程中随意交接，没有用钥备案记录，不小心保管，随意复制，一把钥匙多用等情况都会引起不必要的麻烦。

4. 门店实体结构与报警系统联系不紧密

门店空调口、通风口、天窗、墙壁中空部位都是不法分子较易袭击的位置，应加强特殊位置与报警器的链接。同时，这些位置要加强防护措施，以防盗贼从外部进入。

5. 门店内部员工监守自盗

往往有一部分员工，基于自己便利的内部条件，思想扭曲，形成多种不当表现。例如，他们直接拿取商品放进自己口袋、内部勾结、给亲戚朋友谋便利、贪污货款、利用岗位便利谋取顾客利益等。门店应加强员工的责任意识、行为意识、思想意识教育，加强防盗管理。

6. 顾客偷窃贪图便宜

顾客为了贪图一时便宜，随身夹带、偷放购物袋、偷换价格标签、污损包装带走商品，或在店内直接吃掉商品销毁包装盒等行为，都是门店损耗的一大部分。门店应加强全方位监控，增派足够的员工在大厅巡视，发现可疑人员，立即提醒避免损失。

7. 供货商行为不当

供货商交货数量不足、以次充好、擅自夹带商品、与员工勾结等不当行为也会对门店损耗产生很大的影响。

任务评价

学生分组进行对门店损耗的理解调研，教师进行考评并填写考评表（表7-1）。

表7-1　对门店损耗的理解调研考评表

考评人		被考评人	
考评地点			
考评内容	对门店损耗的理解		
考评标准	内容	分值	得分
	能够认真思考，根据现实经验仔细分析，主题明确	15	
	回答内容充实，对门店损耗有了更深入的了解和认知	30	
	回答内容结构完整，层次清楚，内容完整	20	
	汇报准备充分，成果演示及答疑语言表达流畅	20	
	任务完成积极主动，团队成员合作良好	15	
合计		100	

注：考评满分为100分，60~70分为及格，71~80分为中等，81~90分为良好，91分以上为优秀。

思政园地

我们的好伙伴

某星期天的上午，南油购物广场的人群熙熙攘攘，好不热闹。在众多的顾客中，有一位腿患残疾的老大爷坐着轮椅缓缓地向楼下的入口处行进，他的儿女在一旁扶持。就在这时，老大爷的儿女把老大爷从轮椅上搀扶了起来，我们的防损员看到后，没有丝毫犹豫，马上用手搬起那辆看起来很重的轮椅，走下了楼梯。放下车后，他又马上跑上楼梯帮老大爷的儿女搀扶老大爷一起下了楼梯，然后把他安置在轮椅上，才离开。

资料来源：作者根据相关资料整理

讨论：

请结合案例，谈谈防损员的职业素养。

拓展阅读

盗损率下降2%，
重百推进数字化防损

任务二 门店防损数字化管理

任务导入

在互联网数字化发展的推动下，消费者的场景需求更加多元互融，数字化消费正成为新的增长极并带动零售业商业模式。随着产品生命周期管理（Product Lifecycle Management，PLM）与ERP系统的日渐普及，门店的销售、服务和成本控制能力得到不断提高。面对激烈的市场竞争和竞争对手能力的提升，门店管理人员越来越意识到产品和销售服务成为下一轮竞争的焦点，传统销售管理办法存在着销售信息与管理不规范，所以门店要有效地实行数字化管理系统，防止不必要的损失出现。请同学们以小组为单位，对以下问题进行讨论并进行小组内交流：①请列出尽量多的员工内盗形式，并给出相应的防损建议。②请列出尽量多的外盗形式，并给出相应的防损建议。

任务准备

据统计，全世界零售业每年的商品损耗高达1 600亿美元，在我国也高达250亿元人民币。上海某超市第一个月的营业额为60万元，但商品损耗却超过10万元，因而歇业。

有些损耗是可以避免的，但有些是不可避免的，如何有效地控制商品的损耗，并且把它控制在一定的范围内，是店长迫切需要解决的问题。所以，对于门店来说，建立一个完善的数字化防损管理体系，组建一支专业的防损人员队伍，来保护员工、顾客和门店的利益是至关重要的。

一、门店防损数字化的具体工作

（一）门店防损员的具体工作

门店防损员是门店防损系统的基本成员，是主要负责门店内商品安全、营业安全，从而降低门店内各种损失的一种专职人员。门店防损员要能熟练运用数字化系统，随时将商品异常情况记录在档，对标分析，计算商品损耗率，提出解决方案。具体负责的工作如下。

1. 门店商品进货、出货口

门店商品进出过程中，防损员要仔细查验，确保数量、规格等没有异常。对每一单商品的退换货、出货、进货等执行查验放行手续。

2. 商品高耗损区域

在高耗损区域，防损员负责巡视，监管特殊商品。发现个别顾客强行破坏包装、藏匿商品、夹带等不良行为要及时制止，依法处理。

3. 门店收银处

门店收银柜台是防损工作的重点区域。对于收取的现金，提醒收银员及时进行验钞处理，如遇到防盗报警系统警报拉响，委婉提醒顾客结账，避免冲突。

4. 门店的垃圾出口

垃圾出口也存在损耗发生，从垃圾流出的废弃物也需经过防损员的检查，查验是否真正属于废弃物，是否经过处理，避免员工因垃圾便利夹带门店商品，造成损失。

（二）对门店防损员的要求

防损员每天重复同样枯燥的工作，但却像“守护神”一样守护着门店每天的利益安全，需要内心充满极大的热情与干劲。一位合格的防损员应具备以下几种基本素质与技能。

（1）熟悉《中华人民共和国消费者权益保护法》《中华人民共和国消防法》《中华人民共和国治安管理处罚法》等法律常识。

（2）具有与商业、门店经营等有关的民事法、劳动法、刑事法学等相关宽口径知识储备。

（3）掌握消防、防盗技能，有较强的防盗意识。

（4）了解门店进出货物相关规定。

（5）了解安全常识，熟悉使用各种设备。

（6）熟练掌握计算机应用、大数据分析方法技能。

（7）有较强的分析解决问题能力，遇事沉着冷静。

二、门店防损数字化管理的相关规定

门店在运营过程中，即使提前做好周密的防范安排，还是有很多突发事件发生。这些突发意外事件会对门店造成不同程度的损耗，影响也不尽相同。为了减少门店损耗情况，门店还是要做相关的防损处理，结合大数据平台，将易发生损耗的商品与突发事件数据形成数据库，做好分类整理，并根据实际情况随时进行动态调整。在门店防损的数字化管理过程中，也要遵循一定的原则与相关规定。

（一）突发事件处理原则

1. 预防为主，计划为先

在门店日常运营过程中，做好安全防卫工作，将存在安全隐患的相关问题及时提出，寻找解决方案，将损耗程度降到最低。防卫管理工作案例要及时进行备案，案例数据库要面向所有工作人员开放，并将案例分析纳入员工在线和实绩考核中，以提高工作效率。

2. 迅速处理，抓住重点

发生紧急事件后，要沉着冷静、有序组织、职责分明、反应迅速，一切听从指挥，避免盲目做无用功。

3. 安全为主，减少损失

在物质金钱损耗面前，人的生命安全是第一位的。所有的救援工作首要是救人，其次是减少财产损失。

（二）防损管理相关规定

1. 商品货物出入门店规定

（1）专人负责，商品送到门店由专人点收。

（2）收银员负责售出商品清点数量与入账收款，无特殊情况，不可调换岗位，不得以任何理由违反岗位规定，禁止私自收取货款。

（3）货品需要送出时，必须由收银员清点货品数量，入机收款，然后再将货品送出。

（4）门店与门店之间转货时，要办理转货手续。

（5）退货需要开退货单，防损员负责清点核实。

2. 现金管理规定

（1）收银员在清查账目时，要认真细致、不多收、不少收，做好随时迎检的准备。

（2）门店现金交易要用人民币。

（3）收银员在柜台收取面额超过五十元的纸币，要用验钞机进行鉴别，避免收取假币。

（4）门店收银柜台不能存放超过三千元现金额度的现金，收银组长要及时到店收取并存入保险柜。

（5）门店当天的营业额要当天清点结算，在场清点的收银员和其他负责人要同时进行核对，并在结束时签字确认。

（6）营业款项需要交到银行时，需两人一起同行，避免遗失，注意不要过分显眼。

3. 门店钥匙及店门规定

（1）每个门店配备两把钥匙，每天由持钥匙者进入系统线上打卡报备，确保早班人员能够第一时间进入门店为营业做准备，同时线上报备记录也可作为出勤早班依据。持钥匙者要小心保管，如意外遗失，未经允许不得私自配钥匙。

（2）无特殊情况下，每天早晨开店时间不得早于提前30分钟，且同时有两名员工开启店铺；晚间关门后，未经允许不得再次进入店铺，如有紧急情况，需要请示主管领导，同意后方可开门进入。

（3）持钥匙者，不得私自将钥匙转交他人保管。

（4）门店系统为每名员工设置应急密钥，如遇紧急情况，可在获得请示后，输入门店密钥开启店内备用钥匙协助解决突发事件。输入密钥者，数据后台会自动记录信息，方便日后调取。

案例分享

门店防损工作制度

为了维护门店的正常营业秩序，保证公司财产、人身安全，特建立门店防损工作制度。

1. 晨会制度

（1）门店每天营业前必须召开防损晨会。

（2）晨会时间：6：45—6：55，记录晨会内容。

①上天工作小结，提出新一天的工作重点和工作要求。

②交流反执工作中的新情况，提出新措施。

③当天工作、人员安排。

2. 交接班制度

（1）夜班防损员必须与上午班和下午班防损员进行书面工作交接，填写交接纪录。

（2）交接班必须对下列情况交接并详细记录。

①交接岗时间需精确到分钟。

②最后离店的员工的姓名和时间。

③夜班中电话接待事由及处理。

④门店的清场情况。

⑤夜值中车辆进出的情况。

⑥夜值巡逻情况。

⑦报警器设防、撤防时间。

⑧卖场报警器的报警时间及巡查情况。

（3）夜班防损员不得将外来人员带入门店的值班场所。

3. 清场工作制度

（1）门店的防损员主持打烊，负责清场。

①早开门、晚打烊，由夜班防损员负责实施。

②清场工作必须两人以上共同实施。

③下午班防损员离岗前必须完成门店顾客无滞留清场，交接后方可撤离卖场下班。

（2）清场的内容。

①清理滞留人员。

②检查照明设备关闭。

③检查空调设备关闭。

④检查电源接插、电器开关打火及异常气味。

⑤检查门窗关闭。

⑥按照规定实施报警布防。

4. 行窃行为陈述、处理制度

（1）确认行窃行为必须以事实为依据，事实不清、证据不明不得对其进行处理。

（2）严禁对行窃人员进行打骂或侮辱性语言攻击。

（3）行窃行为一经确认，除特殊情况外，行为人员必须按规定逐一填写陈述纪录后方可进行处理。

（4）对行窃人员的处理过程必须有两人参加，处理结果共同签字确认，并共同承担责任。

（5）对学生行窃行为的处理必须坚持“重在教育”。

（6）对行窃行为处理结果必须由本人亲笔表述交款人民币大写全额（包括预交款、补交款）。

（7）对行窃行为处理结果的确认，由主持处理的防损员亲笔表述人民币大写金额，表示确认收款，不得涂改。

（8）发现抓获行窃人员的防损员必须在陈述笔录下签名认可。

（9）处理未有结果或部分无结果时，暂留物品必须在陈述记录下详细登记被查，并妥善保管，不得遗失。

（10）陈述笔录由总部按编号统一印制，由公司财务部同意兑换发放使用和管理，不得漏缺。

资料来源：作者根据相关资料整理

三、门店的防损数字化管理体系

（一）门店防损数字化管理体系应具备的功能

1. 损耗监督功能

监督具有一定的威慑力，能够渗透门店运营的各个环节之中。线上损耗体系将商品详细标准和注意事项记录在档，作为参照起到监督的作用，尽量避免任何环节产生的违规行为，优化经营环境。

2. 损耗预警功能

根据门店运营现状，构建整体性的损耗预警体系。在损耗系统中，运用大数据建立一套门店安全预警参数标准，根据超出参数范围计算损耗量。预警程序系统由防损部门相关人员进行控制。

3. 损耗分析功能

根据参数标准，分析损耗现象，在系统中直接筛选排序，归纳出正常损耗和异常损耗，对异常损耗进行分析，找出原因并提出解决方案，尽量避免二次损耗。

4. 损耗处理功能

损耗处理功能包括商品损耗处理、损耗流程处理、损耗人为因素分析处理。通过不同途径进行处理，减少下一次损耗概率。

（二）门店防损数字化管理体系应具备的条件

1. 整体性

防损体系要具备整体性，流程不间断。

2. 独立性

门店单独设置防损员岗位与防损部门，由高层领导直接管理，既与各个工作岗位联系紧密，又是一个单独的业务系统，独立性强。

3. 客观性

防损管理是保障门店利益的重要职能，因此其在数据收集和处理上需要一定的客观性，从客观的角度分析原因，找出漏洞并及时补救。

4. 服务性

防损管理也是为门店运营服务的一个业务体系，目的是使门店盈利。

任务评价

学生分组进行门店防损类型认知调研，教师进行考评并填写考评表（表7-2）。

表7-2 门店防损类型认知调研考评表

考评人		被考评人	
考评地点			
考评内容	门店防损类型认知		
考评标准	内容	分值	得分
	能够认真复习教材，掌握现实情况，主题明确	15	
	回答内容充实，对门店防损类型有了更深入的了解和认知	30	
	回答内容结构完整，层次清楚，内容完整	20	
	内容汇报准备充分，成果演示及答疑语言表达流畅	20	
	任务完成积极主动，团队成员合作良好	15	
合计		100	

注：考评满分为100分，60~70分为及格，71~80分为中等，81~90分为良好，91分以上为优秀。

思政园地

案例一

一男人进店，说要买黄金项链。他先试戴了一条105克的，又试了另一条115克的，之后又说要把两条项链都戴上比较一下，看看哪条更好点。当营业员把项链给他比较时，该男子拿起项链就跑出了店。

分析：

此类事件一般出现在保安较少或没有保安的珠宝卖场，一般1~2人作案，抢劫商品以大克重的黄金项链为主，有部分犯罪者试戴一件就跑，大部分犯罪者携带凶器作案。

应对措施：

1. 给顾客试戴首饰只能试戴一件，20克以上的珠宝不能两件同时拿出给顾客，以减少此类事件发生后损失。

2. 抢劫发生后，营业员在保证自己人身安全的情况下应第一时间按动报警器，然后让保安追回货品，并告知领导此事。

案例二

中午，几个人进店直接到了黄金项链柜台，一个人找到该柜台营业员说要买戒指，让营业员带过去给挑选戒指，另外几个人没有跟着营业员去戒指柜台，趁项链柜台没有营业员，从衣服内兜掏出锤子等作案工具，砸开柜台玻璃，抢走两盘黄金项链后逃跑。

分析：

此类事件一般发生在保安较少或没有保安的珠宝卖场，作案人员一般在两人以上，作案时间基本都选在人比较少的中午、晚上或换班人少的时段。

应对措施：

1. 人员较少时或同时来多个顾客时要保持高度警惕，防范危险发生。

2. 抢劫发生后，营业员在保证自己人身安全的情况下应第一时间按动报警器，然后让保安追回货品，并告知领导此事。

案例三

黄金项链柜台营业员接待顾客，给顾客试戴首饰时，营业员疏忽没有关柜台门，一个顾客直接把手伸进了柜台拉出数条项链就跑。

分析：

这种事件属于营业员疏忽造成，完全可以避免。

应对措施：

1. 给顾客看饰品时一定要在拿出饰品后把柜台门关上或锁上。

2. 抢劫发生后，营业员在保证自己人身安全的情况下应第一时间按动报警器，然后让保安追回货品，并告知领导此事。

案例四

晚上商场打烊，营业员收盘入库，一人从卖场外进来，趁营业员在柜台内收货时搬起柜台上收好的一盘铂金手镯就跑。

分析：

这类事件一般发生在早起或晚上，主要是营业员铺货、收货时段，趁营业员忙乱，趁机实施抢劫。

应对措施：

1. 营业员在有非本公司人员在场的时候，不得把货品放置在无人看管的柜台或其他无人看管位置，收货要两个人配合，一人负责从柜台内往外拿货，另一个负责把货品放置到储货箱内。

2. 抢劫发生后，营业员在保证自己人身安全的情况下应第一时间按动报警器，然后让保安追回货品，并告知领导此事。

案例五

几个顾客进入卖场，几个人围在一个柜台，营业员有点应接不暇。一个顾客趁营业员忙乱，进入柜台，用万能钥匙打开柜台内的门，抢走饰品后逃走。

分析：

该类事件一般也发生在营业员人员不足时，一般选在只有一个营业员的柜台，也有可能为了降低营业员戒备心，指使5~15岁孩子进入柜台行窃。

应对措施：

1. 禁止顾客进入柜台内，时刻注意柜台入口是否有顾客进入，如有进入，立刻责令其离开。如发现儿童进入柜台，第一时间将孩子抱出柜台（抱小孩出柜台时需收起首饰）。

2. 抢劫发生后，营业员在保证自己人身安全的情况下应第一时间按动报警器，然后让保安追回货品，并告知领导此事。

资料来源：作者根据相关资料整理

讨论：

作为门店管理者，你认为应该怎样做才能提前避免以上案例中的风险发生？

拓展阅读

处乱不惊

任务三　门店安全数字化分析与管理

任务导入

门店的数字化管理，正在如火如荼地进行。加强制度建设，规范管理，加强培训，强化激励，重视门店数字化信息系统建设，这些也确实已概括了门店管理所涉及的各个层面。门店管理的各个环节既是科学，也是艺术。请同学们以小组为单位，选择至少三家门店进行实地考察，对门店安全和管理等方面进行调研，分析存在哪些安全隐患和漏洞，撰写调研报告并制作PPT进行组间交流。

任务准备

对门店进行安全数字化管理，就是要尽一切可能去降低门店各方面的风险，确保顾客、员工的人身和财产安全，以及商品安全都在所控制的范围内。风险是一切将会发生并给目标实现带来负面影响的可能性。带有负面影响的风险会阻碍价值的创造，同时也会破坏现有的价值，比如机器设备故障、突发火灾、信用损失等。这些风险也会给门店带来安全隐患。

门店除了张贴政府相关法令法规等要求外，还要制定安全事故管理办法条例，定期例行安全检查，将检查数据记录在档并筛查数据，对比标准，找出隐患，增强突发事件的各种应变能力，以防安全事故发生。

一、门店安全事故发生的原因

（一）门店设备陈旧

门店购买的设备设施，如因平时不定期检查维修，一旦使用过度，会出现设备老化甚至不能正常使用的状态，在危害公共利益的同时，还会给门店内部员工工作带来风险。

（二）员工缺乏安全常识

如果门店不重视安全因素，对员工的安全意识与安全教育培训不到位，会导致员工缺乏安全意识，提高风险系数。如电源使用不当、货架陈列不规范、消防设施使用常识缺乏、医护处理不当、顾客隐私随意透漏等行为，都会成为安全事故的隐形杀手。

（三）员工缺乏安全警惕

在事故发生之初，员工缺乏高度的警惕，没有及时止损，造成不可挽回的局面。

（四）数字化系统应用不完善

门店的安全工作可进行联网作业，一旦发现隐情，能上报信息进行排查，提前预测。如因发现不及时导致未提前预知，会增大安全风险发生的可能性。

二、门店安全数字化管理项目

门店安全数字化管理是门店运营过程中一定要学习的内容。相关负责人可将有关门店安全的常识放在公司官网之中，定期发放安全测试题，将员工的浏览量与测试结果作为安全因素考核的指标，从而侧面判断员工安全常识的掌握程度与突发事件的应变能力。

（一）消防安全管理

消防安全管理包括火灾预防、突发意外抢救、消防安全教育及宣传、消防设施定期检查。

（二）货架陈列安全管理

货架陈列不规范容易导致意外的发生，此项需要注意的有：货品陈列要安全，不可摆放过高或不整齐；门店装潢要安全，不可过度做宣传吸引消费者以致装潢太过夸张引发危险；货架设计要安全，不可携带锋利边角，摆放位置要平稳；地面要清扫彻底，不可留有水痕造成滑倒引发伤害。

（三）购物车安全管理

若门店提供购物车，要定期检查购物车车轮损坏和把手毛刺，避免给顾客带来安全威胁。

（四）员工作业安全管理

员工在门店内工作方式不当，不仅会给顾客带来安全隐患，还会对自身造成伤害。如大型设施使用不当、补货作业不当导致商品掉落，砸伤自己或顾客。

（五）报警管理

将属地派出所电话、门店保安电话和直属领导电话张贴在明显位置，以便门店发生偷窃、抢劫、火灾等意外突发事件时，人员第一时间汇报求助。

（六）行窃管理

行窃是门店安全管理的重要条目，防范的对象有内部员工、外部顾客和盗贼。

（七）抢劫管理

门店人流量大，资金流动大，收银台显眼，很容易引起非法歹徒的注意。

（八）诈骗管理

诈骗也是门店损耗的种类之一，一般体现为兑换现金、寄存物品丢失等手段，门店应为此制订应急处理方案。

（九）停电突发事件处理

门店停电，受影响最大的是对储存温度有一定要求的商品。该类商品会因停电变质。停电不仅会导致门店无法继续营业，还会引发其他一系列问题发生，如趁乱行窃等。门店对此应有备案解决方法，保证门店正常运营，减少损耗与损失。

三、门店安全数字化管理措施

（一）消防安全

1. 消防事故发生之前

（1）门店组成应急应变处理小组，主要人员包括总指挥、副总指挥、救灾组、人员疏散组、财务抢救组、报案组、医疗组等，确定成员名单，上报主管领导备案。

（2）定期保养及检查各种消防设施，如果消防设施发生故障或已过期，应立即汇报处理。

（3）定期向全体员工讲解灭火设备的功能、使用方法及逃生的基本常识。定期举行消防演练。

（4）门店消防通道、安全门前、逃生标志等位置不可被遮挡，主管领导要经常检查，重视程度放在首位。

（5）要求员工树立下列安全观念：消防事无论大小不容忽视，禁止乱丢烟头，工作结束随手关掉煤气和其他电器设备，随时检查电源插座是否存在安全隐患。

2. 消防事故发生之中

（1）如发生特大火灾：立即报告店长，同时立即拨打119报警，利用门店广播通知店内所有员工，启动应急应变处理小组，立即疏散店内顾客迅速离开现场；沉着冷静，听从店内相关人员或消防人员的指挥。在情况允许的情况下，迅速将收银台现金及贵重财物放进保险柜并上锁，关掉所有的电器设备，在不危及自身安全的情况下，协助用灭火设备救火，如有人受伤，立即将受伤的顾客或员工送往医院。

（2）如遇一般火警：立即向店长报告，利用就近的消防设备迅速灭火。

（3）救火过程中注意事项：安全大过利益，不要在自身安全受到威胁的情况下还去收集现金或救火；当所在位置有浓烟出现时，应匍匐在地上爬行并迅速离开现场（因为距地面20厘米以下的位置仍有氧气，不会妨碍呼吸）；禁止用手或身体触摸电器设备；不要使用电梯，尽量从逃生门或楼梯进行撤离现场。

3. 消防事故发生之后

（1）如发生特大火灾：门店所有人员在离开现场后到附近指定地点集合，店长迅速清点人数，确保人员不缺少，未经消防人员许可，不可私自再度进入火灾现场。

（2）如遇一般火警：火已扑灭，需要向店长汇报店内情况，店长了解情况后应向上级相关部门报告。

（3）清点财物，编列损失清单，分析火灾原因、应变处理过程中的不足，形成案例，好的做法继续借鉴，不足之处加以改之。

（4）对于表现突出的员工进行嘉奖，鼓舞士气。

（二）营业期间门店内行窃

行窃行为事前防范措施包括以下几种。

1. 顾客行窃事件的防范措施

（1）门店外设置存包柜，禁止顾客携带大型背包或手提袋入内，确保存储柜的安全。

（2）如遇顾客携带小型背包或店内的包装袋进入门店购物时，员工应多加留意其购买行为。

（3）亲切、热情地服务好每一位顾客，主动、适时地给予一定协助。

（4）死角地带和人多聚集处要加强巡视，避免出现长时间无人照看顾客的行为；员工工作期间禁止旁若无人地打电话、聊天、补货，尤其长时间待在后场仓库作业。

（5）待顾客选购完商品后，员工要及时整理并检查商品的排面，避免因为商品凌乱让人有可乘之机。

（6）门店死角地带增加辅助设备，如反光镜、有线电视或监控系统等，以威慑有投机心理的顾客。

（7）单价高、体积小的商品要陈列在显眼位置，如柜台附近，以便收银人员就近管理。

（8）特别注意由非出口区域离开的顾客。

（9）禁止顾客在门店内直接进食。如遇顾客边走边吃门店内部的商品，员工应口头委婉提醒，引导其至收银台结账。

（10）有客人结伴入店时，应随时保持有店员随身服务，若出现可疑情况，应立即主动上前询问并提供服务。

（11）妥善保管条码纸，以免给人可乘之机。

2. 员工行窃事件的防范措施

（1）随时抽检现金报表。一般包括：现金日报表、现金损失报告表、现金投库表、营业状况统计表、换班报告表、营业销售日报表、营业销售月报表等。

（2）定期检查商品管理报表。主要包括：商品订货簿、商品进货统计表、商品进货登记单、坏品及自用品统计表、商品调拨表、商品退货单、盘点统计表等。

（3）对于员工行窃行为，要严格制订处罚管理办法并公布通知、严格执行。

（4）员工内部购物，要严格规定时间、方法及商品出入手续，避免混淆。

（5）严格制定员工上下班制度规范，规定出口入口，并自觉接受检查；统一制服，进出更衣室不可携带私人物品。

（6）装置电子监视系统。

3. 行窃行为事后处理程序

（1）由店长（主管）负责在指定地点对可疑人物进行盘问，了解情况，同时必须有两位以上的职员在现场作证。

（2）如行窃行为成为事实，要求可疑人物主动将未付款的商品交出来，但不要对其搜身。

（3）联络属地派出所，请求对方前来协助。

（4）在警察尚未到达前，要求可疑人物填写声明书、提供个人资料，并签名表示一切陈述属实。

（5）警察到达后，将可疑人和物交给警察，由警察进一步进行调查。

（6）如果警察认为此事证据不足，不可与之争辩，警察有权决定证据确凿与否。

（7）重大事件必须向上级相关主管报告。

（8）做好事件归档，所有可疑人物的声明书均应存档备案，定期整理。

4. 顾客行窃事件的处理技巧

（1）当发现可疑人物时，立即派人盯梢并注意其行踪，要确定商品是否在可疑人物身上及是否到柜台结账；如果不确定，绝不可将其拦下。

（2）在认定偷窃之前，员工可以给予顾客暗示，提供顾客有“购买”的机会。例如，可以对顾客说“你要××商品吗？”“让我替你包装商品”等，提醒顾客结账购买。

（3）如果提醒之后，顾客仍无购买的意思，在不张扬的情况下，以平静的声音将顾客引入办公室，并做适当的处理。

（4）在营业场所之外，立刻向店长汇报事情经过。

（5）除非阻止可疑人物逃跑，否则不可使用暴力，更不可对其进行搜身。

（6）如果可疑人物不止一人，必须速捕实施盗窃的人，并确定盗物是在何处被转交他人。

（7）如果要指证他人没有付款，必须经过查证之后才能行动，千万不可轻举妄动。

（8）在处理此类行窃事件时，切记不要把顾客当作“窃贼”，保持镇定自若，讲话要冷静自然，尽可能往顾客“弄错的”角度去引导其“购买”，不要以“调查”的态度对待顾客。

（9）如果真的是误会了顾客，员工应向顾客郑重地表示道歉，并详细说明错误发生的经过，希望能获得顾客的谅解，必要时应亲自到顾客家中致歉。

（三）夜间行窃

1. 事前防范

夜间值班人员要时刻保持清醒，做好监控查看工作。依照关店安全管理规定做好各项必要措施。

2. 事中措施

当保安部门接到异常情况报告时，应迅速组织应变人员到场查看。如遇行窃者，要提高警惕，判断其身上有无凶器，尽量避免正面交锋，以确保自身安全为主，分工合作。

3. 事后措施

如果现场证实门店确遭行窃，立即报警，并同时上报主管领导，等待处理；保护现场，避免遭到破坏；警方和领导到场后，经允许才可清点财产。

案例分享

防盗提示

为切实保护我司各门店财产及货品的安全，防止盗窃案件的发生，审计监察中心温馨提示各门店：

1. 切实做好门店安全管理工作，上班时应第一时间查看门锁是否有损坏痕迹；下班时，务必仔细检查卷帘门门锁是否安全上锁，如有破损应及时更换并上报。

2. 门店员工需对门店货品认真且真实盘点，如发现差异应及时找出原因，若疑似有人盗窃应第一时间上报公司并协助公司报公安机关处理。

3. 门店员工应严以律己，见微知著、防微杜渐，勿以恶小而为之，牢记公司的规章制度，切勿触碰制度红线、法律底线，严禁内盗案件的发生。

资料来源：作者根据相关资料整理

（四）抢劫

门店遭遇抢劫，多数情况损失的都是现金。所以，在日常管理过程中，门店应做好现金的管理。现如今，线上支付已经是日常支付的重要手段，数字化的付款流程更有保障。

1. 事中处理

（1）如遇抢劫，要保持沉着冷静，不要惊叫和无畏反抗，先以保证自身安全为主。

（2）记住歹徒的身体特征，容貌穿着、身高年龄等特点。

（3）找准时机请求他人报警。

（4）尽量拖延时间，假装可以合作，降低对方戒心。

（5）随机应变，尽量将损失降到最低。

2. 事后处理

（1）如若没有人报警，待歹徒离去，迅速报警，并同时上报主管领导。

（2）保护现场，避免遭到破坏，警方和领导到达场后，经允许才可清点财产。

（3）立即向警方描述歹徒身体特征，配合调取监控。

（4）将事情经过形成案例，以示教训，好的做法继续借鉴，不足之处加以改进。

（五）顾客突发意外

（1）如遇顾客在门店内部购物时突发意外，如身体不适等，视情况将其扶到休息区，提供帮助，必要情况下拨打120请求支援。

（2）送顾客就医时，应派店内员工进行陪同。

（3）对有联系方式的顾客表示关心，了解康复情况，送去人文关怀。

（六）停电

电力是门店保持正常运营的最基本保障，对于停电这种突发事件，门店应提前做好防范措施；门店内应有备用供电装置，以备不时之需，并向电力部门了解停电计划，及时做出安排及调整。

1. 事中措施

（1）停电时及时询问供电部门停电原因、停电时长。

（2）若停电时间过长，启动应急预案。

（3）及时将相关设备关闭，做好冷藏（冻）商品的临时处理。

（4）安排员工做好顾客解释和安抚工作，并有序疏散顾客。

（5）做好因停电造成不便带来的商品丢失安全管理工作。

2. 事后措施

（1）检查异常。

（2）清查商品和财物。

（3）对生鲜和冷藏（冻）商品进行检查，如保存效果不佳，尽快进行降低损耗处理。

（4）待一切恢复正常之后，在官网上进行公告，开始营业。

（七）其他

门店网站系统除了要考虑门店自身各方面的安全因素，顾客的信息安全保护也是重中之重。所有会员的个人信息需要进行系统维护，避免泄露。

任务评价

学生分组进行门店安全数字化管理调研，教师进行考评并填写考评表（表7-3）。

表7-3　门店安全数字化管理调研考评表

考评人		被考评人	
考评地点			
考评内容	门店安全数字化管理调研		
考评标准	内容	分值	得分
	能够开展实地调研，调研对象选取科学，调研主题明确	15	
	调研内容充实，对门店安全数字化管理有了更深入的了解和认知	30	
	调研报告结构完整，层次清楚，内容完整	20	
	调研汇报准备充分，成果演示及答疑语言表达流畅	20	
	任务完成积极主动，团队成员合作良好	15	
合计		100	

注：考评满分为100分，60~70分为及格，71~80分为中等，81~90分为良好，91分以上为优秀。

思政园地

完美犯罪

这起离奇的盗窃案，发生在长沙市岳麓区金星路某超市。

7月23日，超市员工发现，超市一间库房的保险柜被打开，里面21万元货款不翼而飞。

从超市门口走到这间放了保险柜的库房，需要经过5个房间，监控又“适时”地黑屏了，失窃库房的门锁和保险柜门都完好无损。

一切似乎安排得很“完美”，这起盗窃案是谁干的？

“超市内部监控有近20分钟的黑屏，这意味着，有人在这一段时间关了电闸。”咸嘉湖派出所民警成一杰说，超市电闸位于保安室内，当天值班的保安提到，当晚外出巡逻时，保安室并未有其他人在场。

经调查，民警发现房间天花板一块隔板有破损痕迹，打开隔板，只见这里连接着一条直达大门的通风管道。民警怀疑，嫌疑人在破坏电闸后，再从通风管道攀爬进入库房进行盗窃。

为了找到更多的线索，成一杰爬入通风管道，随即在管道内发现了几处皮鞋脚印。在取样过程中，天花板一处突然陷落，成一杰从3米高的房顶摔下，导致腰椎受了伤。

分析这种种痕迹，民警认为，对超市库房地形如此熟悉，并且能避开超市的多路监控，极有可能是内部人员监守自盗。

真相大白

超市后门的一处监控视频中，一个匆匆而过的黑影引起了民警的怀疑。“他右侧夹着一个包，刚来的时候是扁的，出来时，明显鼓起来。”经超市多名员工辨认，这个黑影与超市一名段姓保安身形相似。

果然，偷盗的人就是段某！段某交代，赃款一部分用于还债，剩下的藏在了姐姐家中，随后民警在段某姐姐家中找到了剩下的18万元赃款。

段某称自己喜欢赌博，欠了近4万元的赌债，仅靠做保安的工资无法偿还这笔赌债，于是有了盗窃超市货款的想法。

潜入库房盗窃保险柜，并不是一件简单的事。段某称，自己思考了许久，在一次巡逻过程中，他无意中发现，天花板有一处破损痕迹，在修缮过程中，他发现天花板上的通风管道直通室内，从这里攀爬，可以越过防盗门。

随后，段某又从仓库管理员处偷来保险柜的钥匙。

在实施盗窃前，段某还潜入保安室，“巧妙”地切断电源。不过，这个看似天衣无缝的安排，却让民警锁定了准确的案发时间。

资料来源：作者根据相关资料整理

讨论：

这则案例给我们什么启示？在门店员工管理过程中，应如何加强员工的综合素质教育？

拓展阅读

海底捞如何实现食品安全“全链条”把控？

项目小结

本项目主要介绍了门店防损数字化和门店安全管理数字化两个方面的内容，利用大数据平台，输入、对比、分析数据，确保将门店损耗降到最低，确保店内管理规范，使得门店及门店内的顾客、员工、商品、财物等因素控制在安全范围内。

课后练习题

一、单选题

1. 有效期管理不当属于（ ）损耗。

A. 偷窃 B. 作业错误 C. 突发事件 D. 其他

2. 商品验收不合格属于（ ）损耗分析。

A. 门店运营过程 B. 商品管理过程 C. 商品遭遇盗窃 D. 其他

3. 以下选项中不属于突发事件处理原则的是（ ）。

A. 预防为主，计划为先 B. 迅速处理，抓住重点

C. 安全为主，减少损失 D. 利益为先，降低成本

4. 门店收银柜台不能存放超过（ ）现金额度。

A. 1 000 B. 3 000 C. 5 000 D. 10 000

5. 工作中发现货架不稳，不正确的处理方式有（ ）。

A. 叫周围的人不要靠近

B. 自己躲开

C. 用手撑住，同时叫同事帮忙

D. 安排人员在附近进行维护，并立即通知主管和前台部门维修固定

6. 无特殊情况下，每天早晨开店时间不得早于提前（ ）分钟，且同时有两名员工开启店铺。

A. 10 B. 15 C. 20 D. 30

7. 在装货卸货较重时，不正确的姿势是（ ）。

A. 小心将货物提起来

B. 腰部要挺直

C. 直接把货扔下

D. 将货物放在两脚中间，像运动员举重一样将货物提起

8. 当门店遭遇停电时，不正确的处理方式是（ ）。

A. 检查异常

B. 清查商品和财物

C. 对生鲜和冷藏（冻）商品进行检查，如保存效果不佳，尽快进行降低损耗处理

D. 不管停电，继续营业

9. 顾客行窃事件处理技巧正确的是（ ）。

A. 当发现可疑人物时，立即派人将其强制拦下

B. 如果提醒之后，顾客仍无购买的意思，当场揭穿

C. 在营业场所之外，向店长隐瞒事情经过

D. 如果要指证他人没有付款时，必须经过查证之后才能行动，千万不可轻举妄动

10. 如遇一般火警：立即向（ ）报告，利用就近的消防设备迅速灭火。

A. 店长 B. 店助理 C. 安全员 D. 防损员

二、多选题

1. 消防通道在营业期间不得（　　）。

A. 站人　B. 关闭　C. 停车　D. 堆放商品

E. 促销

2. 下列属于行窃行为的是（　　）。

A. 偷吃商品　B. 私自改价　C. 高价标低　D. 退换商品

E. 申请价保

3. 由于作业错误导致的损耗是（　　）。

A. 验收不当损耗　B. 盘点损耗　C. 搬运损耗　D. 火灾

E. 地震

4. 门店防损数字化管理体系应具备的功能有（　　）。

A. 损耗监督功能　B. 损耗预警功能　C. 损耗分析功能　D. 损耗处理功能

E. 损耗收益功能

5. 门店组成应急应变处理小组，主要人员包括（　　）。

A. 救灾组　B. 人员疏散组　C. 财务抢救组　D. 报案组

E. 医疗组

三、简答题

1. 对门店防损员的基本要求有哪些？
2. 门店安全数字化管理项目有哪些？
3. 商品遭遇盗窃发生损耗的原因有哪些？
4. 突发事件处理原则有哪些？
5. 简述门店安全事故发生的原因。

扫一扫看答案

项目八　门店绩效评估

学习目标

知识目标

1. 认识门店绩效评估的作用、标准和内容。

2. 分析门店绩效指标的构建。

3. 了解数字化绩效管理的方法。

能力目标

1. 能够运用门店绩效评估标准和内容绘制某个门店的绩效评估方案。

2. 能够根据绩效指标体系的建设要求，为相关门店设计指标体系。

3. 能够根据数字化绩效管理的内容，为门店设计绩效评估的数字化方案。

思政目标

1. 了解连锁门店绩效评估方法，激发有关知识的学习兴趣，奠定思想基础，提升工作的责任感。

2. 建立绩效评估的数字化思维，培养数字化意识，强化数字强国的认识。

3. 根据指标体系建设，培养创新精神和创新意识，树立在工作中发现问题和解决问题的研究精神。

任务一　门店绩效评估认知

任务导入

员工在门店工作时，一直都被绩效指标考核着，绩效考核代表门店工作状况，说明消费者对门店工作的评价。本任务引入绩效评估的概念、作用、标准和依据，请同学们通过本任务学习，回忆所在门店对自己的考核要求和考核内容，并制作PPT进行汇报。

任务准备

通过收集所在岗位的工作评价信息，了解顾客、企业、相关部门对任职岗位的工作要求和工作标准，以及执行考核的具体内容，根据相关考核内容判断企业考核的要求和意图，强化对绩效考核的认识和重视。

一、何谓门店绩效评估

门店绩效评估是指为实现门店的整体目标，通过科学地设置评估方法来衡量门店日常营运的表现，以检查经营目标的达成情况。通过相应的绩效评估，可以了解门店的运营情况和未来发展趋势，并以此进行必要的改进和完善工作。

二、门店经营绩效评估的作用

（1）更正门店管理决策的错误，避免资源的浪费，可以作为门店政策成效的审核、经营管理的指标及经营改进的方向。

（2）促进门店业绩的持续改善，激发员工的潜力。

（3）促进建立业绩目标和评估绩效的方法正规化。

（4）使上司与下属的关系变得更融洽。

（5）提升员工的忠诚度。

三、连锁门店经营绩效评估标准

评估标准，又称评判标准，是指人们在评估活动中应用于对象的价值尺度和界限。它是人们价值认识的反映，表明人们重视什么、忽视什么，具有引导被评估者向何处努力的作用。评估的客观性因素是评估标准具有科学性的重要依据。只有确定连锁门店经营绩效评估标准，才有一个由实际状况判断门店营运表现的标准。但如果标准定得太高，不容易达成会影响士气；定得太低，又会失去设定标准的推动效果。所以，门店经营绩效的评估标准，事实上是由营运目标的设定转化而来，由未来经营发展方向及营业目标换算为合理、可以评估的资料。在门店绩效评估中，评估标准的确定应满足挑战性、可达成性、可执行性、客观性和易于操作等要求，并且要有时间进度，以便和高层管理及横向单位的目标一致，引导门店有目的地提升绩效水平。一项有效的绩效评估标准必须符合下列条件。

（一）符合企业的战略目标

门店经营绩效评估标准是经过企业高层管理者及执行者双方同意，没有经过双方同意的绩效标准不一定会符合企业的战略目标。因为由门店所提议的绩效标准不一定顾及企业整体的需求，而高层管理者的意见则容易忽略执行细节与实施的困难，所以一定要综合两方的意见，寻求兼顾双方的平衡点。

（二）具有挑战性及可达成的特性

具有挑战性的绩效标准，一方面可配合营业竞赛激励员工达成目标；另一方面可激发员工的潜力增加绩效。绩效标准必须是员工的能力能够达到的，因为达不到的标准，除了没有意义外，更会削弱员工的士气，进而产生反效果。

（三）具体且可评估衡量

绩效评估标准必须能加以数量化，无法数量化的标准在审核时，会引起不必要的困扰及争端。如果衡量的标准是以个人意见或经验来衡量，一定会因为不容易计算而使员工产生不满或困惑的情绪。

（四）有明确的期间限制

绩效评估标准应该附带明确的期间限制，以便评估审核。比如，生产和销售日常消费品的企业，一个月评价一次；生产大型设备的企业或提供项目服务的企业，半年或一年评价一次。刚开始实施绩效管理时，评价周期不能过长；在绩效管理系统成熟后可以逐渐延长绩效管理周期。

（五）有助于持续性改善

绩效评估标准必须与下一次的评估有比对的效果，才有意义。如果没有持续比较的功能，只能用于项目类的特殊事件，并不合适一般的经营绩效标准。

（六）简单易懂，便于计算

绩效标准必须要让营业人员能够便于计算，如奖金，则必须有一个可计算的公式，以减少因为计算困难所产生的纠纷。

四、连锁门店经营绩效评估依据

依据是人们从事活动的根据，门店经营绩效评价依据就是连锁企业评价门店经营绩效的根据。一般来说，评价依据可分为宏观层次的依据，如国家的方针政策、法律法规和有关部门的规定；微观层次的依据，如企业章程、各项规章管理制度及董事会决议等。由于连锁门店是企业经营的内部分支机构，大政方针是由总部决定的，所以，连锁门店的经营绩效评估依据一般是以微观层次为主。

五、门店绩效评估流程

门店绩效评估的目的是改善门店绩效，如找到门店运营管理中存在的问题，并针对问题提出改进策略，提高门店销售目标完成率、营业额同比等指标。具体流程分为绩效评估、人员行为评估、制订改进方案、执行方案四个步骤。

（一）绩效评估

绩效评估包含结果指标和过程指标。结果指标是门店销售额或盈利，不同门店、不同月份的销售额存在差异，而目标完成率可以横向比较，因此结果指标多采用销售目标完成率。过程指标包括经营数据分析、顾客体验、运营标准等三部分，影响目标完成率的因素很多，深入分析过程指标，能够帮助门店精准定位问题所在，进行针对性的改善，提高门店销售目标完成率。

（二）人员行为评估

从店长开始，店长的工作能力是门店绩效评估的重要内容。店长行为能力是因，门店经营绩效是果，改变结果首先要改变成因。评估店长需运用360度考核法，由店员、副店长、督导、总部管理人员对店长进行全面行为能力评估，客观全面评估店长能力。

（三）制订改进方案

针对问题，制订可行性方案，有针对性地解决门店运营的短板，进而为持续改善奠定基础。

（四）执行方案

根据方案有针对性地对问题进行提炼，不断优化经营过程。

六、门店经营绩效评估主要内容

连锁企业门店经营绩效评估的内容主要有以下几个方面。

（一）经营效益

连锁企业门店的经营效益主要通过商品流转、资金的占用与费用的开支等情况的各项经济指标反映出来。对这些经济指标的完成情况分别进行考核，就可以发现问题，提出改进措施，不断提高企业的经营业务水平。考核经营状况的经济指标主要有企业的商品销售额、资金周转次数、利润率、流动资金利润率、资金利税率等。

（二）管理效益

企业经营离不开科学管理，连锁企业同样如此。越来越多的证据表明，高水平的管理将使连锁企业成为市场竞争的赢家。但优良的管理需要企业着眼于对各项管理经济指标的考核与评价，从而可以通过这些指标分析产生问题的原因，找到管理的新方法、新途径，使企业管理更有针对性，更适应市场经济发展，提高企业经济效益。考核连锁企业管理状况的效益指标主要有企业的制度建设、定额管理、合同有效率、库存商品适销率、账货相符率等内容。

（三）服务效益

现代连锁企业在进行商品经营的同时也向顾客提供各种服务，通过服务给顾客的日常生活带来便利，通过服务保持企业与顾客的良好关系。连锁企业一般都提供与商品销售直接相关的服务，所以服务状况同样也是门店经营绩效评估的内容之一，它不仅是一种社会效益的体现，还直接影响企业的销售额和利润额的大小。衡量连锁企业服务状况的效益指标主要有服务范围、服务态度、服务质量、便民措施、经营商品品种数、顾客满意程度及其他服务指标。

任务评价

学生分组进行门店绩效考核现场调研，教师进行考评并填写考评表（表8-1）。

表8-1 门店绩效考核现场调研考评表

考评人		被考评人	
考评地点			
考评内容	门店绩效考核现场调研报告		
考评标准	内容	分值	得分
	准确描述门店评估的作用、意义	30	
	说明所任职门店绩效评估的主要方法和评估流程，说明门店店长考核内容	30	
	能够针对门店评估内容做出准确分析，能够区分绩效评估各种指标，能说明指标作用和意义	20	
	汇报PPT的要求，页面风格一致，字体、字号统一，大小一致，制作能够使用动态效果、框图、思维导图	20	
合计		100	

注：考评满分为100分，60~70分为及格，71~80分为中等，81~90分为良好，91分以上为优秀。

思政园地

沃尔玛：快快收钱，慢慢付款

《财富》杂志公布的2007年世界500强排行榜中，美国零售大王沃尔玛公司以3 511.39亿美元的年营业收入跃居榜首。有关人士分析认为，沃尔玛利用“快快收钱，慢慢付款”的财务策略，获得了丰厚的营运资金，提升了企业竞争力。

会计学认为，衡量企业是否有足够的能力支付短期负债，经常使用的指标是流动比率。流动比率的定义是：流动比率=流动资产÷流动负债。流动比率显示企业利用流动资产偿付流动负债的能力，比率越高，表示流动负债受偿的可能性越高，短期债权人越有保障。一般而言，流动比率不小于1，是财务分析师对企业风险忍耐的底线。

据了解，消费者在沃尔玛超市用信用卡购买商品2~3天之后，信用卡公司就必须支付沃尔玛现金。但对于供货商而言，沃尔玛维持一般商业交易最快30天付款的传统。这种“快快收钱，慢慢付款”的办法，为公司带来了丰厚的营运资金。由于现金来源充裕且管理得当，沃尔玛不必保留大量现金，并且能在快速增长的条件下，控制应收账款与存货的增加速度。

沃尔玛与供应商的关系，也有值得借鉴的地方。沃尔玛不仅不收取供货商的任何进场费，而且还带动供货商改进产品工艺，降低劳动力成本，甚至分享沃尔玛的信息系统。这种良好的亲商形象，伴随着它在内地供应链体系的日趋成熟，将越来越显示其价值。

资料来源：作者根据相关资料整理

讨论：

请结合案例谈谈沃尔玛的经营谋略从哪几个方面提高了经营绩效。

拓展阅读

形式主义的绩效考核毁了索尼

任务二 门店绩效评估指标体系设计

任务导入

连锁经营与管理专业学生在苏宁小店实训，正值月末门店进行绩效评估工作。实训指导教师要求同学们结合实训门店绩效评估的分析，说明该店的绩效评估指标设计体系和相关设计依据。请同学们根据现有指标体系，进行重新的指标设计，并说明修改原因。

任务准备

首先查询门店的绩效考核指标，将考核指标按照收益性指标、安全性指标、效率性指标、发展性指标进行分类，并指出缺少哪些指标，如何进行指标改进。

评估指标是企业绩效评估内容的载体，也是企业绩效评估内容的外在表现。国际连锁企业管理协会的品牌研究专家认为，营运绩效不能靠直觉来判断，因为连锁加盟店的扩展速度较一般企业快，竞争也比一般企业激烈，所以在经营绩效评估方面，也比一般企业更为注重效率化及规格化的要求。把各种经营绩效的项目及程序规格化、标准化，不但可迅速分辨出所属店铺的绩效高度，降低开店失败率，还可就绩效评估的结果进行改进，减少浪费、增加利润。连锁企业门店经营绩效的综合结果产生于收益性指标、安全性指标、效率性指标和发展性指标四个主要方面。

一、收益性指标

收益性指标反映经营的获利能力。收益性指标的主要评估指标有营业收入达成率、毛利率、营业费用率、净利额达成率、净利率、总资产报酬率及所有者权益率等。收益率指标的计算数据大多来自损益表。

（1）营业收入达成率。营业收入达成率是指实际营业收入与目标营业收入之比。其计算公式为：

营业收入达成率 = 实际营业收入 / 目标营业收入 × 100%

例1 星星超市2022年3月份目标营业额35万，实际营业额35.35万，计算营业收入达成率为：

35.35 ÷ 35 × 100% = 101%

（2）毛利率。毛利率是指毛利额与营业额之比。其计算公式为：

毛利率 = 毛利额 / 营业额 × 100%

例2 星星超市2022年4月份营业额30万，进货成本为24.5万，计算毛利率时，先要求出毛利额，毛利额为销售额减去进货成本，为30 − 24.5 = 5.5万，然后根据公式计算毛利率为：

5.5 ÷ 24.5 × 100% = 22.45%

从毛利率来看，零售行业不是暴利行业，而是需要营业者辛勤劳作，一点一点积攒才能成长。另外，超市所经营的商品大多为供应商生产，超市自然获得的毛利率比较低，如果要想提高毛利率，就需要从增加自有品牌商品数量入手来提高毛利率，进而增加营业额。另外，不同品类毛利率也是不一样的，便利品和目标品类毛利率高，而季节 / 偶然性品类毛利率较低，常规品类毛利率最低。其中，常规品类在市场常见，这也是很多超市“平价销售”“宁赚一百人一分，不赚一人一块”的销售口号的来源。

（3）营业费用率。营业费用率是指营业费用与营业收入之比。其计算公式为：

营业费用率 = 营业费用 / 营业收入 × 100%

营业费用率是从事营业活动所需花费的各项费用在营业收入中的比重。该项指标越低，说明营业过程中的费用支出越小，获利水平越高。通常情况下，营业费用率低于16%为参考标准。

其中，营业收入是指企业在生产经营活动中，因销售产品或提供劳务而取得的各项收入，由企业的主营业务收入及其他业务收入构成；主营业务收入是指企业从事本行业生产经营活动所取得的营业收入；其他业务收入是指企业从事除主营业务以外的其他业务活动所取得的收入，是企业不经常发生的，每笔业务金额一般较小，占收入的比重较低。

（4）净利额达成率。净利额达成率是指税前实际净利额与税前目标净利额之比。计算净利额达成率和税前目标净利额有关，这个值分为正负两种情况。其计算公式为：

$$净利额达成率 = 税前实际净利额 / 税前目标净利额 \times 100\%$$

或

$$净利额达成率 = 2 - 税前实际净利额 / 税前目标净利额 \times 100\%$$

首先，看税前目标净利额为正的情况。

例3 星星超市2022年第一季度税前目标净利额为10万元，实际达成有以下五种情况：15万元、10万元、5万元、0万元、-5万元。计算结果见表8-2所列。

表8-2 税前目标净利额为正情况计算结果

目标净利额（万元）	实际净利额（万元）	达成率（%）
10	15	150
10	10	100
10	5	50
10	0	0
10	-5	-50

由表8-2可知，当净利额达成率大于等于100%时，说明目标利润额完成得较好；小于100%时，说明目标利润额没有实现；当结果为负数时，说明亏损已出现。

其次，看税前目标净利额为负的情况。

例4 星星超市2022年第一季度税前目标净利额为-10万元，实际达成有以下五种情况：-15万元、-10万元、-5万元、0万元、5万元。计算结果见表8-3所列。

表8-3 税前目标净利额为负情况计算结果

目标净利额（万元）	实际净利额（万元）	达成率（%）
-10	-15	50
-10	-10	100
-10	-5	150
-10	0	200
-10	5	250

由表8-3可知，当实际净利额达到-10万时，目标已完成，实际净利额的值比-10万越来越大，达成率越来越高。

目标净利额还有一种特殊情况，就是为零的情况，请同学们思考这时达成率该怎么办？

（5）净利率。净利率是指税前净利额与营业额之比。其计算公式为：

净利率 = 税前净利额 / 营业额 × 100%

（6）总资产报酬率。总资产报酬率是指税后净利额与总资产之比。其计算公式为：

总资产报酬率 = 税后净利额 / 总资产 × 100%

（7）所有者权益率。所有者权益率是指净利润与所有者权益之比。其计算公式为：

所有者权益率 = 净利润 / 所有者权益 × 100%

二、安全性指标

安全性指标主要是通过财务结构来反映的。评估的主要指标是流动比率、速动比率、资产负债率、自有资本比率、固定比率及人员流动率。安全性指标的数据主要来自资产负债表。

（一）流动比率

流动比率是指流动资产与流动负债之比。其计算公式为：

流动比率 = 流动资产 / 流动负债 × 100%

从该指标的计算可见：流动资产越多，短期债务就越少，流动比率也就越高。对一家公司而言，最关键的就是周转，一般情况下，流动比率指标值越高，说明企业的短期偿债能力越强；相反，流动比率越低，说明企业短期偿债能力越弱。流动比率作为判断企业财务状况的重要指标，应当保持在一个适当的区间内。如果这个指标过高，企业的短期偿债能力虽然有充足的保障，但是由于大量占用资金，减缓了流动资产和速动资产的周转速度，资金也不能充分发挥有效的使用效益，进而影响企业的长期生产经营效果。如果这个指标过低，表明企业负债过高，短期偿债能力没有保障，经营风险增大，降低投资者投资信心，进而影响企业的生产经营效果。一般认为流动比率应在2:1以上，这个比率表示流动资产是流动负债的两倍，即使流动资产有一半在短期内不能变现，也能保证全部的流动负债得到偿还。

通常，零售企业所需的流动资产往往要高于制造企业，因为前者需要在存货方面投入较大的资金。常见行业的流动比率参考指标见表8-4所列。

表8-4 常见行业的流动比率参考指标

行业	汽车	房地产	制药	建材	化工	家电	啤酒
流动比率	1.1	1.2	1.3	1.25	1.2	1.5	1.75
行业	计算机	电子	商业	机械	玻璃	食品	饭店
流动比率	2	1.45	1.65	1.8	1.3	>2	>2

（二）速动比率

速动比率是指速动资产与流动负债之比。其计算公式为：

速动比率 =（流动资产 − 存货 − 预付账款）/ 流动负债 × 100%

它反映企业流动资产中可以立即变现用于偿还流动负债的能力。速动比率能直接反映企业的短期偿债能力，它比流动比率更加直观可信。

假如一家公司流动比率很高，但是速动资产比率却很低，那么企业的短期偿债能力仍然不高。因此，流动比率较高的企业，并不一定具有很强的偿还短期债务的能力，而速动比率就有力地补充了流动比率所不能反映的信息。速动资产包括货币资金、短期投资、应收票据、应收账款、其他应收款项等。

通常认为正常的速动比率为1，低于1的速动比率被认为是短期偿债能力偏低。企业有一元的流动负债，就有一元的易于变现的流动资产来抵偿，那么就可以使短期偿债能力得到可靠的保证。对速动比率影响最大的因素是应收账款的变现能力。有几种因素会增强公司的变现能力：①可动用的银行贷款指标；②准备很快变现的长期资产；③偿债能力的声誉。而以下几种因素会减弱公司的变现能力：①未做记录的或有负债；②担保责任引起的负债。当然，任何指标都需要考虑行业的属性。例如，零售行业本身的存货要求就比较高，所以行业整体的速动比率都小于1。常见行业的速动比率参考指标见表8-5所列。

表8-5　常见行业的速动比率参考指标

行业	汽车	房地产	制药	建材	化工	家电	啤酒
速动比率	0.85	0.65	0.9	0.9	0.9	0.9	0.9
行业	计算机	电子	商业	机械	玻璃	食品	饭店
速动比率	1.25	0.95	0.45	0.9	0.45	> 1.5	> 2

（三）资产负债率

资产负债率是指总负债与总资产之比。其计算公式为：

$$负债比率 = 总负债 / 总资产 \times 100\%$$

该指标包含以下几层含义：①能够揭示企业的全部资金来源中有多少是由债权人提供的；②从债权人的角度看，资产负债率越低越好；③对投资人或股东来说，负债比率较高可能带来一定的好处；④从经营者的角度看，他们最关心的是在充分利用借入资金给企业带来好处的同时，尽可能降低财务风险；⑤企业的资产负债率应在不发生偿债危机的情况下尽可能提高，对企业来说，资产负债率的适宜水平是40%~60%。

在企业管理中，资产负债率的高低也不是一成不变的，这取决于从什么角度分析。债权人、投资人或股东、经营者所观测到资产负债率比值各不相同；还要看管理层是激进者、中庸者还是保守者，不同的角度也会产生不同的看法。所以，资产负债率没有统一的标准，站在不同的立场，便对资产负债率有不同的评判标准。

（1）从债权人的立场看：他们最关心的是贷给企业的款项的安全程度，也就是能否按期收回本金和利息。如果股东提供的资本只占企业资本总额的较小比例，则企业的风险将主要由债权人负担，这对债权人来讲是不利的。因此，他们希望债务比例越低越好，企业偿债有保证，贷款给企业也不会有太大的风险。

（2）从股东的角度看：由于企业通过举债筹措的资金与股东提供的资金在经营中发挥同样的作用，所以股东所关心的是全部资本利润率是否超过借入款项的利率，即借入资本的代价。在企业所得的全部资本利润率超过因借款而支付的利息率时，股东所得到的利润就会加大。反之，如果运用全部资本所得的利润率低于借款利息率时，会对股东不利，因为借入资本的多余的利息要用股东所得的利润份额来弥补。因此，从股东的立场来看，在全部资本利润率高于借款利息率时，负债比例越大越好，反之也成立。

（3）从经营者的立场看：如果举债数目很大，超出债权人的心理承受能力，企业就借不到钱；如果企业不举债，或负债比例很小，说明企业畏缩不前、信心不足，利用债权人资本进行经营活动的能力很差。从财务管理的角度来看，企业应当审时度势，全面考虑，在利用资产负债率制定借入资本决策时，必须充分估计预期的利润和增加的风险，在两者之间权衡利害得失，以做出正确决策。

（4）从投资人的立场看：如果投资收益率大于借款利息率，那么投资人就不怕负债率过高，因为负债率越高赚钱就越多；如果投资收益率小于借款利息率，说明投资人赚的钱被更多的利息“吃掉”，在这种情况下，就不应要求企业的经营者保持比较高的资产负债率，而应保持一个比较低的资产负债率。

（5）在对资产负债率进行分析时还应注意以下问题：本质上，资产负债率指标是确定企业在破产这一最坏情形出现时，从资产总额和负债总额的相互关系来分析企业负债的偿还能力及对债权人利益的保护程度，即企业破产时，债权人能得到多大程度的保护。但一般情况下，资产负债率达到或超过100%时，说明企业已资不抵债。不过由于一个持续经营的企业是不能靠出售长期资产还债的，因此这个指标的主要用途就是揭示债权人利益的保护程度。

（四）自有资本比率

自有资本比率是指所有者权益与资产总额之比。其计算公式为：

自有资本比率 = 所有者权益 / 资产总额 × 100%

（五）固定比率

固定比率是指固定资产与所有者权益之比。其计算公式为：

固定比率 = 固定资产 / 所有者权益 × 100%

（六）人员流动率

人员流动率是指期间离职人数与平均在职人数之比。其计算公式为：

人员流动率 = 期间离职人数 / 平均在职人数 × 100%

三、效率性指标

效率性指标主要反映企业的生产水平，评估的主要指标有来客数和客单价、损益平衡法、经营安全率、商品周转率、交叉比率、卖场面积效率、人均营业收入、劳动分配率、总资产周转率、固定资产周转率等。

（一）来客数和客单价

（1）来客数是指一段时间内进入特许经营企业门店的顾客人数。其计算公式为：

来客数 = 通行人数 × 入店率 × 交易率（依据发票或小票数目统计）

（2）客单价是指门店的每日平均营业额与平均每日来客数之比。其计算公式为：

客单价 = 每日平均营业额 / 平均每日来客数

通常情况下，来客数和客单价是一对指标，如果能够知道成交笔数（定期内交易人数，一般指的是每日），就可以测算销售额。

例5 某一周来店的顾客一共7 000人，那么平均每日的来客数就是1 000人。假如一个顾客到该店里平均消费10元，则日销售额为：

1 000 × 10=10 000元

如果每日的来客数提升100人，那么每天就会多增加1 000元的收入。

（二）损益平衡法（BEP）

损益平衡法以正统经营运作的标准会计原则计算，依照企业体实际产生的费用、成本与永续盘存制来计算。具体可依照各连锁企业无自有产品及拥有自有产品两类。说明与计算公式、方法如下。

（1）无自有产品时，损益平衡点店数的计算公式为：

各店损益平衡点 = 各店每月费用 × 各店平均毛利率

各店每月费用 = 固定费用 + 变动费用

各店平均毛利额 = 各店平均营业额 × 各店平均毛利率

各店平均利润 = 各店平均毛利额 - 各店平均费用额

总部每月费用 = 固定费用 + 变动费用

损益平衡点店数 = 总部每月费用 / 各店平均利润

例6 某一连锁企业各店平均营业额为15万元，平均毛利率为30%，其各店每月平均费用为3.5万元，总部每月费用为人事费用2万元、租金0.5万元、邮电费0.05万元、广宣费用1万元、杂项费用0.25万元、折旧费用0.2万元等，总计4万元，而且只有直营店。如何求其损益平衡点店数?

计算如下：

各店平均毛利额 = 15万元 × 30% = 4.5万元

各店平均利润 = 4.5万元 - 3.5万元 = 1万元

损益平衡点店数 = 4万元 ÷ 1万元 = 4家

例7 同例6，各店之平均营业额为13万元时，而加盟店的平均业绩为12万元，总部每月向加盟店收取其营业额2%作为商誉月费，如何求其损益平衡点店数?

计算如下：

各店平均毛利额 = 13万元 × 30% = 3.9万元

各店平均利润 = 3.9万元 - 3.5万元 = 0.4万元

全部直营店的损益平衡点店数 = 4万元 ÷ 0.4万元 = 10家

12万元 × 2% = 0.24万元

全部加盟店的损益平衡点店数 = 4万元 ÷ 0.24万元 ≈ 17家

若直营店为5家时，加盟店的损益平衡点店数＝[4万元－（4×0.5）]÷0.24万元≈9家

（2）无自有产品时，损益平衡营业额的计算公式为：

企业整体每月费用总额＝所有直营店的每月费用＋总部费用

整体损益平衡营业额＝企业整体每月费用总额/本公司的总平均毛利率

各店损益平衡营业额＝整体损益平衡营业额/直营店数

例8 某一连锁企业各店的整体平均毛利率为30%，其各店每月平均费用为3.5万元，总部每月费用为人事费用2.5万元、租金0.5万元、邮电费0.1万元、广宣费1万元、杂项费用0.3万元、折旧费0.3万元等，总计4.7万元，且有2家直营店、无加盟店。求其损益平衡营业额。

计算如下：

总部每月费用＝7万元＋4.7万元＝11.7万元

整体损益平衡营业额＝11.7万元/30%＝39万元

各店损益平衡营业额＝39万元/2家＝19.5万元

例9 同例8，总体平均毛利率35%，而其加盟店的平均业绩为12万元，总部每月向加盟店收取定额每月每家0.2万元的商誉月费，求其损益平衡营业额。

加盟店为5家时：

总公司每月可收取月费总数＝0.2万元×5家＝1万元

整体损益平衡营业额＝（11.7万元－1万元）/35%≈30.57万元

各店损益平衡营业额＝30.57万元/2家＝15.285万元

（3）拥有自有产品时。

当拥有自有产品时，尽管门市营运获利点都在平衡点上下之间，但因其销售量使自有品牌的生产能充分发挥，从而获得更高的利润，此时门市的损益平衡点店数与损益平衡营业额也将随之而改变，其损益平衡店数计算公式如下：

各店平均毛利额=各店平均营业额×各店平均毛利率

各店平均毛利利润=各店平均毛利额－各店平均费用

平均附加毛利率=(总供货额－总进货额)/总供货额

每月供应商品利润=每月生产工厂的获利=每月供应商品总额×平均附加毛利率

损益平衡点店数=总部的每月费用/各店平均利润

各店平均利润=各店平均毛利利润+各店供应商品平均利润

例10 某一连锁企业各店月平均营业额约为12万元，平均毛利率为30%，其各店每月平均费用为3.5万元，总部每月费用为人事费用2.5万元、租金0.5万元、邮电费0.05万元、广宣费10万元、杂项费用0.25万元、折旧费0.3万元等，总计费用每月为4.6万元，其总部供货商品附加平均毛利率为5%，自有商品比率为营业额的50%。全部为直营店时，其损益平衡点店数为多少家？

计算如下：

各店平均毛利额＝12万元×30%＝3.6万元

各店每月平均毛利利润 = 3.6万元 − 3.5万元 = 0.1万元

总部各店每月供应商品利润 = 12万元 × 5% × 50% = 0.3万元

各店平均利润 = 0.1万元 + 0.3万元 = 0.4万元

损益平衡点店数 = 4.6万元 ÷ 0.4万元 ≈ 12家

（三）经营安全率

经营安全率是指连锁经营企业门店的损益平衡点销售额与实际销售额的比率关系，它反映的是某个门店的经营安全程度。其计算公式为：

经营安全率 =（实际销售额 − 损益平衡点销售额）/ 实际销售额 × 100%

例11 某商品流通企业预计下一年某种商品的销售量为3 000吨，该种商品的保本销售量为1 800吨，则该种商品的经营安全率是多少？

根据公式，设商品经营安全率为K，则K =（3 000 − 1800）/ 3 000 × 100% = 40%，所以，商品经营安全率为40%。

一般情况下，K在40%以上，表示经营很安全；在30%~40%之间，表示经营比较安全；在20%~30%之间，表示经营不太好；在10%~20%之间，表示经营要引起注意了；在10%以下，表示经营处于危险阶段。

（四）商品周转率

商品周转率是指营业额与平均库存之比。其计算公式为：

商品周转率 = 营业额 / 平均库存 × 100%

式中，平均库存 =（期初库存 + 期末库存）/2

库存商品利息与商品周转率有关。商品周转率越高，占用资金就越少；反之，就越多。要想减少库存商品利息，提高商品周转率是最重要的手段。

库存商品是要占用资金的，所以需要支付资金占用利息。库存商品占用资金的多少，与年周转率和利率有关。假设年利率固定为8%，那么周转率越高，占用的资金越少。

例12 某连锁店年销售额是3.5亿元，从厂家的进货成本是3亿元，那么计算库存商品利息时，库存商品占用资金就要按照3亿元计算。因为，经销商的资金占用是按照从厂家的进货成本计算的，不是按照销售额计算的。

如果一年只周转1次，那么，期初库存就需要3亿元，期末库存就变成零，库存商品平均占用资金为1.5亿元，计算公式为：

库存商品占用资金 =（期初库存 + 期末库存）÷ 2 =（3亿元 + 0）÷ 2 = 1.5亿元

如果按照年利率为8%计算，库存商品利息就是1 200万元（1.5亿元 × 8%）。对于毛利率比较低的商品来说，这样的库存商品利息比较高。如果按照年销售额3.5亿元计算，库存商品利息占总销售额的3.4%，计算如下：

1 200万元 ÷ 3.5亿元 = 3.4%

对于像快速消费品这样毛利率低的商品来说，资金占用利息占比控制在1%以下比较合理。只有加快资金周转速度，才能减少资金占用利息。

如果一年周转2次，相当于半年进货一次，每次进1.5亿元的货，一年进货就是3亿元。那么，期初库存为1.5亿元，期末库存也变成零，则库存商品平均占用资金为7 500万元，计算如下：

平均库存占用资金 =（期初库存占用资金 + 期末库存占用资金）÷ 2 =（1.5亿元 + 0）÷ 2
= 0.75亿元

如果按照年利率8%计算，库存商品利息就是600万元。多周转一次，资金占用就少一半。所以，经销商应加快商品周转。如果按照年销售额3.5亿元计算，在周转2次的情况下，库存商品资金占用利息占总销售额的比例就会下降到1.7%，计算如下：

600万元 ÷ 3.5亿元 = 1.7%

年进货成本为3亿元（年销售额3.5亿元）的情况下，通过提高商品周转率，库存商品利息的变化情况见表8-6所列。

表8-6　年周转率与库存商品利息明细表

年周转次数	期初库存商品（万元）	期末库存商品（万元）	平均库存（万元）	年利率（%）	库存商品利息（万元）	费用占比（%）
1	30 000	0	15 000	8	1 200	3.43
2	15 000	0	7 500	8	600	1.71
3	10 000	0	5 000	8	400	1.14
4	7 500	0	3 750	8	300	0.86
5	6 000	0	300	8	240	0.69
6	5 000	0	2 580	8	200	0.57
7	4 290	0	2 140	8	170	0.49
8	3 750	0	1 880	8	150	0.43
9	3 330	0	1 670	8	130	0.38
10	3 000	0	1 500	8	120	0.34

从表8-6可以看出，年周转1次需要支付1 200万元的库存商品利息，而年周转10次只需要支付120万元的库存商品利息，两者相差10倍。

由此可以看出，经销商要盈利，不能仅仅考虑提高销售额，加快商品周转，也是非常重要的。

（五）交叉比率

交叉比率是指毛利率与商品周转率的乘积。它反映的是特许经营企业门店在一定时间内的获利水平。其计算公式为：

交叉比率 = 毛利率 × 商品周转率

商品周转率只是卖场的数字管理方法之一，在实际工作中应与毛利率指标配合使用，即商品的交叉比率。如果单凭一个指标来判断商品经营绩效，就会失之偏颇。例如，减价促销就能提高商品周转率，却相应减少了该商品的毛利额，对专卖店的整体经济效益而言，并没有实质性的提高。因此，交叉比率是基于商品对店铺整体贡献的多少，是一种比较客观的评估方法。

当利用交差比率来判定商品的成绩时，交叉比率高的商品就是“主力商品”及“畅销商品”；相对的，交差比率低的商品是指所销售的商品为“新商品”或“关联商品”。所以，掌握商品特性，对未来卖场商品的齐备性来说是一个有效的指针。

例13 某商品的年销售额为25万元，年平均库存额为2万元，毛利率为22%，则该商品交叉比率为多少？

计算如下：

假设交叉比率为R，则R = 22% ×（25万元 ÷ 2万元）= 2.75

商品的交叉比率越高，表示该商品的效益越高。因此，门店可以将各类商品按交叉比率的高低分成高、中、低三个等级，高等级为主力商品，中等级为辅助商品，低等级为滞销及附属商品。运用交叉比率的数字管理技术，可以得知卖场中哪些商品具有较好的绩效，哪些商品应考虑汰换，以达到增进专卖店经营效率的目的（表8-7）。

表8-7 数字管理分析表

商品	销售额（万元）	构成比（%）	毛利（万元）	毛利率（%）	商品周转率（%）	交叉比率（%）	评价
A	800	11	240	30	4	120	高
B	1 500	21	300	20	5	100	高
C	2 400	34	288	12	8	96	低
D	600	8	150	25	6	150	高
E	1 800	26	324	18	3	54	低
合计	7 100	100	1302	—	—	—	—

由表8-7得知E商品构成比例高，交叉比率、回转率两项指标均列最差，毛利率虽不错，但整体而言，应视为滞销及附属的商品。

在零售实践中，应以3个月为周期，观察商品的交叉比率等级的变动情况。若某项产品表示为高→中→低的趋势，表示该商品的创利业绩在逐期下降、恶化，需及时淘汰出局。

（六）卖场面积效率

卖场面积效率也称为卖场绩效，是指营业额与卖场面积之比，是用来评估卖场面积是否得到有效运用的指标。由这一指标可看出每单位空间所提供的效益。其计算公式为：

$$卖场面积效率 = 营业额 / 卖场面积 \times 100\%$$

这个指标是横向比较指标。例如，要分析便利店门店和超市门店之间营业效率，如果只看销售额，超市可能要远高于便利店，又因二者经营规模不同，仅用销售额这个指标有失偏颇，因此考虑可使用卖场面积效率来比较单位面积营收水平。

（七）人均营业收入

人均营业收入也称为人员绩效，是指营业额与门店员工人数之比，是一个人力生产力指标，它反映门店的劳动效率。其计算公式为：

人均营业收入 = 营业额 / 门店员工人数

该指标说明劳动效率，人均营业收入代表门店运营水平。

（八）劳动分配率

劳动分配率是指人事费用与营业毛利之比。其计算公式为：

劳动分配率 = 人事费用 / 营业毛利 × 100%

式中，人事费用包括员工工资、奖金、加班费、劳保费和伙食津贴等。

（九）总资产周转率

总资产周转率是指总收入与总资产之比，即特许经营企业门店的总资产周转率，是一个测度特许经营企业门店总资产利用程度的指标。其计算公式为：

总资产周转率 = 总收入 / 总资产 × 100%

式中，总收入包括营业收入和非营业收入。

（十）固定资产周转率

固定资产周转率是指特许经营企业的年销售额与固定资产之比，它反映的是特许经营企业固定资产利用的效果。其计算公式为：

固定资产周转率 = 年销售额 / 固定资产 × 100%

四、发展性指标

发展性指标主要反映企业成长速度，评估的主要指标有营业额增长率、开店速度、营业额利润增长率、卖场面积增长率。

（一）营业额增长率

其计算公式为：

营业额增长率 = 本期营业收入 / 上期营业收入 × 100%

一般来说，营业额增长率高于经济增长率，理想的参考标准是高于经济增长率两倍以上。例如，2022年的经济增长率为3%，则营业增长率应该达到6%以上才算合格。

（二）开店速度

开店速度是指特许经营企业本期门店数目与上期门店数之比，反映企业特许化经营的发展速度。其计算公式为：

开店速度 =（本期门店数 / 上期门店数 － 1）× 100%

该指标反映了连锁企业的发展水平。

（三）营业额利润增长率

营业利润增长率是指门店本期营业利润与上期营业额利润之比，它反映的是特许经营门店获得利润能力的变化情况。其计算公式为：

营业利润增长率 =（本期营业利润 / 上期营业利润 － 1）× 100%

营业利润增长率至少应大于零，最好高于营业额增长率，因为这表示门店本期的获利水平比上期好。

（四）卖场面积增长率

卖场面积增长率是指特许经营企业门店的本期卖场面积与上期卖场之比。其计算公式为：

$$卖场面积增长率 =（本期卖场面积 / 上期卖场面积 - 1）\times 100\%$$

国际连锁企业管理协会认为，特许经营企业的经营者在进行营运分析时，主要是根据资产负债表、损益表、费用明细表等财务报表进行各项比率的分析：以收益性指标分析获利能力；以安全性指标分析财务状态是否良好及偿债能力的强弱；以效率性指标分析资本及人力的效率；以发展性指标分析企业的发展性。

五、连锁门店经营绩效的提高

（一）连锁企业门店经营绩效提高的方法

1. 降低成本，改善收益

（1）降低店铺租金。店铺开支最大的项目就是租金。通常需要一次性交齐一年或半年的租金，还要押一大笔资金。从长远来看，租赁时间长，平均租金会更低，是节省资金投入的一种方式。

（2）降低进货成本。如果说租金是占固定资金最大的一笔开支，那么进货成本就是占流动资金最大的一笔开支，因此门店应要想方设法降低这部分的开支。门店可以跟其他店主联合进货，因为联合进货数量大，供应商一般都会有折扣，从而使采购成本降低。另外，一般单品进货时，最主要的是要关注采购的总成本，掌握总成本原则和采购技巧，而不是某个单品的价格。

（3）降低储存成本。一般来说，规模较大的店铺是需要占用大库存的，还有一些特殊商品，如需要冷冻或保鲜的商品，对于仓库的要求相对较高，需要投入很大一部分储存成本。在这种情况下，如果不能提高商品的周转率，就会增加存货的成本。因此，门店需要尽量提高产品销量，从而缩短库存货物的存放时间，降低商品的储存成本。

（4）降低包装成本。同样的商品，包装不一样，价格往往就会相差很远。产品的包装也是一笔不可忽略的成本。企业对产品包装投资一定要适当，否则会得不偿失。

（5）降低人力资源成本。对于一些规模不大的店铺来说，老板一般不会选择雇用员工，这就是在尽量降低人力资源成本。有些店铺的经营有明显的淡旺季之分，最好的办法是：旺季时，在少数的固定店员外增加一些临时性店员；淡季时，减少临时性店员人数，这样就可以使人力资源成本降到最低。

（6）降低业务招待费用。对于一些加盟店来说，品牌公司一般会安排督导人员不定期地到店铺进行巡店指导，此时分店还需要支出一定的业务招待费。这些费用是门店额外的开支，开支大小一般不会影响门店的经营。

（7）降低日常开支。日常开支包括的项目比较杂，有店内的水电费用、暖气费用、空调费、电话费，还有日常的生活开支等。要尽可能地做到节约用水、人走灯灭、白天的灯光适当地调节好。另外，要尽量减少打电话、发传真的次数，尽量用网上发邮件的方式。

2. 效率改善

（1）提升商品效率。提升商品效率时，主要需要考虑的是商品周转率及交叉比率的提升。由公式可得知要提高商品效率，需提高销售额、毛利率及降低存货。其中，降低存货并不是指一味地降低库存量，否则容易发生缺货、断货的情形。

（2）提升人员效率。提到人员效率，必须考虑人效及劳动分配率。依其计算公式可得知，只有有效运用人力资源、控制合理人数，才能提升人员效率，换言之，即重视人的质和量。在质的方面，必须制订各部门、各阶层人员的资格条件，慎选用人，有计划地培育人才，并制订奖助办法，创造良好易执行的工作环境，让员工的潜能有所发挥；在量的方面，应制订各部门标准人员编制，严格控制员工人数，简化事务流程，使用节省物力、人力的设备，妥善运用兼职人员，训练并培养员工的第二专长、第三专长，使不同部门人员可相互支援。同时宜采用连锁经营，将各店可在本部完成的作业集中。

（3）提升场地运用效率。在开店之前，需做好销售预测及店铺规划，规模也应力求适当。如果卖场面积过于宽大但销售不振，将严重影响卖场效率，也会造成投资浪费。后场面积也应尽量缩小，并使物流充分配合，必须做到订货确实、送货迅速、少库存而不缺货，生鲜食品尽可能集中处理、配送，减少店铺作业场面积。

3. 销售改善

（1）提升商品竞争力。在商品结构上，做到“突拉补删”四字策略，突出目标品类营业地位、拉动常规品类的销售能力、补充便利品产品数量、删除滞销品；在品项策略上，针对目标群体的商品数量齐全；做好产品品质鲜度控制，借助现代数字技术实现产品在线订购；根据主要用户做到与竞争对手的商品差异化；制定比较有竞争力的价格带。

（2）强化销售力。首先是卖场氛围设计，做到陈列充沛、整齐有序，根据日常生活用途设计生活使用情景，做到商品—物品无缝转化，让购物环境有景、有趣、有序、有吸引力。其次是做好促销活动，可以从商品、价格、活动等方面入手，吸引顾客，通过传单、POP、BGM、广播、报纸、电台、电视台、电影院、宣传车、车厢广告等多途径告知顾客。

（3）顾客服务多样化。服务人员的形象和行为标准化训练，强化服务基本素质；优化提货、服务和送货服务；提升收银服务准确性和服务性；提高现场的智能化，利用现代数字技术开展无人零售、现场产品无人制售。

4. 安全性改善

（1）避免不当的库存金额，减少资金积压。

（2）在不影响商品进货价和品质的基础上尽量延长货款的付款期限。

（3）切勿做不必要的设备投资。

（4）妥善规划资金的来源并充分利用资金。

（5）在银行保持适当的额度及余额。

除了在上述五个方面进行改善外，在考核门店员工绩效时还需注意以下几点。

（1）绩效考核要与人力资源工作相挂钩。

（2）绩效考核要杜绝平均主义思想。

（3）绩效考核的是结果，绩效管理的是过程。

（4）重短期行为更要看长期收益。

（5）根据绩效的定位确定考核的频率。

（6）增加员工原动力，重视企业整体价值的创造。

（7）绩效考核要体现“团队合作”而非强化“个人实惠”。

（8）绩效考核不能重基层、弱中层、缺高层。

（9）培养潜力员工，发挥绩效考核正能量。

（10）绩效考核不能由主管考核的部门或店长说了算。

总之，绩效考核除了要做好以上十个方面的工作以外，还要注意做好“日班会、周计划、月考核、季小结、随时查、年更新”等简单化的步骤，才能把员工的积极性、工作热情发挥到极限；考评结果真正能让员工满意和企业受益，才是门店推行绩效管理的初衷。

（二）连锁企业奖励原则

为了提高营运绩效，连锁企业也可以运用不同的奖励方式来激励员工及门店。奖励是一种诱因，更是一种配合绩效评估来激发员工士气，推动员工发挥最大潜力，进而提高业绩的方法。由于各连锁企业的关系及运作方式不同，奖励方式也有差别。连锁企业在进行奖励时必须考虑比例和次数、奖励时机、分配原则及奖励方式的选择。

1. 奖励的比例和次数

奖励要差异化，体现“多劳多得，少劳少得”，使绩效高的人员获得较高的奖励，吸引其不断朝上发展，但名额不宜太多，以免使奖励显得不突出而弱化效果。除了按比例给予奖金外，奖励的奖项数量不宜超过五个，最高的奖励人数不宜超过现有员工的十分之一，以免因为数量太多及太容易获得而失去奖励本来的吸引力。

2. 奖励时机

奖励的时间不宜过短，期限太短使得效率改进困难，容易使人放弃，奖励时机一般有下列三种。

（1）立即奖励，达到标准则立刻给予奖励，如每月核发的业绩奖金。对于各种的目标达成如销售件数的目标、销售额的目标，常以达到目标的时间为标准立刻奖励。

（2）延后奖励。通常是对成果的奖励，如利润达成奖金、年终评核等，多半在活动结束或核算后才进行奖励。

（3）分段奖励针对过程而非结果。例如，全勤奖是针对天天出勤，无请假、旷工的员工而言的；参与奖是针对员工参与某项活动后给予的奖励。以上这些奖励只是在个别适当的时间奖励，而不应立即或是延后奖励。

3. 分配原则

奖励的分配原则是指分配方法及分配对象。

（1）分配方法。

①定额法。定额法是指以达成目标即可获得定额的回馈。例如，一般的业绩奖金，是达到某个营业额对应某个固定额的奖金。

②比率法。比率法是指依营业额提供一定比例的回馈。例如，以营业额的百分之一为业绩奖金。

③混合法。混合法则是指同时使用以上两种方法。例如，对于在预定目标内的营业额给予

定额奖金，但是超出预定目标的营业额就可领取特定比率的业绩奖金。

（2）分配对象。

①个人。个人是指以个人为评估及奖励的对象，有奖励是针对个人的表现发放或给予。

②团体。团体是指以部门或门店整体作为评估或奖励的对象。例如，部门奖金、针对门店或加盟店的奖状和奖座等。

4. 奖励方式的选择

奖励必须要针对不同渠道的需求加以设计，并不是每一种奖励对应每一种渠道或情形都是合适的。这就要求管理者要根据员工不同的需求来实施个性化的奖励，以充分调动他们的积极性和主动性。

任务评价

学生分组进行门店指标体系设计方案调研，教师进行考评并填写考评表（表8-8）。

表8-8 门店指标体系设计方案调研考评表

考评人		被考评人	
考评地点			
考评内容	门店指标体系设计方案		
考评标准	内容	分值	得分
	准确描述归类各指标	30	
	能够说明指标设计意图	30	
	能够系统建设指标体系	20	
	汇报PPT的要求，页面风格一致，字体、字号统一，大小一致，制作能够使用动态效果、框图、思维导图	20	
合计		100	

注：考评满分为100分，60~70分为及格，71~80分为中等，81~90分为良好，91分以上为优秀。

思政园地

客单价带来营业额新突破

作为8周年店庆的促销大戏，世纪联华华商店从2017年12月22日开始进行了招商区满400元送400元赠券的活动。促销期过后，电脑系统显示出仅招商区三天的营业额就超过了500万元。最重要的是，加上这一笔以后，截至12月23日，世纪联华华商店今年的营业领已经累计突破7亿元。

“离2017年结束还有一周时间，算上最后一周的消费高峰，我们预计今年华商店的年度营业额应该在7.2亿元左右。”世纪联华华商店冯店长说，这样一来，华商店将超过世纪联华庆春店，成为杭州及浙江省内超市销售额排名第一的单店。而在2017年5月份杭州市贸易局出炉的一份超市营业额排名里，还是庆春店第一、华商店第二的格局。

同时，超过7亿元的营业额在全国超市零售排名里大概能挤进前五名的位置。2016年全国第一由上海家乐福古北店凭超过8亿元的营业额夺取，业内有个传言，“古北店的日营业额到不了200万元，店长当天就要下课”，而现在，华商店的日营业额平均下来也已经接近200万元。

这是位于城西的华商店在全年营业额上第一次超过位于市中心，营业面积相当的世纪联华庆春店，而让华商店营业额突飞猛进的功臣是客单价的提高。“客单价的增长速度远远大于客流量。”冯店长说，华商店的消费客单价在节假日能高达400~500元，这高于杭州其他区域的超市客单价。而和冯店长工作过的温州、无锡等城市的超市相比，“差距不止一点点”，其他城市的普通卖场正常情况下平时客单价四五十元，节假日100多元。

2017年7月份，华商店进行了一次迎合城西消费需求的结构调整，变动最大的是招商区，整个清空进行了重新装修和招商，从耐克、阿迪达斯到百丽、天美意等，引进的全是商场品牌。在生鲜区，包装菜全面取代了散装蔬菜，有机蔬菜的比例高达40%。而因为引进了夏普、索尼等品牌的液晶电视、苹果的iPod和笔记本电脑、同仁堂、双立人等品牌专柜，华商店开始出现一次花上万元的消费者，“双立人一只锅要3 000元，同仁堂最贵的虫草礼盒要3万多，所以在华商店要花掉几万块钱并不难。”冯店长说。

客单价的提升在杭州的超市里已经成为普遍现象。2017年中秋节，文一路华润万家运河店的客单价比去年中秋高了48%，原因是买月饼的人少了，购买数码、电器等享受型商品的人多了，茅台酒销量上升了200%。

这背后一方面是城市居民消费实力的突飞猛进，另一方面也说明，城西缺乏大型商场。华商店在一定程度上代替了一些商场的功能。2010年，华商店开业后第一年的营业额是2亿元，2011年攀升到2.5亿元；2014年，华商店进行了一次大改造，改造成功后，2015年营业额第一次突破5亿元，2016年营业额突破6亿元，算上2017年突破7亿元的营业额，华商店的营业额一直在提升，每年的增幅在30%左右，这样的增长速度在全国范围内都是惊人的。在城西，从最早崛起的以桂花城、南都德加等为代表的高档楼盘，到2012年、2013年交付使用的华立星洲、紫桂花园，再到2015年交付的世纪新城等楼盘，不断带来了被超市定义为“优质消费群”的入住人群。

“对城西的主流消费群来说，鸡蛋、大米的超低价促销意义不大。”业内人士说，现在城西的超市已经很少用这一招来促销了。在华商店最近组织的一次顾客访谈调研中，几乎没有人提到价格，而是不断地对品牌、品质提要求。

资料来源：牧之.二十二载难说再见，世纪联华杭州华商店搬迁在即[EB/OL].联商网，(2021-03-05)[2023-05-24].http://www.linkshop.com/news/2021464009.shtml.

引用时有修改

讨论：

结合案例分析，如何理解目前连锁门店尤其是超级市场客单价大幅提升的现象？

拓展阅读

降低成本不必降低工资

任务三　门店数字化绩效管理

任务导入

请同学们选择几家连锁门店进行调研，了解其数字化绩效管理的情况，运用任务二的门店绩效评估指标体系进行门店绩效评估，总结数字化绩效做得好的方面及存在的不足，并提出改进建议，设计门店数字化绩效建设方案。

任务准备

结合任务二内容，应用OKR或平台绩效管理，将指标数字化，并设计数字管理方案。

一、数字化绩效管理概述

卡尔顿酒店对前台接待员的要求是：必须在电话铃声响三声之内，面带微笑地接起电话，并叫出客户的名字。其他一些酒店的要求包括：五秒内回应客户，使用规范礼貌用语，与客户说话必须使用“请”“您”“需要什么帮助”等。在传统的绩效管理体系下，对这类行为的考核难以实现，很难观察和记录员工每天接待客户时使用了几次礼貌用语，更难观察和记录接待员是否面带微笑并叫出客户的名字。然而今天，只要企业拥有数字化业务运营系统，就完全可以依靠声音识别系统和人脸识别系统自动追踪，有效了解客户服务要求的实施情况。系统还能时时提醒前台接待员注意工作语言，更好地满足客户需求。

（一）数字化绩效管理的要求

数智时代，科学化管理方式需要定量化、标准化和系统化。绩效管理也需要基于数字化业务运营的生态体系，员工所有的工作内容包括非经营性数据都能用数字化智能信息系统进行定量分析，进行精确化和精细化的绩效评估。考核的范围扩大，深度加强，透明度也更高，使得绩效管理系统更加科学和完整。

绩效管理系统通过数字化建模对相关性和因果关系进行分析，弄清什么样的行为可改善运营、产品和服务质量，提升组织能力。数字化绩效管理的数据要从日常运营数据中提取，日常运营数据主要来自ERP、供应商关系管理（Supplier Relationship Management，SRM）、CRM等。通过对这三个系统的数据分析实现对门店运营能力的新陈代谢和自我更新。

数智时代的绩效管理能做到持续观察、及时反馈，改善行为并影响结果。绩效和行为反馈不用等，而是可以实时同步。考核者每天都能看到员工绩效目标的完成情况，并及时反馈给员工，持续改善员工的行为，以提升绩效。

绩效维度的颗粒化使得绩效维度更具有针对性、客观性和即时性，极大提升了绩效维度的透明度，为更精准的管理改进提供决策依据。绩效维度的颗粒化不仅包括对业务流程与环节的高度细分、全过程绩效数据的采集、绩效指标的甄选与权重分配等，还包括大数据的积累及数据算法的构建与检验等大量技术性的信息处理。

案例分享

通威农牧构建以效率提升、精准管理、全业务在线为KPI的数字运营中心

长期以来，通威的数字化一直走在行业前沿。通威以卓越运营为目标，依托IT实现了全国及海外200余家分、子公司的全业务覆盖；以数据为驱动，构建业务从感知、决策、执行到优化的管理闭环，由此形成持续高效运营的管理模式。从2018年开始，为了不断适应快速变化的经营管理要求，通威开启了数字化变革新征程。通过生产自动化、业务数字化、过程标准化，通威农牧智能制造数字运营中心项目制定了效率提升、精准管理、全业务在线的KPI。

该项目汇聚内外部业务数据和物联数据，以智能仓储系统为重点，配套制造过程中涉及的无人过磅系统、油脂自动出入库系统、生产数据采集系统、设备信息化管理系统、产能统筹管理系统、在线水分检测系统等系统，对部分业务进行集成。通威农牧智能制造数字运营中心建设分为五层——设备层、控制层、执行层、运营层和决策层。设备层通过RFID等技术自动识别数据；控制层通过中控系统对各类设备进行集中管理和控制；执行层通过应用互联，将设备管理、仓储管理等数据采集到运营层进行数据集成，结合ERP、SRM、CRM等系统的数据，实现供应链业务的互联网化管控与协同，并进一步为决策层提供数据支撑。智能运营中心的建设为决策层提供控制改进分析、工艺改进分析、质量改进分析、能耗预测、成本预测的数据及流程支撑，同时可建立BI报表，实现生产制造全过程的数据可视化，最终实现企业对供应链业务的精细化管理，建立完善的上下游服务机制，实现供应链业务高效开展、便捷协同。

该项目的收益体现在以下三个方面。

（1）实现生产自动化、业务数字化、过程标准化，进一步推动运营标准化。

（2）实现价值传递，将市场、生产制造、客户的数据通过运营的手段传递给决策者，以及时应对市场变化，制定相应的策略，保持核心竞争力。

（3）真正实现人员效率提升、精准管理、全业务在线的模式。

通威围绕“卓越运营、极致体验、融通生态”这一数字化变革目标，配合用户效益最大化的战略方针，着力建设通威农牧智能制造数字运营中心。截至2021年8月，通威股份旗下四川通威公司累计人均产量较2020年同期提升40%，累计变动生产费用率较同期降低9.5%，仅通过智能仓储项目与无人过磅设备的改造就使效率提升了80%，成本大幅下降，用户满意度提升50%。

目前，通威农牧智能制造数字运营中心项目仍在持续进行，并以生产升级、业务领先、工艺优化和绿色健康的饲料制造企业为目标，助力企业提升竞争力和提升财务绩效。

资料来源：作者根据相关资料整理

（二）数字化绩效管理的优势

1. 更好地实现公平

员工产生不公平感受的根本原因与个人的主观判断、个人所持的公平标准、评定人的素质等诸多因素有关。人们对于公平性的理解也许见仁见智，而比较的结果是否符合客观实际，则取决于人们获得的信息是否完整，不完整的信息会使人们的比较脱离客观实际。同时，公平与否的感受也受到个体价值观念、知识经验、意识形态和世界观等的影响。因此，不同个体对同种报酬的效用、同等投入的价值的评价都可能不同。例如，有人看重工资或奖金等物质收益，有人更关注晋升等职业发展；有人认为学历很重要，也有人相信经验更重要。这种个体的认知差异会使比较失去客观标准，导致即使两名员工的投入产出比完全相当，两人也都可能感到不公平。

数字化绩效管理能在一定程度上解决信息不对称问题，使员工对比较对象的投入和产出情况有足够了解，使原本主观性的比较变得更为客观。数字化绩效管理还能针对不同个体在报酬效用和投入价值评价方面进行差异化管理，因为它能捕捉和沉淀历史数据，记录在历史时期薪资变动和晋升对每名员工产生的不同效果并建模分析，然后有针对性地给予相应的激励方式，使员工能在信息透明的前提下进行社会比较，以达到建立自我客观标准的过程。员工的公平感受能够激励员工并产生更优绩效。

大量的数据信息在全面、有序的企业战略管理框架中被归类和识别，并通过数字化业务运营系统中的技术工具进行数据沉淀和萃取，形成一整套完善的数字化业务运营生态系统。该系统能精准地捕捉到被考核者在工作过程中的行为数据，自动记录和计算考核目标的完成情况，并以此为据实施考核。数字化系统能让绩效管理做到责、权、利有机统一，工作目标可量化、可操作、可考评，用数字说话，让员工心服口服。

2. 具有实时性特征

在数智时代，绩效管理能做到实时性。数字化绩效管理能将计划、实施、考核和反馈的闭环缩短，数据的沉淀能以分钟或秒为单位，评估周期大大短于传统的以周、月或季为基础周期的过程考核，以及半年或一年的结果考核。

绩效管理的闭环不断缩短，为企业应对瞬息万变的外部环境提供了战略工具。工作中，智能设备和系统通过对过程和各时间节点目标的完成情况进行即时监督，并及时反馈给员工。员工根据智能设备的提醒和反馈及时调整行为，最终改善绩效。企业的绩效管理依托于网络化、数字化和智能化的管理系统及时发现问题、分析问题，及时做出决策和反思总结，以此大幅降低企业绩效管理的成本。

以能帮助企业降低30%以上相关成本的钉钉考勤为例，其智能移动考勤和自动汇总报表功能可大大缩减人力资源部门考勤统计的时间。原先，员工请假、出差、外出等申请审批都需要人力资源部门人员手动汇总到考勤统计表中，而使用钉钉考勤后，这些审批数据会自动同步到员工的考勤统计表中。原先，多个工作地点的考勤数据需要人工收集，然后手工汇总到考勤统计表中，使用钉钉考勤后，可以通过人脸识别或刷卡收集信息，并自动汇总全集团的数据。管理人员可在手机端实时查看考勤汇总，借助自动生成的考勤排行榜，对反映勤奋情况的行为数据进行定量分析，从而避免原先“拍脑袋”定性分析的情形。不仅如此，钉钉考勤比传统的考勤系统更人性化。传统考勤系统经常导致上下班时间“一窝蜂”排队打卡的情况，而且员工还经常忘记打卡。钉钉考勤可接入人工智能设备，借助人脸识别技术进行笑脸打卡，让所有员工的工作从微笑开始，不再忘记打卡，确保考勤结果有效，避免替代打卡的情形出现。

3. 多元性

在工业时代，企业和员工是雇佣关系，员工需要依赖企业所拥有的资源和生产资料来创造价值，员工依附于企业而存在。在数智时代，企业的用人观发生改变，越来越多的个人加入弹性工作者的行列，企业和员工的关系逐渐发展为长期合作关系，共建生态系统而形成共生关系。随着组织边界变得模糊，企业管理的范围边界也日益模糊。多元性主要体现在企业数据的多元化，从组织或团队的整体数据到员工的个人成果、能力、态度、团队精神和自我追求等，都可以作为一个维度的数据被记录。这种多维度的数字化管理系统，不仅能使企业内部的绩效管理更精准、及时和通透，还能管理企业的业务合作伙伴，对他们的表现进行考核并及时反馈结果，以便给予相应激励。

案例分享

绩效考核的多种方式

新零售企业的制度是“按业绩付酬”：基于全渠道销售转化率对品牌合伙人进行绩效考核。传统零售卖场的导购人员属于企业员工，这些人员的离职率一直居高不下。传统的绩效管理体系中，导购员的提成是根据他们在卖场中完成的交易额来计算的，这导致他们只关注在店内产生消费行为的顾客，而忽略犹豫不决的潜在客户。在数智时代，这些传统导购人员由员工转变为品牌合伙人，借助企业的数字化业务运营管理系统，能在线下卖场里抓取到系统里的潜在消费者。

不仅如此，无论是这些品牌合伙人在卖场内、卖场外做成的线下交易，还是任何形式的线上交易，都可通过全渠道、全产业链打通的数据，统计汇总到其绩效表现中，让其得到相应的报酬。这极大地提高了工作人员的积极性和归属感。在这样的机制下，品牌合伙人的工作性质从原先的现场导购员变成了企业全渠道的销售人员，他们可在卖场内外的各个渠道进行营销，也可借助自媒体平台营销，影响潜在消费者的购买行为。

今天，绩效管理体系与商业模式一样迭代速度很快，绩效考核的方式层出不穷，除了上述案例中的按劳付酬和按业绩付酬，还有按交易量付酬、按交易率付酬、按点击率付酬，以及按服务时长付酬等。

资料来源：作者根据相关资料整理

4. 系统性

从员工的角度来看，数字化绩效管理除了能让员工感到公平与及时外，还能满足员工的多种需求，借助消费平台的大数据“千人千面”技术能实现这一点。天猫与京东依靠大数据技术实现了“千人千面”的个性化内容推荐，针对不同的用户提供不同的内容展示。该技术利用贯穿网页、App或微信平台的海量用户行为数据，建立用户、商品和店铺间的关联图谱。在选取推荐品时，算法会基于购买行为、浏览行为、用户偏好、地域属性等维度进行运算。

数字化绩效管理利用数字化业务运营系统的人工智能和大数据技术，通过建模分析历史时期的投入和产出比，清楚了解每个员工的哪些行为因素能增加企业价值。系统根据这些因素及时调整不同岗位的考核方向和标准，从而正确引导员工的工作。数字化业务运营系统还会分析寻找各部门员工的投入与企业长期价值及短期价值的因果关系，计算找出最关键因素，如各部门的投入权重及管理、研发、产品与销售之间的价值分配，然后系统性地调整绩效考核的方法和标准，以达到企业长期价值与短期价值的平衡、各部门与系统的利益平衡。

数字化绩效管理更注重分享、沟通和交流，平衡好绩效过程中人与数据的关系。数字化绩效管理更重视以人为本，让人的潜能可以极大地发挥出来，从而提高团队的执行力和凝聚力。

数智时代的员工更注重工作的意义感和自我价值的实现。随着人工智能技术的深度应用，企业日常的监督、管理和反馈都可以交给数字化业务运营系统，管理者可以更聚焦于组织目标与个人目标的统一、目标与工作意义赋予的统一。管理者设定绩效目标时能够融合进员工自身的职业目标，绩效考核结果反馈的目的不在于监督和评价，而是帮助员工改善绩效，以成就员工的职业目标，实现自我价值。

二、数字绩效管理方法

目前数字绩效管理主要有两种方法，一是OKR，二是平台化绩效管理。

（一）OKR：赋能员工的绩效工具

在数智时代，组织逐渐转变为帮助个体实现自我价值并赋能于个体的平台，绩效管理的科学性与有效性成为决定个人与组织表现最关键的因素之一。传统绩效管理无法适应快速变化的环境，暴露出越来越大的局限性。因此，绩效管理不能停留在1.0时代的单纯考核，也不能停留在2.0时代的绩效考核+目标管理，而应该向前发展到3.0的绩效赋能模式，从深层的动机层面去孵化和培育人员的内在动力。为此，企业迫切需要全新的工具以提升个人与组织的绩效表现。

目标与关键成果法（Objectives and Key Results，OKR）是帮助企业、团队和个人明确发展目标、跟踪工作进展的管理工具，由英特尔公司创始人安迪·葛洛夫（Andy Grove）发明，约翰·道尔（John Doerr）将其引入谷歌并发扬光大。后来，脸书和领英等公司都开始使用这一工具。2014年，OKR传入中国。2015年后，百度、华为、字节跳动等企业都逐渐开始使用和推广OKR。

OKR的设计原则是多向互动：首先，强调方向的一致性，目标自上而下制定，先有企业战略，后有团队和个人目标，再自下而上传导，形成上下一致的关键目标；其次，强调员工的主动性，反映个体对于组织的责任感和对自身工作的期望值；最后，强调跨部门协作。OKR能通过激发员工自觉的积极行为来达到提升绩效表现的目的，主要原因有两个：一是员工的参与程度会影响工作行为；二是OKR也是个人价值的体现，实现组织目标的过程也是实现自我价值的过程。

相比传统的绩效管理方式，OKR具有敏捷开放、公开透明、自下而上、目标和评价解耦四大特征。

OKR的有效性需要一定的适用情景和范围来作为保障。目前，OKR实施效果好的企业多为具有硅谷文化的互联网公司，这些企业面临的外部环境前瞻多变，人员结构精英优质，管理模式尊重个人的发展，公司有能力持续创新、迅速迭代、进行大量跨部门协作和进行大规模团队合作。

OKR对员工的素质要求也与传统模式大有不同，组织内和团队的大多数成员需要受到过良好的教育和培训，具备优秀的个人素质，能够做到自省和省人，对自己和团队成员的工作做出客观而全面的评价。因此，员工素质一般的组织要慎重采用OKR。

（二）平台化绩效管理：绩效维度的颗粒化

企业希望在绩效管理中通过量化的数据来观察、计量、监督、考核和奖励员工的工作动态与业绩。因此，业务运营过程中数据的收集、过滤、整合、建模和分析等方面的新挑战也随之而来。如何建设起有效的数字化智能信息系统来实现数据信息的价值化是如今亟待解决的重要问题。

绩效维度的颗粒化，就是将绩效管理视角从传统的宏观定性观察，深入聚焦到微观领域（比如人的行为）进行多维解析，而后沉淀丰富的绩效数据。这样的绩效考核机制会把组织延展到个人和个人行为，所需收集的绩效数据不仅包括组织和个人的绩效结果，还涉及员工个人的工作行为、工作过程和工作结果，并且沿着业务流程时间轴进行更精密、更全面的信息采集，以及基于模型算法的快速处理和多个体的即时反馈。这种对绩效解析度的处理技术，就称为绩效维度的颗粒化。

（1）绩效维度的颗粒化，使得绩效维度更具有针对性、客观性和即时性，极大地提高绩效维度的透明度，为更精准的管理改进提供决策依据。

（2）绩效维度的颗粒化，不仅包括对业务流程与环节的高度细分、全过程绩效数据的采集、绩效指标的甄选与权重分配等，还包括大数据的积累及数据算法的构建与检验等大量技术性的信息处理。而这些技术处理有益于绩效管理的透明、公正、多元，以及系统性和即时性。

三、数字绩效管理的实施重点

（一）利用大数据工具实现基础数据采集互联

企业大数据的主要来源有三类。第一是生产经营数据，这类数据主要来自传统企业信息化范围，被收集存储在企业信息系统内部，包括企业内部办公系统（OA系统）、ERP系统、产品生命周期管理系统（PLM系统）、供应链管理系统（SCM系统）、客户关系管理系统（CRM系统）等。通过这些企业信息系统已累计大量的产品研发数据、生产性数据、经营性数据、客户信息数据、物流供应链数据等。第二是设备物联数据，这类数据主要是生产经营设备和目标产品在物联网运营模式下，实时收集涵盖操作和运行情况、生产情况、使用情况等体现设备和产品运营状态的数据。此类数据是产业大数据增长最快的来源，可以有效计算出资产绩效，以及资产和人工组合的绩效等。第三是外部数据，这类数据包括企业经营活动和产品相关的企业外部互联网来源数据，比如预测产品市场的宏观社会经济数据、政府统计局发布的有关趋势及市场数据等。

企业在选用管理大数据之前必须要考虑实施的基础环境是否适宜，以及应用后可能应对的情况和实际效果，并且要经过专业的大数据机构进行全方位分析，只有具有可靠的发展基础才可确保这种优质技术能够完美落实。

（二）信息层面要借助技术手段，全程持续管理

企业通过专业大数据机构进行全方位分析后，搭建数字化管理平台，通过数据收集、数据存储、数据处理、可视化分析等步骤对数据进行处理，采集绩效数据，核算指标实际值或实际

完成结果，计算绩效考核得分并评定绩效等级，利用管理大数据进行绩效考核，减少人力成本。其中，绩效数据的采集是连接标准与结果的桥梁，绩效指标如果没有绩效数据的支撑，那么也就无法反映出指标背后的工作价值。因此，建立科学、有效的绩效数据采集渠道和管理制度显得至关重要。在实际工作中，主要采取定量+定性关键事件进行考核。绩效考核的实操过程就是制定绩效考核指标、确定绩效标准和指标计分方法。

（三）数据分析要机制协同，快速响应

绩效评估、目标设定、执行情况等都会对员工发展造成影响，同时也是构成创新差异的重要因素。创新绩效要避免硬性排名，突出团队合作的能效。在管理制度的制定和执行中，不但需要满足企业的创新要求，还要能充分发掘员工潜能，建立起个人发展与组织发展的密切联系，从而实现个体潜能开发、创新行为及创新结果的有机联系；在绩效考核的过程中，要突出公平，做到因人而异、因地制宜，避免绩效考核中出现的竞争力不足和过度竞争问题，要建立良好的沟通机制，通过与员工沟通，对当前的绩效考核体系进行调整和完善，以期实现更科学有效的创新绩效管理评价标准。

（四）数字绩效管理的关键在于价值创造

数字化绩效管理不应该严格地限制结果，而应该激发员工的内驱力。数据化的绩效考核能够实现更精准的计算，可以满足多角度算法。但是，如果一个员工的招聘、日常评估和离职完全通过数据计算，那么公司的管理将完全依赖冰冷的数字，这显得没有温度。因此，数据化的绩效管理实际上并不能完全地解决企业绩效问题，更好的方式应该是平衡绩效与情感需求。因此，推行数字化管理的绩效，企业要有灵活的组织机制、开放的文化氛围。

（五）数字绩效管理的目标是员工能力提升

企业的平台化管理力求让员工承担更有挑战性的工作，赋予更多的职责和权利，提升职位和给予精神层面的荣誉。同时，有效地管理绩效不佳的员工也同样重要。奖励优秀员工比处罚绩效不佳的员工容易得多。作为管理者，必须正视绩效不良的员工，采取合理有效的措施。绩效管理的绩效目标不是用来考核人的，而是用来提高组织与员工的业绩和效率的。员工的表现是有状态波动的，任何时候都不应该轻易地否定人，绩效考核应该永远“对事不对人”。如果要给一个人打绩效分，不应该针对其短期表现打分，而应针对其长期成就给予分数。

在数字化的今天，企业的实验成本降低，失误造成的损失也随之减少，曾经稀缺的信息和计算资源现在非常丰富，数据也具有更大的包容精神，包容一切实验失败结果。数据具有一视同仁的精神，团队中每个人的表现都可以量化为行为数据。数据也具有合作精神，即使牺牲少数人或个人利益，也要争取做出最有利于组织的决策。

任务评价

学生分组进行门店数字化绩效建设方案调研，教师进行考评并填写考评表（表8-9）。

表8-9　门店数字化绩效建设方案调研考评表

<table>
<tr><td>考评人</td><td colspan="2"></td><td>被考评人</td><td></td></tr>
<tr><td>考评地点</td><td colspan="4"></td></tr>
<tr><td>考评内容</td><td colspan="4">门店数字化绩效建设方案</td></tr>
<tr><td rowspan="5">考评标准</td><td colspan="2">内容</td><td>分值</td><td>得分</td></tr>
<tr><td colspan="2">准确说明门店数字化绩效建设内容，结合指标体系清晰，指标值数字化描述清晰，数字采集方法准确，数字实施方案可行</td><td>30</td><td></td></tr>
<tr><td colspan="2">能够把握数字化绩效管理的重点，OKR和平台化绩效设计合理</td><td>30</td><td></td></tr>
<tr><td colspan="2">绩效指标数字化方法明确，应用恰当</td><td>20</td><td></td></tr>
<tr><td colspan="2">汇报PPT的要求，页面风格一致，字体、字号统一，大小一致，制作能够使用动态效果、框图、思维导图</td><td>20</td><td></td></tr>
<tr><td colspan="3">合计</td><td>100</td><td></td></tr>
</table>

注：考评满分为100分，60~70分为及格，71~80分为中等，81~90分为良好，91分以上为优秀。

思政园地

中国数字政府绩效评估：理论与实践

当前，新一代科技革命对人类文明带来根本性变革并重塑全球治理体系，利用数字政府推进国家治理体系和治理能力现代化成为世界各国的普遍选择。2019年，中共十九届四中全会首次提出“建立健全运用互联网、大数据、人工智能等技术手段进行行政管理的制度规则；推进数字政府建设，加强数据有序共享，依法保护个人信息”，标志着数字政府建设上升为国家战略。事实上，数字政府在国内的发展并不是从无到有的新生事物，而是站在中国电子政务40年发展基础上的再创新、再出发、再升级。数字政府作为新时期政府运行的新形态，需要有效继承中国电子政务发展所取得的既有历史成果，处理好增量与存量的关系，全局谋划，统筹布局，以确保数字政府在未来一段时间取得更大实效。绩效评估是引导数字政府建设方向保持在正确轨道的有效手段。数字政府绩效评估是指根据数字政府发展状况，按照一定的规章制度，遵循统一的指标体系，比较分析数字政府建设的投入、产出及效益而做出客观、公正和准确的评价。2021年正值“十四五”开局之年，国家多份文件对数字政府建设做出部署。在系统性大规模推动数字政府发展之际，有必要深入研究国内外数字政府绩效评估发展脉络，多层次、多维度、多视角剖析数字政府绩效评估瓶颈和推进策略，确保数字政府在推进过程中切实发挥简化行政程序、提高执政能力和民主化程度的积极作用。

随着数字政府建设进程的不断加快，对数字政府绩效评估开展系统性、深入性、前瞻性研究显得尤为必要。一方面，数字政府改革，既是推动数字政府发展的深层次需求，也是诱发矛盾和冲突的不安全因素。因此，需要开展数字政府绩效评估，了解数字政府发展动向，捕捉改革带来的必要震荡，以便“对症下药”，采取适当的数字政府发展策略，消弭数字政府变革中的不稳定因子，带动数字政府在变革中实现持续健康发展。另一方面，数字政府绩效评估不仅是检验数字政府发展水平的有效方式，更是引导数字政府向更高水平发展的有力工具。通过测度数字政府的状态、效率、效果、成本及时发现实施偏差，可为引导数字政府更好地发展提供有力依据。同时，科学合理的绩效考评，有利于站在国际视角，找差距，觅良策，促发展，提升数字政府国际竞争力。

当前，针对数字政府绩效评估的系统性研究不多，大多仅聚焦在某个方面。张丽等人以公共价值为核心提出了我国数字政府评估维度，但与国内数字政府发展语境联系不紧密。杨鹏飞、高尚省等人针对数字政府网络安全建立了相应的评估指标体系，以促进数字政府网络安全防护水平提升，但是仅考虑网络安全，无法全面反映数字政府发展整体。站在新的历史起点，总结中外数字政府绩效评估研究成果，认清我国数字政府绩效评估存在的不足，提出应对策略，对充分发挥数字政府绩效评估的“标尺”作用，推动数字政府良性发展具有重要的理论价值和现实意义。

资料来源：王伟玲. 中国数字政府绩效评估：理论与实践[J]. 电子政务，2022（4）：51-63.

讨论：

请结合数字政府绩效评估，谈谈对数字网络安全以及绩效评估公平公正的认识和理解。

拓展阅读

达达海博系统助力社区生鲜业态
全渠道数字化运营降本提效、销售额提升

项目小结

本项目从连锁门店的绩效评估入手，介绍了门店绩效评估的内涵、作用，分析了绩效评估的标准和依据，指明了连锁企业门店绩效评估的流程和内容，并利用平衡积分卡法，从收益、安全、效率和发展四个指标全面构建了连锁门店的指标体系，进一步指连锁企业如何提高绩效。本项目进一步探讨在数字化时代绩效管理的发展情况，指出两种连锁门店数字化绩效管理的方法，即OKR和平台化绩效管理，OKR强调员工素质，需要员工具有较高的文化素养才能参与绩效管理中，使用中要特别注意这一点。本项目从五个方面研究了数字化绩效管理的重点工作，为未来门店绩效考核提出了数字化绩效管理的思路。

课后练习题

一、单选题

1. 连锁企业门店绩效评估的依据一般以（　　）层次为主。

A. 宏观　　B. 微观　　C. 市场　　D. 总部层次

2. 连锁企业的（　　）主要通过商品流转、资金占用与费用的开支等各项经济指标反映出来的。

A. 经营效益　　B. 管理效益　　C. 市场效益　　D. 服务效益

3. 某门店四月营收30万，成本24万，目标营业额为36万，毛利率为（　　）。

A. 100%　　B. 80%　　C. 20%　　D. 13.3%

4. 从经营安全性指标来看，从企业运营角度分析，最关键的指标就是（　　）。

A. 库存　　B. 销售　　C. 周转　　D. 成本

5. 某店某周来了10 000人，交易达成率为70%，客单价为10元，求本周的销售额（　　）元。

A. 100 000　　B. 70 000　　C. 30 000　　D. 7

6. 某店月平均营业额为10万，平均毛利率为40%，其中各店分摊费用为3.5万，总部费用为4万，目前只有直营店，损益平衡店数为（　　）家。

A. 10　　B. 8　　C. 6　　D. 4

7. 某店某品预计下年销售量为2 000件，保本销量为1 800件，则该商品的经营安全率为（　　），是否在很安全的区间（　　）。

A. 12%，是　　B. 10%，是　　C. 12%，否　　D. 10%，否

8. 某企业的两个门店甲和乙，门店经营面积上甲有75平方米，乙有70平方米，甲略大于乙，甲每月30万元，参与运营人员6人，乙店每月28万元，参与运营人员5人，请问哪个门店表现好？（　　）

A. 甲好，营业额高　　B. 甲好，营业面积大　　C. 一样，坪效相同　　D. 乙好，人均劳效高

9. 绩效维度的（　　）能够使得绩效维度更具有针对性、客观性及时性，极大地提高绩效维度的透明性。

A. 平台化　　B. 颗粒化　　C. 细分化　　D. 市场化

10. CRM是（　　）。

A. 企业资源计划　　B. 供应商关系管理　　C. 客户关系管理　　D. 销售时点管理

二、多选题

1. 数字化绩效管理具有以下优点（　　）。

A. 更好地实现公平　　B. 具有实时性特征　　C. 考核指标多元化　　D. 考核具有系统性

E. 操作具备便捷性

2. OKR的设计原则包括（　　）。

A. 目标自上而下制定　　B. 强调工作的主动性

C. 强调跨部门协作　　D. 强调分工

E. 操作具备便捷性

3. 企业的大数据来源有（　　）。

A. 企业内部的办公系统　　B. 企业外部的供应商

C. 生产经营数据　　D. 设备的物联网数据

E. 外部数据

4. 门店绩效评估的过程性指标分为（　　）。

A. 经营数据分析　　B. 顾客体验　　C. 供应商评价　　D. 运营标准制定

E. 总结评价

5. 门店绩效评估的发展性指标是（　　）。

A. 营业额增长率　B. 人均劳效　C. 坪效　D. 卖场面积增长率
E. 开店速度

三、简答题

1. 门店绩效评估的设计标准应符合哪些条件?
2. 连锁门店指标体系包括哪些方面?
3. 简述数字化绩效管理的要求。
4. 简述平台化绩效管理的特点。

扫一扫看答案

参考文献

[1] 杨高英，王忆南. 连锁企业门店运营管理[M]. 3版. 大连：大连理工大学出版社，2019.

[2] 郑昕. 连锁门店运营管理[M]. 2版. 北京：机械工业出版社，2017.

[3] 居长志，李加明，王方. 门店数字化运营与管理教程（中级）[M]. 北京：中国人民大学出版社，2021.

[4] 史雁军. 数字化客户管理[M]. 北京：清华大学出版社，2018.

[5] 苏朝晖. 客户服务[M]. 北京：人民邮电出版社，2019.

[6] 罗比·凯尔曼·巴克斯特. 会员经济[M]. 蒋宗强，译. 北京：中信出版集团股份有限公司，2021.

[7] 吴超，赵静，罗家鹰，等. 营销数字化[M]. 北京：机械工业出版社，2022.

[8] 杨家诚. 数字化营销[M]. 北京：中华工商联合出版社，2021.

[9] 廖秉宜. 智能营销传播新论[M]. 北京：社会科学文献出版社，2019.

[10] 侯韶图. 新零售时代的智能营销[M]. 北京：中华工商联合出版社，2018.

[11] 陈方丽，杨再春. 门店管理实务[M]. 北京：机械工业出版社，2012.

[12] 单凤儒. 管理学基础[M]. 北京：高等教育出版社，2021.

[13] 肖南，马玥. 重新理解人力资源[M]. 北京：中信出版社，2018.

[14] 刘银花. 薪酬管理[M]. 大连：东北财经大学出版社，2007.

[15] 胡志明. 优秀员工没有任何借口[M]. 北京：中国长安出版社，2011.